堀之内清彦
HORINOUCHI Kiyohiko

メディアと著作権

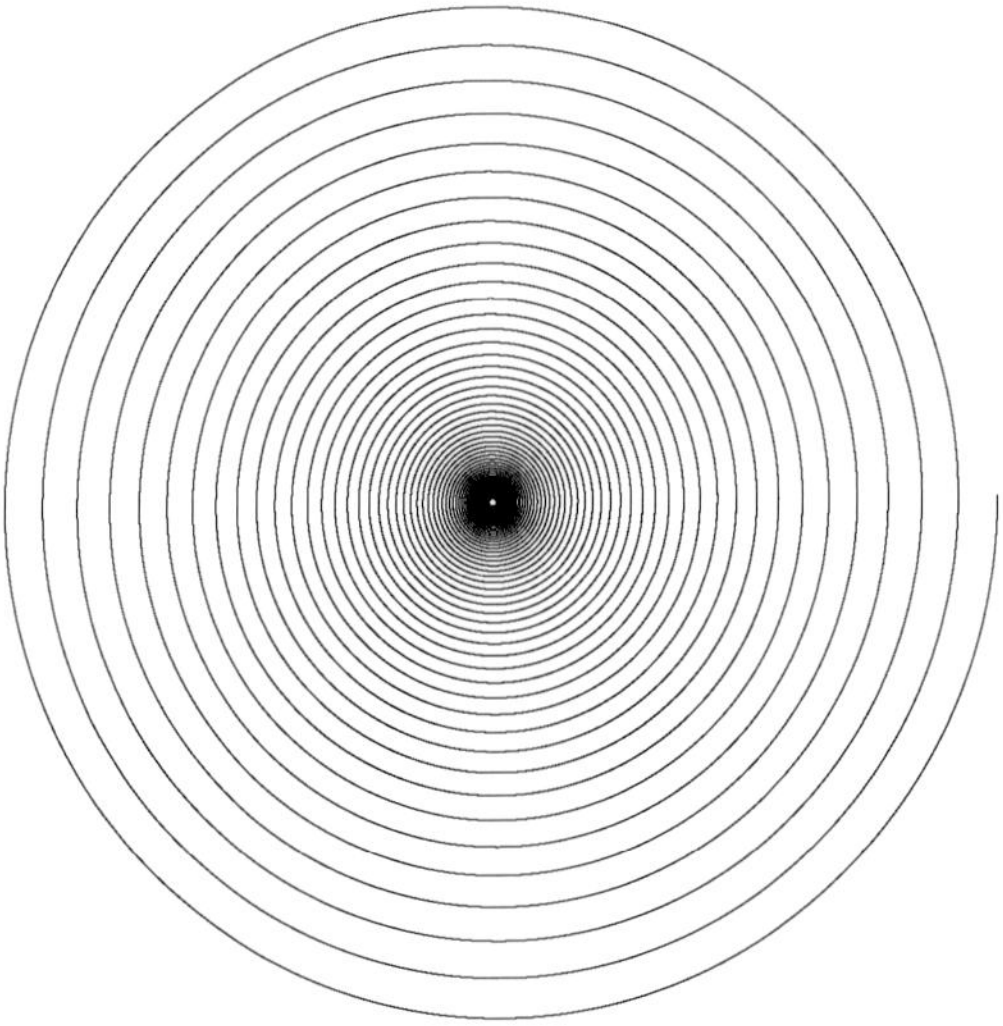

論創社

はじめに

本書は、『メディアと著作権』とタイトルにあるように、メディアと著作権法や著作権制度との関係を明らかにしようと試みるものである。

メディアには、新聞や雑誌など活字媒体やテレビなど放送媒体もあれば、インターネットという媒体もある。また、政治、経済、国際、社会、学芸、芸能、スポーツなどを取材し報道することもあれば、娯楽番組や教育番組、さらにはＣＭの世界さえも用意している。そのほか、メディアは、文芸（小説、エッセイ、論文、脚本など）、音楽、写真、美術（洋画、日本画、彫刻、書、美術工芸品）、バレーやダンスの振り付け、美術的建築物、地図・地形などたくさんの文化芸術、学術に関わる著作物を私たちに伝達している。

著作権法から見ると、メディアには二つの相反する側面がある。メディアの発する情報の多くは著作物である。著作物であれば、著作権法で保護される。記者個人が書いたものも、組織としての法人として書いたものも、それぞれ著作権法で保護される。保護されるということは、勝手に改ざんされることや黙って利用されないことである。

メディアに従事すれば、自らが記事を書く場合も当然にでてくるが、他人の著作物を利用することも多くなる。他人の著作物を利用するには、著作権法上の制約のもとで行われなくてはならない。すなわち、一定の限られた場合を除いてその他人の著作物の著作権者に事前の許諾を得たうえで利用することが必要になる。著作権の諸分野（文芸、音楽、美術、写真、漫画など）及びその利用形態によっては、著作権等管理事業者の事前許諾を求める必要が出てくる。

メディアは、著作物の利用者である一方、編集著作物や法人著作物の権利者であり、一部は著作物を伝達する役割に権利付与された著作隣接権者でもある。

このようにメディアと著作権は深い関係にあるはずでありながら、著作権法や著作権制度はメディアに働く者からは未だ充分には理解されていないかのように思われる。本書は、メディアに就職しようと希望している人たちや既にメディアで働いている人たちによる著作権法や著作権制度のさらなる理解の一助となることをも願っている。


まず、メディアという用語の使い方について確認しておきたい。メディアという用語は、マス・メディア、媒体、情報媒体、マスコミ、ジャーナリズムの意味に使われることがある。テレビ受像機、ラジオ受信機、パソコンなどの電気・電子機器にも使われる。情報の保管のために使用されるCD－ROM、磁気テープ、フロッピーディスク、USBメモリなどの電子媒体のことを指すこともある。

メディアは、新聞、雑誌、ラジオ、映画、テレビ、インターネットなどを指し、また、新聞社、雑誌社、出版社、ラジオ局、映画会社、テレビ局、インターネット通信事業者などを指すこともある。

これらをみると、新聞紙、雑誌、本などの活字媒体、ラジオ放送による音声の伝送媒体、映画の上映・視聴媒体、テレビ放送やインターネットによる視聴媒体によって、情報（コンテンツ）が、私たちに伝達されている。

そしてこれらに責任を持ちながら日常業務を行っているのが、新聞社、書籍・雑誌出版社、ラジオ放送局、テレビ放送局、CATV局、映画会社、インターネットサービスプロバイダーなどである。メディアは情報を一斉に同時に私たちに伝える意味でマスメディアと同義に捉えられる場合もあれば、時間や空間を同期ではなく、非同期に伝える、しかも双方向の関係にあるインターネットという場を利用する場合もある。

このように、メディアという用語は、さまざまな意味で使われるが、本書では、主に著作物を利用する利用主体及び著作物の著作権または著作隣接権の権利者としてのメディアが直面する著作権制度上の課題、適切な対応のあり方、将来の展望について述べることになる。

本書の構成は、第Ⅰ部「著作権法の基礎」と第Ⅱ部「メディアと著作権」に分かれ、第Ⅰ部には第1章「著作権制度の歴史」、第2章「著作権法概説」が置かれている。第Ⅱ部には、全体的に各メディアと著作権との関係が述べられ、第3章「出版と著作権」、第4章「新聞と著作権」、第5章「映画と著作権」、第6章「インターネットと著作権」、最終章である第7章には「放送と著作権」が置かれている。

この本の特色のひとつは、第2章の「著作権法概説」でポイントをしぼりつつも著作権法全体を俯瞰しているが、特に著作権法上の重要なテーマについては、そのテーマと最も密接な関係にある各メディアの章でも扱うようにしてある。第3章「出版と著作権」で「引用」、第5章「映画と著作権」で「保護期間」、第6章「インターネットと著作権」で「フェアユース」、第7章「放送と著作権」で「翻案」に触れるように、著作権法やメディアにおいて重要な権利や内容については、各章において詳しくに論ずるようにしてある。

第Ⅰ部は「著作権法の基礎」とタイトルが付けられているように、あくまでも、著作権の基礎知識を身につけられるように考えられている。

第1章では、まず「著作権制度の歴史」について、世界と日本に分けて述べている。

著作権という考え方はヨーロッパで生まれたものであり、制度化もヨーロッパである。さらに著作権制度は、一国内だけでは完結しえない。特にヨーロッパは陸続きであることからパリで発行された著作物が隣国で海賊版として発行されてしまうのであり、著作物保護の国際的枠組みが必要とされるのは当然である。国際条約についても触れざるを得ない。

日本は、明治維新にヨーロッパ列強に学ぶことになるが、その中で福沢諭吉が果たした役割が重要である。日本は、列強に求められてベルヌ条約に加入し旧著作権法を制定することになるが、一方福沢がヨーロッパやアメリカから持ち帰った著作権思想の普及もその制度化に大いに貢献している。

第2章「著作権法概説」では、著作権法を俯瞰する。基礎的な法律用語の他に、著作権法上の定義が多数ある。定義をしっかりと把握していないと条文が正確には理解できないので、疑問があるときは、定義規定に戻ってもらいたい。各条文の逐条解釈も必要であるが、それより、まず著作権法全体を理解するように考えて欲しい。著作権法は、他の知的財産権法が、経済や産業の発展や発達に資することを目的にしているのに対して、文化の発展に寄与することを目的としている。このことを深く理解することが大切である。

この章では、著作権という権利を公共の福祉や公益の名の下に制限していることを中心に考察する。

第Ⅱ部は、第Ⅰ部の基礎の上に、各メディアと著作権の関わりを述べている。

第3章では、「出版と著作権」をテーマとしている。メディアとして最も古い活字メディアである出版の歴史と著作権制度との関係、出版者は他人の著作物を利用して出版するが、一方で出版者は著作物あるいは編集著作物の権利者である。そして、その権利を守るための制度も構築されていることを考察する。現在、出版者に対し新たに著作隣接権を付与しようとする動きがあるが、これにも触れる。また、出版業界では、著作権を巡る争いごとも多いことから、訴訟事例を紹介する。さらに、現在では活字メディアが多くの課題に直面しているが、その中で電子書籍やグーグル問題などその現状についても論じる。

第4章では、活字メディアで非常に重要な役割を果たしている「新聞と著作権」の関係について述べる。出版と同様に、著作物を利用する立場と、著作物の権利者である立場を明確にしながら、新聞と著作権を考えるようにしている。新聞に関する著作権訴訟も取り上げる。また新聞の社会的役割、影響の大きさを十分視野に入れ、新聞社の将来も考えている。ここでもインターネットと新聞、グーグルと新聞のことに触れる。

第5章は、「映画と著作権」をテーマとしている。映画に関する著作権は複雑である。まず映画という著作物を製作するに当たっては、他人の著作物である小説を利用するのであれば、その許諾を得たり、脚本の執筆を脚本家に依頼したりする。映画監督やスタッフそして俳優も重要な役割を果たす。テーマ音楽や背景音楽、挿入曲を準備しなければならないかもしれない。映画資金の調達問題もある。また完成した映画の著作物の著作者は誰で、著作権者は誰かという問題もある。俳優の権利はどのようになっているのか。また、劇場用映画として製作されたものをＤＶＤ等にするときはどのようになるのか。これらについて触れ、映画と著作権訴訟についても触れる。さらに、文化の発展について考えれば、映画の盗撮の防止に関する法律にも言及しなければならない。

第6章のテーマは、「インターネットと著作権」となっている。いままでのメディアと異なり、インターネットは場であり、システムである。ここでは、著作物の利用者は、全世界に拡散している個人や法人である。

著作権訴訟は、著作物の利用者は誰か（利用主体論）ということから始まるが、インターネットの利用者はサービスプロバイダやインターネットという場を利用する私たち自身である。インターネット上では、音楽の著作物を見ればわかるとおり、残念ながら多くの利用者は音楽を権利者に無断で勝手にアップロードし、ダウンロードしている。極めて安易に行われているが、その被害は甚大である。権利者の経済的な損失だけでなく、名誉毀損なども含まれている。それだけに著作権訴訟も多数あるが、その損失はほとんど回復されていない。

関連してプロバイダ責任制限法についても触れる。インターネットはアメリカ発のものであり、アメリカにおいては、その利用は、アメリカ著作権法の特にフェアユースという考え方で対処するが、日本の著作権法による対処法とは異なる。ここも大きな問題として現れる。

第7章では、「放送と著作権」について述べることになる。現在は、放送の地デジ化を含め、デジタル化がおおいに進んでいる状況にある。デジタル化はさまざまなデータの編集を極めて容易にしている。さらにインターネット技術の発展は、情報や著作物を映像をともなって、一気に世界に拡散させるようになっている。放送と通信の融合などという言葉があったが、完全に融合している状態であり、放送と通信の融合という言葉は既に死語と考えてもよいだろう。放送と通信は放送法と電気通信事業法に分けられているだけで、同じ電波の波長や周波数の違いだけであり、情報や著作物を伝送することにおいては差異はない。もちろんその放送に関わる著作権訴訟を扱う。放送事業者の、著作物利用者としての立場と著作隣接権者としての役割という二面性について触れる。また放送におけるＣＭの著作権の取扱いについて考える。

以上全編にわたって本書の成立ちについて概略を述べてきたが、現代社会はさまざまな意味でターニングポイントを迎え、経済的発展に邁進してきたことやその弊害を振り返り、いまこそ文化とは何か、文化の発展のために何が必要かを考えることの重要性が問われている。この文化を支えるのが著作権制度であり、本書は、多くのメディア産業に就職しようと希望している人たちや既にメディアに従事している人たちが著作権とは何か、文化とは何かを考える契機となることを願って書かれたものである。

二〇一四年九月

堀之内 清彦

メディアと著作権　目次

第2章　著作権法概説

第Ⅱ部　メディアと著作権

第3章　出版と著作権

第5章　映画と著作権

第Ⅰ部　著作権法の基礎

第1章　著作権制度の歴史

第1節　世界の著作権制度の歴史

(1) 著作物の発生

「はじめに言葉ありき」(『新約聖書』ヨハネ福音書第一章)、はじめに音楽ありきという言葉もあるように、海、川、風、雷、雨などの自然の音、発語、手を叩く音、木を叩く音、そして太鼓を打つ音など単純な楽器の生成、フォークロア、田植え唄、民謡の自然発生、協同の中で言葉や音楽が生まれる。これらは、人類の想像力から生まれた知的生産活動の始まりである。もちろん、知的生産活動といえば、一方に、木をこすり発火させることや、魚を釣る仕掛け、石器、土器の類を作り出す技術もいう。

いずれにしても、人類は、他の動物と異なり、余分なことを考える力を持ち始め、道具を発明し、それを技術化し、それを言い伝えることを始めてしまった。現在でいう知的財産の発生とはそのようなものに違いない。この人類が生み出してしまったものを否定することはできない。また、それらを過去の文化的遺産として継承し発展させてきたのが人類の歴史である。人類は考えることを止めることができない。著作物とは、そのような強固なものとして生まれ、存在する。

(2) 著作権という考え方

著作物の発生は、原初的には協同で作成することも多かったに違いないが、時代が進むにつれ、個人が作成することとなる。だが、その個人が考えたことを他の人間に伝える手段、方法は、最初は口頭によったのだろう。ギリシャ・ローマ時代の吟遊詩人も、朗詠家も自分の考えたことを、文字にして、木片や動物の皮や粗末な紙に書いて伝えることもあったが、多くは発語、すなわち口頭によるものであったに違いない。

口承による伝達の時代に、その伝える内容は、自分で考えたものであり、自分のものであるという意識はわずかであったには違いない。それは、他人がその内容を真似することによって、さらに自分が最初に考え、発言したことだと主張し、真似をした人間を蔑視したようなことは容易に想像がつく。一方、真似をされても自分の考え方が広く伝わっていくことは、気分がいいものであり、自負するところであったかもしれない。

だが、文字を自由に使えるようになっても、またそれを木片や紙に書かない限り、それが、自分のものであると主張するには、その根拠は稀薄である。文字通り著作物は基本的には記録化されたものである。だが、手書きの筆写には肉体的な限界もある。多数の奴隷による筆写も考えられるが、文字が読めない人々では十分にその目的を達成できなかったように思われる。粗末であっても、紙の発明と文字の発展と文字が読めない人々の解消等が必要であった。

一五世紀のグーテンベルグの印刷術の発明は、それまでの時代を一気に変える出来事であった。そこでは、まずは印刷術によって、大量の紙に印刷された文字によって、その著作者の考え方が急速に広がり、また文字が読めない人々も解消されていくことにもなる。だが、お金をかけて印刷するという行為は、採算が取れるか否かの問題にもなることから、印刷会社、出版者の意向が重要視され、著作者は二の次であった。印刷物が多くの民衆に伝わらなければならないが、どのような印刷物を発行するかは、印刷会社、出版者が決定していた。場合によっては、著作者と出版者は一体的であったのかも知れない。

だが、ここには、著作者の権利、自分が考えて書いたという自負も見られるはずである。グーテンベルグの四二行聖書は、ラテン語で書かれていたが、その後ルターは、宗教改革のため聖書を民衆にも理解可能なドイツ語に翻訳している。翻訳という確立された概念はなかったであろうが、著作者と印刷会社、出版者という区別された考え方は生まれていた。そこには、著作物、著作者そして著作権という考え方が生まれている。

（3）著作権法制史

グーテンベルグの印刷術の発明は、一四五〇年頃とされている。印刷会社、出版者が出現し、文字が一気に流通し、著作物が広範囲に伝達されて行く。印刷会社や出版者のほかに著作者という存在が出現する。一五四〇年頃にはイタリアのベネッツアで著作権法が制定されているとのことであるが、詳細が明らかでない。だが、著作権の萌芽は見てとれる。著作者の出現が著作権という考え方を生み出すが、その著作物の著作者を確定する前に、印刷物の大量発行があり、偽物（海賊版）の横行が始まる。印刷会社、出版者の権利を守るために、印刷会社、出版者は時の権力者に偽物（海賊版）の取り締りを訴え、それがまず認められる。出版者の権利主張が先にあったものの、一七一〇年には、イギリスにおいてアン法が制定され、著作者の権利としての著作権の考え方が法制化される。

だが、大陸において、世界史の中でも最も大きな事件であるフランス革命が一七八九年に起こる。このフランス革命は、さまざまな意味で現代社会に影響を与えているが、この時、大陸のフランスで著作権法が生まれたことは非常に大きな意味を持っている。もちろん一七八九年のフランス革命の前、一七七六年にアメリカの独立があり、このアメリカの独立がフランス革命に大きな影響を与えたとされていることも周知のことである。これら歴史上の重要な出来事の中から、人間の基本的人権の確立が希求され、フランス革命の精神である自由、平等、友愛の精神を生み出していることは著作権制度を考えるに当たっても極めて重要である。

フランス著作権法はこのような精神をもとに成立するのである。長期間にわってフランス王政に苦しめられたフランス民衆が、その王政を打倒して打ち立てた新しい政治体制の精神の現れこそが、自由、平等、友愛の精神であり、その崇高な精神こそがフランス著作権法に反映されているのである。一七九三年七月一九日—二四日法はそのようなものとして制定される。一七九三年は、一月にルイ一六世が、一〇月にはマリーアントワネットがギロチン台で処刑された年である。奇しくも法案の提出はこの年である。

同法案の報告者ラカルナは次のように述べている。

あらゆる所有権のうちで異論をさしはさむ余地がもっとも少なく、しかも、その所有権を拡大しても共和国における平等を傷つけず、自由の名にかげりを与えないもの、それはまさしく天才の著作物の所有権である。天才の所有権を認めるために、実定法によってその自由な行使を保証する必要が生じてきた。つまり、他の多くの場合と同じように、きわめてあたりまえな正義という単純な要素を認識せしめるためには、フランスにおけるような偉大なる革命が必要であった。

天才が人間の知識の限界を拡大するような著作物を発表したとき、だれにも知られずにすむであろうか？天才が著作物を発表すると同時に、文学の著作物の海賊どもがすぐにその著作物を横取りしてしまったとしたら、著作者は貧困の恐怖の代償として不朽の名声を得ることになってしまうだろう。そして、天才の子孫たちはどうなってしまうのだろうか？コルネーユの子孫は赤貧のうちに消えていってしまった。（中略）

人民のために夜を徹して仕事をした天才が不毛の名誉しか与えてもらえず、その高貴な仕事に対して法律上の報酬を要求することもできないというのでは、不運といわざるを得ない。

（宮澤溥明『著作権の誕生』太田出版　一五頁～一六頁）

今から、二二〇年以上も前のフランス革命時のフランス著作権法制定の趣旨説明である。一七九三年七月一九日―二四日法は、わずか第七条だけで構成されているが、これも、前掲宮澤書『著作権の誕生』が訳出している（一六頁～一七頁）。

第1条　あらゆる種類の文書の著作者、音楽の作曲者、絵画または図案を版刻せしめる画家および図案家は、その生存期間中、共和国の領土内において、著作物を販売し販売せしめ頒布しおよびその所有権の全部または一部を譲渡する排他的権利を享有する。

第2条　著作者の相続人または譲受人は、著作者の死後一〇年間、著作者と同様の権利を有する。
第3条　警察官は、著作者、作曲者、画家、図案その他およびその相続人または譲受人の請求にもとづいて、その利益のために、著作者の正式な文書による許可を受けないで印刷または版刻されたあらゆる出版物を没収せしめる義務を有する。
第4条　あらゆる偽造者は、真正な所有者に対して、原出版物の三〇〇〇部の価格に相当する金額を支払わなければならない。
第5条　偽造出版物の小売業者はすべて、偽造者と認められないときも、真正な所有者に対して、原出版物の五〇〇部の価格に相当する金額を支払わなければならない。
第6条　種類のいかんを問わず、文学または版画の著作物を発表したあらゆる市民は、その二部を共和国の国立図書館または同図書館版画室に登録し、図書館員が署名した受領書を受け取るものとする。受領書がない場合には、偽造者を告訴することは認められない。
第7条　文学または版画の著作物ないしは美術に属するその他の精神的または天才的産物の著作権の相続人は一〇年間、著作物の排他的所有権を享有する。

右記のとおり、この法律はわずか七条の短い法律であるが、一九五七（昭和三二）年三月まで抜本的な改正がなされないまま、一六〇年以上にもわたってフランスの著作権制度を支えてきたのである。

（4）著作権団体（著作権等管理事業者）の成立

右にみたように、偽物（海賊版）出版物の出現から、著作者の権利が認められ、それが法制化されて行くが、海賊版の発行等違法行為の取り締まりは警察権力であった。おそらく著作者は法的に認められた著作権にもとづき、著作物の利用者（出版者等）に対して個人的に著作物使用料を求めていたことが想像される。そして、違法行為に対しては刑法の範疇として警察に訴えていたことがうかがえる。

当然に考えられることは、違法行為が繰り返される状況の中では、個人的にはそれを合法化することには限度があったはずであり、著作者は一同に会し、自分たちの権利を守ろうとすることになる。その一同に会することが、著作者団体の設立に結びつくのである。

このような状況の中で設立されて行くのが、フランスではＳＡＣＥＭ（音楽作詞者作曲者出版者協会）である。この団体はフランスの演奏権管理団体であり、フランス民法典一八三二の規定によって設立された民法上の非営利法人で、本部はパリに設置されている。

以下は前掲宮澤書『著作権の誕生』によっている。

一八四七年の秋、作曲家ブールジェは、友人とシャンゼリゼのカフェ（シャンソンを聞かせたり、踊り子や軽業師の芸を見せたりしている）「アンバサドール」に行き、彼の作品が演奏されているのを耳にした。これが無断使用であったため、彼は店が音楽の使用料を支払わない限り、席代と飲食代の支払いは断固として拒絶する旨を主張し、ただちにセーヌ商事裁判所に訴訟を提起した。その結果、店主は裁判所の判決によって音楽の演奏禁止と損害賠償を命じられることとなった。

これが契機となり作詞者、作曲者と音楽出版者が協力して、一八五〇年に世界最初の著作権使用料徴収中央代理機関（音楽作詞者作曲者使用料徴収本部）が設立され、翌年二月には早くも約四〇〇〇フランの使用料が会員たちに分配された。この成功が一八五一年にＳＡＣＥＭ創設への原動力となっていったのである。

だが、これら作詞者、作曲者を中心とする闘いは、順風満帆なものでは決してなく、反対する勢力も当然あったのである。そのためＳＡＣＥＭはその後においてもたくさんの訴訟を展開する必要があった。著作者等の権利が確立するためには、やはり長い年月が必要とされたのである。またヨーロッパは陸続きであり、パリで発行された著作物が、その著作物の評価が高ければ高いほど隣国等ですぐさまフランス語から他の言語に翻訳され海賊版として売られていくのである。フランス一国の問題ではなかった。

一方、ＳＡＣＥＭと同様な団体は未だヨーロッパ各国に設立されていなかったこともあり、フランス人の著作者ばかりでなく、イタリア人のロッシーニ、ベルディやドイツ人のワーグナーもＳＡＣＥＭのメンバーとなっていた。

その後ＳＡＣＥＭは、ベルギーに代理機関を置き、ベルギーに著作権法を制定させ、オランダ、スイス、スペインと活動領域を拡大していった。このような中で、一八八三年イタリアのＳＩＡＥ、一八九七年オーストリアのＡＫＭ、一八九九年スペインのＳＧＡＥが創設され、ドイツのＧＥＭＡが創設されたのは一九〇三年であった。アメリカのＡＳＣＡＰが創設されるのは一九一四年であり、日本のＪＡＳＲＡＣは一九三九（昭和一四）年の創設であった。

(5) ベルヌ条約の成立

SACEM創設の経緯やヨーロッパが陸続きであることを考えれば、SASEMが自分たちの権利を守るためには、国際的な保護体制を構築することが必要であると痛切に感じていたに違いない。SASEMの代理機関を隣国等に設置するとともに各国の法律を整備させようと動いたことは当然のことであった。

そのようなSACEMの努力が報われ、徐々にではあれ、各国の著作権管理団体が創設されていくのであるが、各国間には著作権思想の浸透度にかなりの差異がみられ、著作権保護の国際的な体制は、当初は二国間の条約から始まっている。だが、各国が二国間の条約を結ぶことは、全体的に見れば非常に複雑なものとなっていく。そのような状況を克服するために同一内容の国際条約の必要性が問われるのは必然である。ベルヌ条約（文学的及び美術的著作物の保護に関するベルヌ条約）とは、そのような中で制定されていく。

著作権を国際的に保護するための条約を制定する最初の試みは、一八五八年ブラッセルにおいて開催された「文学的美術的所有権会議」においてであった。この会議は、各国の学者や出版者の集会で、各国政府が委員を派遣する公式の国際会議ではなかった。また三年後の一八六一年ベルギーのアントワープで美術家の国際会議が開催され、美術の著作物を国際的に保護するための条約の草案の起草を国際法学会に委嘱することが決議されている。

一方「国際文学会議」は、一八六一年にブラッセル、一八七七年にアントワープで著作権に関する国際条約を制定するための会議を開催している。

さらに、一八七八（明治一一）年、パリで万国博覧会が開催された機会に、フランス政府が提唱者となって、各国の学者、美術家、文学者、出版者の団体の代表者の会議が開催された。美術家のグループと学者、文学者、出版者のグループに分かれて会議を開催し、外国の著作物を内国著作物と同一に保護する必要性を提唱し、そのための国際同盟を組織して画一的な法律を制定することを決議した。その結果「フランス文芸家協会」(会長ヴィクトル・ユーゴー)の発意によって「国際文芸協会」(略称ALAI)が設立され、ユーゴーが名誉会長に選出されている。「国際文芸協会」は各国に委員会を設けて、毎年のように会議を開催し、著作権保護同盟の成立に関する検討を行っている。

このような経緯のもと「文学的及び美術的著作物の保護に関するベルヌ条約」が制定される。一般には、単にベルヌ条約と呼ばれており、著作権を国際的に保護することを目的とした最も重要かつ基本的な条約である。このようにベルヌ条約は、ヴィクトル・ユーゴーなどを中心とする国際文芸協会の運動を背景として策定されたものであるが、具体的には、一八八六(明治一九)年九月にスイスのベルヌで開催された国際会議において締結された。このとき条約締結に参加したのは、イギリス、フランス、ドイツ、イタリア、ベルギー、スペインなど一〇か国であった。日本は一三年後の一八九九(明治三二)年に同条約を締結している。

(6) 著作権協会国際連合(CISAC)の設立

SACEMは、音楽を中心とするフランスの著作権管理団体であるが、このCISACとは、SACEM、GEMA、JASRACといった音楽・文芸の著作権管理団体の国際機関で、非営利かつ民間の団体であり、一九二六(大正一五)年に設立された。

(1) 沿革

ＣＩＳＡＣは、著作権の国際間の保護、国内における法律、経済上の保護への監督寄与、また各国の著作権管理団体の活動の調整を図ることによって、世界各国で著作物が合理的、効果的に利用されるよう、また著作権の研究、情報収集のための国際センターとしての役割も果たす目的で、一九二六（大正一五）年パリで開かれた著作権の管理団体の会議において、非営利、民間の国際組織として設立された。

設立当初は、①上演権団体、②演奏権団体、③機械的複製権団体、④文学者団体、⑤フィルム（映画、テレビ）著作権団体の五連盟（Federation）で運営されていたが、一九六六（昭和四一）年の定款改正によってこの連盟制度はなくなり現在に至っている。

(2) 加盟団体

ＣＩＳＡＣは、世界中の著作権管理団体によって構成されている。二〇一三（平成二五）年六月現在、一二〇ヵ国・地域の二二七団体が加盟している。日本からはＪＡＳＲＡＣが一九六〇（昭和三五）年、日本脚本家連盟（ＷＧＪ）が一九八七（昭和六二）年、日本美術著作権機構（ＡＰＧ）が一九九九（平成一一）年にそれぞれ加盟している。会員資格は正会員、準会員、予備会員に分かれ、正会員は総会の構成団体となり、投票権を有し、理事会構成団体への被選挙権を有している。ＪＡＳＲＡＣとＷＧＪは正会員である。

(3) 組織と運営

CISAC運営組織としては、総会、理事会があり、専門の組織として、法律委員会、実務委員会（分配、放送等）があり、実務上の問題を討議している。定款に基づいた常設の組織として、アフリカ委員会、アジア太平洋委員会、ヨーロッパ委員会、カナダ・アメリカ委員会、イベロ・アメリカ委員会が設置され、各地域における案件を討議している。

一九八四（昭和五九）年、JASRACは第三四回総会を東京に招き、日本の私的録音の実状と法改正の必要を訴える基調報告を行った。また、一九九六（平成八）年九月パリで開催された総会では「集中管理の挑戦と展望」をテーマとしたパネルディスカッションが行われ、JASRACは新しいメディアでの著作物利用に対するJASRACの現実的な対応と方針を提示し、二一世紀の著作権管理の展望は新しいメディアとの共存と著作権団体の国際的協調によって拓くことができると訴え、大きな反響を呼んでいる。JASRACは一九八〇（昭和五五）年以降理事団体に選出されており、一九九九（平成一一）年、二〇〇九（平成二一）年にCISAC理事会をJASRACの招きにより東京で開催している。

(7) 国際条約の管理

ベルヌ条約や著作権国際連合（CISAC）について見てきたが、著作権に関する国際条約はベルヌ条約ばかりではない。ベルヌ条約がもっともベーシックな条約であることは間違いないが、その他にも万国著作権条約、WIPO著作権条約、WIPO実演・レコード条約、WTO・TRIPS協定などが存在する。

他の条約がそうであるように、時代の変化とともに改正せざるを得なくなるが、ベルヌ条約もまた改正され続けてきた。ブリュッセル改正条約、ローマ改正条約などである。条約の制定は国家間の取り決めであり、その実務については、各国政府の実務者が国際会議に出席し、そこで署名したり、各国に持ち帰り国会を通じ、国内法を制定、改正など整備したり、また条約を批准したりするのである。

このベルヌ条約の改正等の管理については、過去、その事務局が担ってきたが、現在はＷＩＰＯ（世界知的所有権機関）の事務局が行っている。

それでは、万国著作権条約、ＷＴＯ・ＴＲＩＰＳ協定とＷＩＰＯ著作権条約について見ておこう。

⑴ 万国著作権条約

万国著作権条約（Universal Copyright Convention：UCC）は、一九五二（昭和二七）年にジュネーヴで採択された主要な著作権保護条約のうちの一つである。日本は一九五六（昭和三一）年に本条約を批准した。日本における正式名称は「千九百五十二年九月六日にジュネーヴで署名された万国著作権条約」である。

一九七一（昭和四六）年にパリで改正が行われ、一九七七（昭和五二）年に改正条約が締結されており、これが最新のものとなっている。こちらの日本における正式名称は「千九百七十一年七月二十四日にパリで改正された万国著作権条約」である。

①歴史と背景 ―― 万国著作権条約は、国内法の関係でベルヌ条約を批准できなかった諸国のた

めに、ベルヌ条約を補完するものとして国際連合教育科学文化機関（UNESCO）により提唱された。

この条約提唱の発端には、開発途上国やソビエト連邦は、ベルヌ条約による西側先進国に与えられる著作権保護が強力に写り、国内事情に適合しないと考え、一方、アメリカ合衆国およびラテンアメリカ諸国のうちいくつかは、既にパン・アメリカン著作権条約を制定しており、主にアメリカと各国間で個別に著作権保護協定を締結していたが、これらの制定内容がベルヌ条約よりも弱いものであったという状況がある。

現在では、ベルヌ条約の締結国諸国はほとんどが万国著作権条約を批准した。このためベルヌ条約批准国の著作権は、ベルヌ条約を批准していない国にも適用されることとなった。

②アメリカ合衆国における事情——アメリカ合衆国は独特の著作権保護政策を採っていた。主に方式主義と呼ばれるもので、Ⓒマーク等の必要事項を記載した上で、著作権は登録申請しなければ保護されなかった。これに対し、ベルヌ条約の無方式主義は、登録等を行わなくても創作した時点で著作権が効力を持つ。

このように、アメリカ合衆国がベルヌ条約を批准するためには、国内法および各国との協定を大幅に変更しなければならなかった。

結局、アメリカ合衆国はベルヌ条約に参加する準備を始め、必要に応じた国内法の改正を開始し、最終的には一九八八（昭和六三）年になってはじめてベルヌ条約を批准した。

③ベルヌ条約の優先適用―― 現在では、ベルヌ条約と万国著作権条約を両方批准している場合には、ベルヌ条約が優先適用されているが、さらに世界のほぼ全ての国家が世界貿易機関（WTO）の加盟国か準加盟国であり、WTO協定の附属書である「知的所有権の貿易関連の側面に関する協定」（TRIPS協定）を受け入れている。このため、万国著作権条約はその重要性を失っている。

(2) WTO・TRIPS協定（「知的所有権の貿易関連の側面に関する協定」）

「知的所有権の貿易関連の側面に関する協定」（Agreement on Trade-Related Aspects of Intellectual Property Rights、通称TRIPS協定またはTRIPs協定）は、一九九四（平成六）年に作成された世界貿易機関を設立するマラケシュ協定（WTO設立協定）の一部（附属書1C）を成す知的財産に関する条約である。

①概要―― 「工業所有権の保護に関するパリ条約」や「文学的及び美術的著作物の保護に関するベルヌ条約」といった知的財産に関する既存の条約の主要条項を遵守することを義務づけるとともに（たとえば第二条一項、第九条一項など）、特許権の存続期間など一部の事項については、これらの条約を上回る保護を求めている。

また、知的財産に関する既存の条約では、内国民待遇のみが規定されていたが、TRIPS協定では、GATT及びWTO諸協定の例にならい最恵国待遇が定められている（第四条）。

知的財産権のエンフォースメント（強制執行）について、条約として初めて規定していることも特徴である。

②成立の経緯――経済情勢の変化に伴い知的財産権の保護の強化が必要とされるに至ったが、WIPOにおいては先進国と途上国との対立が激しくなり、WIPOにおける既存の条約の改正作業による知的財産権制度の国際的調和の実現は困難となった。そこで、WIPOの枠組とは別にGATTウルグアイ・ラウンドにおいて行われた交渉の結果、この条約が成立するに至った。

(3) WIPO著作権条約

WIPO新条約は二つあり、WIPO著作権条約（著作権に関する世界知的所有権機関条約）とWIPO実演・レコード条約（実演及びレコードに関する世界知的所有権機関条約）がそれである。

WIPO著作権条約は二五か条の規定からなり、ベルヌ条約などの一般規定（第一条～第三条）に続き、コンピュータ・プログラムの保護（第四条）、データの編集物の保護（第五条）、譲渡権（第六条）、貸与権（第七条）、公衆への伝達権（第八条）、写真の著作物の保護期間（第九条）、技術的措置回避への法的対応（第一一条）、電子的権利管理情報の改ざんへの法的対応（第一二条）などデジタル・インターネット時代に対応している。その他管理規定等（第一五条～第二五条）を設けている。

わが国は二〇〇〇（平成一二）年六月に締結している。

①WIPO設立の背景――この世界知的所有権機関（World Intellectual Property Organization WIPO）は、全世界的な知的財産権の保護を促進することを目的とする国際連合の専門機関である。

一九七〇（昭和四五）年に設立され、スイスのジュネーヴに本部を置く。加盟国は二〇一三（平成二五）年七月現在一八六か国である（WIPOホームページ）。

先に述べたとおり、一八八三（明治一六）年に知的財産権の保護に関する最初の国際条約である「工業所有権の保護に関するパリ条約」が制定され、ついで、一八八六（明治一九）年には著作権に関する条約である「文学的及び美術的著作物の保護に関するベルヌ条約」が制定されたが、一八九二（明治二五）年にはこれら両条約の国際事務局を統合して、世界知的所有権機関の前身である知的所有権保護合同国際事務局（BIRPI）が設立され、これ以降、BIRPIが知的財産権に関するさまざまな条約の作成及び管理を行うこととなった。

一九六七（昭和四二）年に、BIRPIを発展的に解消してより強化された知的財産に関する国際事務局を設立するために「世界知的所有権機関を設立する条約」（WIPO設立条約）が作成され、一九七〇（昭和四五）年に同条約が発効したことによりWIPOが設立された。そして、WIPOは一九七四（昭和四九）年に国際連合の一四番目の専門機関となっている。

WIPO事務局（国際事務局）は、スイスのジュネーブにあり、九〇カ国以上から選抜された職員によって運営されている。職員には、知的財産権法や実務における様々な分野の専門家だけでなく、公共政策、経済、総務、IT分野の専門家が含まれている。

②活動――WIPOは、知的財産権保護の国際的な推進のための活動を行うとともに、知的財産権に関する条約、国際登録業務の管理・運営を行っている。

このうち、知的財産権保護の国際的な推進のために、知的財産権の保護に関する条約の作成、途上国への技術協力を通じた知的財産権の保護水準の向上、情報化の推進等の活動を行っている。

③組織――WIPO設立条約には、その活動を行うために、一般総会、締約国会議、調整委員会、国際事務局を有することが定められている。また、ワシントンD.C.、ニューヨーク、ブリュッセル、シンガポール、東京に事務所を有する。このうち、東京にある日本事務所は、二〇〇六(平成一八)年九月一日に開設されている。

④一般総会――一般総会は、WIPOが管理するパリ条約、ベルヌ条約等の条約の締約国で構成される(「世界知的所有権機関を設立する条約」=WIPO設立条約のみの締約国は参加できない)。事務局長及び調整委員会の報告を承認し指示を与えることにより、WIPOの最高議決機関として機能するとともに、事務局長の選任や共通経費の予算の採択等を行っている。

(8) 国際条約の相互関係

ベルヌ条約、万国著作権条約、WTO・TRIPS協定、WIPO著作権条約(WIPO実演・レコード条約と併せてWIPOインターネット条約、WIPO新条約とも呼ばれる)について述べてきたが、これら条約の相互関係について見ておくことにする。

(1) ベルヌ条約~パン・アメリカン著作権条約~万国著作権条約

条約の成立からすれば、ベルヌ条約が最も古く一八八六(明治一九)年に成立し、この条約が国際著作権制度の基本になっていること、ついで万国著作権条約が一九五二（昭和二七）年に採択されるが、この条約は国内法の関係でベルヌ条約を批准できなかった諸国のために、ベルヌ条約を補完するものとしてユネスコにより提唱され設立していることは先に述べたとおりである。ベルヌ条約を締結しなかった社会主義国家であったソビエト連邦が自由主義国家間の著作権条約であるベルヌ条約を締結することには躊躇があったであろうことは想像に難くないところである。だが、ソビエト連邦はこの万国著作権条約は締結している。

アメリカが、ベルヌ条約を締結するのは、異常に遅く一九八八（昭和六三）年のことであるが、それまでには、アメリカはラテンアメリカ諸国とパン・アメリカン著作権条約を一九〇二（明治三五）年に締結していたが、ベルヌ条約の保護内容と格差が生じ不都合であったことから、それを解消し、ベルヌ条約とパン・アメリカン条約の橋渡しを行うため、またパン・アメリカン著作権条約を発展させ、万国著作権条約を制定し締結していた。

アメリカはベルヌ条約には当初から入っていなかったが、ラテンアメリカとの関係からもベルヌ条約より保護内容が弱い、むしろ緩やかなパン・アメリカン著作権条約や万国著作権条約を締結し、相互に著作権保護を行っていたといえよう。

最終的には、万国著作権条約の締結国のほとんどが、ベルヌ条約を締結したことから、現在ではベルヌ条約を基本に考えれば国際的に対処できる。

①ベルヌ条約の原則――ベルヌ条約で重要な原則はいくつかあるが次の三つについて触れる。

(i)内国民待遇　条約加盟国の著作物については自国の著作物と同様の保護を与えなければならないこと。
(ii)遡及効　条約加盟前に創作された著作物も条約加盟国間で保護すること。
(iii)無方式主義　著作権が成立するのに特別な方式は不要であり、創作されると同時に著作権が成立すること。

②万国著作権条約の三つの取決め——その後に問題になるのは、ベルヌ条約（同盟）にアメリカと中南米諸国が加盟しないことであったが、先に述べたとおり、アメリカは中南米諸国とパン・アメリカン条約を結んでいたが、これらの国は方式主義を採用していた。これらの国では、著作権が保護されるには法律に定められた特定の手続が必要（方式主義）であったが、一方ベルヌ条約は無方式主義であることから、著作権の発生の方式が異なれば、国際的な著作権の保護が円滑に進まない。そこで、万国著作権条約が成立したときには、以下の三つの重要な取り決めがなされている。

(i)内国民待遇　これはベルヌ条約と同じである。
(ii)不遡及効　万国著作権条約に加盟する前の著作物は同条約により保護する必要はないということ。
(iii)Ⓒマーク（the letter C enclosed within a circle）による著作権表示　これは、無方式主義を採用しているベルヌ条約加盟国の著作物であっても、Ⓒマーク・著作者・発行年月日を適当な場所に表記することにより、方式主義の国において保護を受けられるという制度である。現在ではアメリカをはじめとするほとんどの方式主義の国が無方式主義へと変わったので、Ⓒマークを定めた万国著作権条約の意義は薄れている。

(2) ベルヌ条約とTRIPS協定

第二次世界大戦後、第二次世界大戦がなぜ引き起こされたかの反省にたって、それまで関税や輸出入規制など各国による保護貿易上の障害を排除しようとGATT（関税及び貿易に関する一般協定）が一九四八（昭和二三）年に発効し、世界の自由な国際貿易の促進を図ってきたことは周知のことである。このGATTでは、主に関税の引き下げの交渉を目的として、GATTの締約国を中心とした交渉参加国による多角的貿易交渉を行ってきた。

だが、もともとGATTは、主に物品の貿易に関するルールを取り扱っていて、知的財産権に関するルールは不十分であった。しかしながら時代の進展とともに、一九八六（昭和六一）年から始まるウルグアイ・ラウンドで交渉項目のひとつとして知的財産権が取り上げられることになった。

アメリカは、低下しつつある自国の産業競争力を回復しようと一九八〇年代の初めから知的財産権の保護強化の方針（「プロパテント政策」）を明らかにしていたが、知的財産権保護の問題が貿易に影響を及ぼしているとして、この問題をGATTで交渉すべきである旨主張し始めた。アメリカがGATTで交渉しようとした理由は、従来WIPO（世界知的所有権機関）が所管する条約（工業所有権に関するパリ条約、著作権に関するベルヌ条約）では、条約に違反しても合法的な制裁措置がとれないという問題があったことによる。このアメリカの主張に、日本やEU（当時はEC）が賛同したために、GATTウルグアイ・ラウンドで、知的財産権が交渉項目のひとつとして取り扱われることになった。

だが、知的財産権をGATTの交渉項目に入れるか否かでも激しい意見対立があった。先進国は、各種知的財産権の実体的な権利保護水準や権利行使手続について主張し、一方、開発途上国は、先進国に技術を独占されている現状のもとでは、そのようなルールを作れば開発途上国に著しく不利になるとして、不正商品の水際規制以外はGATTで取り扱うべきでないと主張した。さらに知的財産権問題であることから、その国際的実施や所管をWIPOが行うべきかGATTが行うべきかの争いも生じた。

GATTは「関税及び貿易に関する一般協定」であり、ベルヌ条約やWIPO条約と異なり、知的財産権だけを扱う協定ではなく、世界の貿易上のルールを定めるための枠組であることを忘れてはいけない。こうして、長い議論の末、一九九四（平成六）年四月にモロッコのマラケッシュにおいて「世界貿易機関を設立するマラケッシュ協定」（WTO設立協定）が署名され、一九九五（平成七）年一月一日に発効した。TRIPS協定は、このWTO設立協定の付属書1Cとして定められている。

(3) ベルヌ条約とWIPO著作権条約

ベルヌ条約も社会状況の変化に対応して、条約を改正し続けてきたが、一九七一（昭和四六）年のパリ改正条約を最後としている。一九七一年の改正から現在まで、四〇年以上にもわたって科学・技術の変化も社会状況の変化もなかったわけではない。むしろ多様な変化があったことは事実であり、当然に知的財産権法に対してもその改正が望まれてきた。

ベルヌ条約を管理するWIPO事務局は、現在でもさまざまな対応を行っているが、一九七一年のレコード保護条約（許諾を得ないレコードの複製からのレコード製作者の保護に関する条約）の制定、一九七四（昭和四九）年の衛星条約（衛星により送信される番組伝送信号の伝達に関する条約＝ブラッセル条約）の制定、インターネット条約とも呼ばれるWIPO著作権条約（WCT）、WIPO実演・レコード条約（WPPT）を制定、管理してきたのである。さらにWIPOの管理対象ではない万国著作権条約やWTO・TRIPS協定にもコミットしていた。

ベルヌ条約の改正は、全会一致を原則としているため、多数の国が加盟している現在、特に、先進諸国と開発途上国との利害の対立を避けることができないことから、全会一致の条約の改正を形成することは極めて困難である。よって、全会一致が必要とされる条約本体の改正ではなく、多数決によって、条約に付随して制定される議定書を作成することによって、新たに対応することになる。

議定書という名称は、既存の条約と密接な関係を有し、その条約を補完する性格の条約に用いられることが多い。その採択は条約の全会一致ではなく多数決で決せられる。

このような状況のなかで、他方ではGATT／ウルグアイ・ラウンドにおける著作権を含めた知的財産権に関する協定の検討が進められていたが、WIPOの場においても、早急な検討が求められ、一九九一（平成三）年一一月から専門委員会において、ベルヌ条約の本体の改正ではなく、「ベルヌ条約議定書」の策定に向けての検討が開始された。

また、当初は、著作権の分野での検討が想定されていたが、アメリカの要請によりレコードの保護強化も議題の中に取り入れられ、結局、レコード及び実演家の保護強化も含めて検討することとされた。一九九三（平成五）年六月から「実演家及びレコード製作者の保護に関する新文書」に関する専門家委員会において検討が進められた。

一九九六（平成八）年一二月、外交会議が開催され、WIPO新条約が採択された。この新条約とは、ひとつが「著作権に関する世界知的所有権機関条約＝WIPO著作権条約（WCT）」であり、ひとつが「実演及びレコードに関する世界知的所有権機関条約＝WIPO実演・レコード条約（WPPT）」である。

WCTは、ベルヌ条約の実体規定をそのまま準用しつつ、新しい規定を付加する形を採っており、TRIPS協定の方式に類似のものである。WPPTは、ローマ条約とは別個の体系により構築する方式を採っている。

⑷ TRIPS協定とWIPO新条約（WCT・WPPT）

先に述べたとおり、GATTは「関税及び貿易に関する一般協定」であり、知的財産権だけを扱う協定ではなく、世界の貿易上のルールを定めるための枠組であることを忘れてはいけない。だが、このTRIPS協定は、従来のベルヌ条約やその流れをくむWIPO新条約とはかなりその性格を異にしている。

このTRIPS協定設立の背景には、既存のWIPOを中心とする知的財産権に係る条約改正では、先進国と発展途上国との見解の対立も激しく容易に前進が図れないこと、既存の条約では権利執行規定が不十分であり、保護の実効を上げ難いこと、既存の条約では国際紛争を解決する手続きとして国際司法裁判所への提訴などがあるだけであり、機動性に欠けることなどの事情があったと

図13　著作権基本条約と「ＴＲＩＰＳ協定」

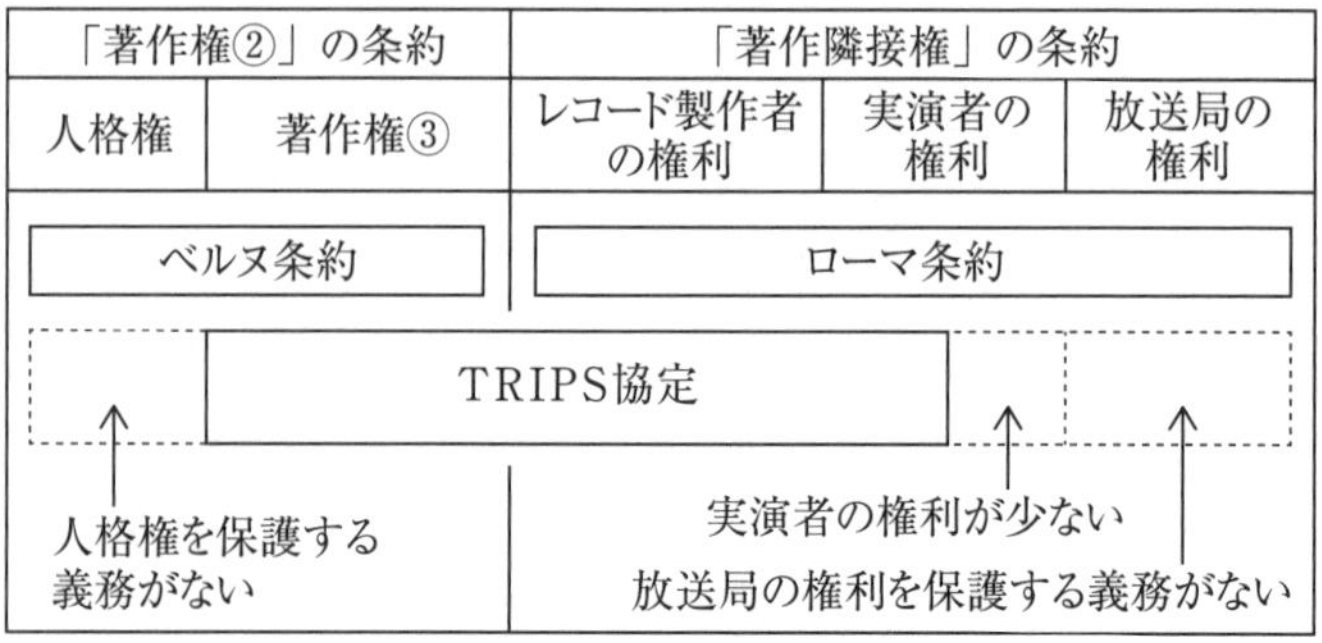

（筆者注：著作権②とは著作権という概念全体を示している。著作権③とは人格権を除く、財産権を示している）

いわれている。

だが、岡本薫『著作権の考え方』（岩波新書）では、ＴＲＩＰＳ協定の問題点が次のように指摘されている。

　それまでの国際著作権条約は、図13（筆者注：上の図）のように、『著作権②』のベルヌ条約と『著作隣接権』のローマ条約に、きれいに分かれていたが、ＴＲＩＰＳ協定はその両者をカバーした。にもかかわらず、アメリカが十分に保護せず「ベルヌ条約違反」と指摘されている（国際的に保護したくない）「人格権」の部分は、保護対象から除外されてしまった。ＷＴＯには「提訴」や「報復措置」などの制度があるため、人格権を加えると、アメリカがどんどん提訴される危険性があったからである。

　また、アメリカが強く保護したい「レコード製作者」の権利については、それまでの条約と比べて極端に強い保護が与えられたが、逆に、アメリカが保護したくない「実演者」の権利はそれまでの条約より後退した内容とされ、「放送局」の権利にいたっては、「全く保護しなくともよい」ということにされてしまったのである。こうしたことから、「アメリカ主導で作られたＴＲＩＰＳ協定は、国際著作権システムの混乱を招いた」と言われている。（二一九頁〜二二〇頁）

先に述べたとおり重要なことは、既存のＷＩＰＯを中心とする知的財産権に係る条約改正では、先進国と発展途上国との見解の対立も激しく容易に前進が図れないこと、既存の条約では権利執行規定が不十分であり、保護の実効を上げ難いこと、既存の条約では国際紛争を解決する手続きとして国際司法裁判所への提訴などがあるだけであり、機動性に欠けることなどの事情から、このＴＲＩＰＳ協定が制定されていることである。

この紛争処理の状況が、本当に公正に処理されているか否かの実体を把握することは難しいが、特に発展途上国にとって理不尽な扱いになったりしないことを願うばかりである。

このような状況からすれば、二〇一二（平成二四）年現在、日本国内で話題となっているＴＰＰ（環太平洋経済連携協定）への参加問題にも知的財産権の取り扱いが含まれていることから、ＷＴＯ・ＴＲＩＰＳ協定の矛盾を同様に含むことになる可能性がある。

(9) 国際条約と国内法の関係

最後に国際条約と国内法の関係について簡単に述べておく。

日本においては、国際条約を締結するに当たっては、国会の事前・事後の承認を受けることが前提となっている。

国際条約（ベルヌ条約、ＷＩＰＯインターネット条約、ＴＲＩＰＳ協定等）と日本の国内法である著作権法との関係は、ベルヌ条約を締結するに当たって、日本は旧著作権法を制定し、その改正があればそれに沿って、国内の著作権法を改正しているように、ここだけをみれば国際条約の方が国内法より重要であり、順位としては国際条約⇒国内法ということに見える。だが、国内に目を転じれば、日本には日本国憲法が最上位にあり、日本国憲法の各規定に従い、各法律が制定されている。それでは、国際条約と日本国憲法とはどちらが上位に位置づけられるかということについては、一概には判断することができない。ただし、条約を徹底するために、日本国憲法第九八条第二項に「日本国が締結した条約及び確立された国際法規は、これを誠実に遵守する事を必要とする」と定められていることから、国際条約を遵守する必要は憲法でも認められている。

一方、国際条約の規定ぶりによって、どのようにでも受け止められることも生じることや、発展途上国にはその国際条約の一部の規定については受け入れられないこともあるはずであり、そのような場合には発展途上国を含め、各国の国情に合せた国際条約の規定ぶりにならざるを得ない。よって、その部分については、国内法を制定したり改正したりすることができなくなるのである。

国際条約について対応するとなると、矛盾が立ち現れてくるのは致し方のないことである。憲法や国内法に違反すれば罰則に従わなければならないが、国際条約の定めに従えない場合も出てくるが、そのようなことはいくらでもあることである。だが国際条約は守らなくていいということではなく、憲法の定めにもあるように、これを誠実に遵守する事を必要とする。

ベルヌ条約等では著作者人格権や著作隣接権をしっかりと定めているが、ＴＲＩＰＳ協定では、それが十分ではないことは右に見てきたが、貿易における知的財産権の取り扱いに齟齬、争いが生じたとき、誰がどのようにその紛争を解決していくのかが非常に重要なところとなる。国連の一機関である国際司法裁判所によるか、WTO・TRIPS協定が定める紛争処理機関かということになる。

このように、国際条約と国内法との関係、国家間の法体系の違い、異なる条約の解釈の仕方等やその調整は非常に難しいことがわかる。

第2節　日本の著作権制度の歴史

(1) 福沢諭吉と版権

日本は一八九九(明治三二)年にベルヌ条約を締結しているが、その同じ年に旧著作権法を制定し、世界の近代著作権制度の中に組み込まれていくことになる。

ベルヌ条約はヴィクトル・ユーゴーなどを中心とする国際文芸協会の運動を背景として策定されたものであるが、具体的には、一八八六(明治一九)年九月にスイスのベルヌで開催された国際会議において締結されたとあるように、フランス革命時に制定されたフランス著作権法(一七九三年七月一九日―二四日法)から一〇〇年近くが経っている。

では、日本の著作権前史をみておこう。

一七一〇年制定のイギリスにおけるアン法、一七九三年のフランス著作権法の制定、そして一八八六年ヨーロッパ大陸におけるベルヌ条約の発効は、長い年月を要して、やっと国際的枠組みを構築してきていることを示している。一方、一八六七年に日本は明治維新を迎えるが、ヨーロッパ近代を一気に取り入れようと奔走する時代である。そのような時代の渦中に福沢諭吉が現れる。

明治期の啓蒙思想家とされる福沢諭吉（一八三四（天保五）年～一九〇一（明治三四）年）は、一八六〇年咸臨丸で渡米、一八六二年幕府遣欧使節、一八六七年遣米使節団に随行している。福沢がアメリカやヨーロッパに出向き見たものは、『西洋事情』（一八六六年）、『学問のすゝめ』（一八七二年～一八七六年）、『文明論之概略』（一八七五年）その他に著わされ発行されている。そして、この発行部数は偽版（海賊版）を含めると『西洋事情』が二五万部、『学問のすゝめ』は七〇万部を数えたとされる。数量の真偽はともかく、現代のベストセラーと比較しても大変なベストセラーであったことがわかる。だが、偽版（海賊版）が多数発行され、福沢は悩み、対処法を考えることになる。その経緯を見よう。

一八六八（明治元）年四月一〇日、福沢は、自書『西洋旅案内』の偽版（海賊版）が横行したため、『中外新聞』に広告を出し、読者に偽版者の住所、氏名の通報を求めている。

一八六九（明治二）年五月一三日「出版条例」が公布される。出版統制行政を組織的に行うこととなった。

一八七〇年（明治三）年一一月四日、福沢は一〇月に『西洋事情』を出版、大いに売れたが、他の著書とともに偽版が横行するので、この日大阪府知事へ取締り要望書を提出している。

一八七三年（明治六）年二月一七日福沢は偽版の取り締まりを文部省に要求するとともに、『版権論』を訳して京都府に提出している。このときコピーライトの訳語に「版権」を使用したとの説がある。

一八七五（明治八）年「出版条例の改正」が行われた。出版届と版権願の区別がされ、著作権思想の芽生えが感じられる。

(2) 旧著作権法の制定

このように福沢諭吉は、自分の著作物の偽版(海賊版)の横行にしっかりと権利主張をしている。コピーライトを版権などと訳し、著作権思想の啓蒙に努めていることがわかる。そして福沢の努力も実り、ベルヌ条約との関係や国内における偽版(海賊版)の横行やそれに対処するべく法改正が実施され、日本の著作権法制も徐々に近代化されていく。そして、一八九九(明治三二)年に、起草者を水野錬太郎とする旧著作権法が制定される。この旧法は、数度の改正を経るも一九七一(昭和四六)年一月一日に新法が施行されるまで継続された。

(1) 旧著作権法の制定過程

大家重夫『著作権を確立した人々』(成文堂)によれば、「著書発行の名誉権利は著者の専有に帰すと云ふが如き私有権の意味を知る者なし。依って余はそのコピライトの横文字を直訳して版権の新文字を製造したり。(福澤諭吉全集第一巻一〇頁)」(一〇七頁)とその事情を説明している。

日本で最初に著作権の保護というべき規定が設けられたのは一八六九(明治二)年の「出版条例」である。この「出版条例」は(明治八)に改正され、「版権」という名称を法文上はじめて使用している。版権とは図書専売の権利であり、現在における排他・独占的出版権と考えられる。一八八七(明治二〇)年、「出版条例」から「版権の保護に関する規定」が切り離され、「版権条例」が制定された。「版権条例」は、「版権」を著作者に認め、登録を要件としてその保護を規定していた。

同時に、「脚本楽譜条例」（明治二〇年勅令第七八号）及び「写真版権条例」（明治二〇年勅令第七九号）も制定され、図書以外の著作物に対する著作者の権利が保護されるようになった。一八九三（明治二六）年「版権条例」が改正され、「版権法」（明治二六年法律第一六号）が制定されている。

一方、明治政府は外国からの要請に応え、ベルヌ条約を締結するとともに旧著作権法を制定することになる。

ベルヌ条約の改正のためのベルリン国際会議から帰ってきた水野錬太郎は、旧著作権法を起草し、一八九九（明治三二）年、旧著作権法は制定された。この間「水野は、明治三〇年一一月、各国の著作権制度調査のため、イギリス、アメリカ、ドイツ、フランス、イタリアの各国を廻り、研究する。ことにスイスのベルヌにある知能権国際連盟中央事務局には毎日入り浸り、辞書と首っ引きで取り組んだ」（大家重夫『著作権を確立した人々』成文堂　一〇六頁）。すでに制定されていた「版権法」、「脚本楽譜条例」、「写真版権条例」は廃止された。「版権」は福澤が「製造」したが、「著作権」については諸説があるようだが、「著作権」を法に明文化したのは水野錬太郎である。水野の回想によってもそれは確認できる（前掲書大家一一八頁）。

(2) 旧法の特色

このように、水野錬太郎はベルヌ条約や各国の著作権法を読み込んだ上で、わが国の旧著作権法を起草しているが、半田正夫『著作権法概説第一四版』（法学書院）は、従来の法令に較べて多くの特色をもっている、として次のように解説している（二五頁）。

(i)著作権は著作によって当然に発生するものとしたこと。登録制度は存置されたが、それは著作権成立の要件としてではなく、単に著作権侵害に対する出訴要件ならびに著作権の譲渡、質入れの際の対抗要件として認められたに過ぎない。
(ii)著作権保護の範囲を拡大強化したこと。従来保護された著作物の種類のほかに新たに彫刻、模型等を加え、著作者人格権を拡張して、未発行著作物の原本および著作物の差押さえを禁止し、また、著作物の改ざん、著作者の氏名変更の禁止を著作権の譲受人にまで及ぼしその罰則を強化したこと。
(iii)著作権の保護期間を著作者の生存中及びその死後三〇年とし、法人の発行した著作物、無名・変名の著作物、死後発行の著作物は最初の発行の時より三〇年としたこと。
(iv)外国著作者の権利を保護したこと。従来わが国は外国著作者の権利を認めず、外国著作物を翻訳することは全く自由であった。それは、わが国の文化は欧米よりも輸入するものが多く、また欧米の文化を輸入することはわが国の文化を進捗させるのに最も必要であったがためである。だが、ベルヌ条約に加盟する以上、内外人平等主義を採らざるをえなかった。したがって、著作権制度のねらいの一つに、外国著作者の権利を保護することがあったと考えても差し支えないようである。
(v)翻訳権の保護期間を原著作物発行の時より一〇年としたこと。

水野錬太郎が、大陸法と英米法の違いを意識していたかどうかは明らかではないが、ベルヌ条約や各国の著作権法を読み込んだ上で、わが国の旧著作権法を起草していることからすれば、わが国の旧著作権法は、当然にその思想的影響下にあると考えられる。

この一八九九（明治三二）年制定の旧著作権法は、一九七〇（昭和四五）年に新著作権法が制定されるまで、数回の改正が行われている。主なものは、一九一〇（明治四三）年、一九二〇（大正九）年、一九三一（昭和六）年、一九三四（昭和九）年、一九五八（昭和三三）年、一九六二（昭和三七）年、一九六五（昭和四〇）年、一九六七（昭和四二）年、一九六九（昭和四四）年の改正である。この改正には、ベルヌ条約の改正にともなうもの、科学・技術の進展にともなうものから放送権、出版権の創設や保護期間の延長等にともなうものが見られる。

そして、著作権法は、一九七〇年に全面改正が行われるが、旧法の精神は当初のまま維持されている。新法の特色はいわば旧法に定められた諸権利を拡大するものであり、著作者人格権の保護強化、保護期間の延長、翻訳権一〇年留保の放棄、著作隣接権制度の創設などである。

(3) ベルヌ条約への加入

一八五八年の日米修好通商条約など、開国にあたって幕府が諸外国（アメリカ、オランダ、ロシア、イギリス、フランス）と締結した安政五か国条約と呼ばれる条約は、相手国に治外法権を認めながら、日本の関税自主権が拒まれるなど不平等なものであった。この不平等条約を改正する条件として相手国から求められたのが、日本の法体制、法環境を近代国家にふさわしいものに整備することであった。政府はこの要求に応えるため、著作権の保護に関するベルヌ条約への加入を約束し、同条約の水準を充たす著作権法の制定を図った。

一八九九（明治三二）年の旧著作権法施行に伴い、同年四月一八日、日本はベルヌ条約に加入し、日英改正通商航海条約をはじめとする各国との改正条約をその後相次いで発効した。また、特許法、実用新案法、意匠法が著作権法と同時期に施行され、日本は「工業所有権の保護に関するパリ条約」（一八八三年創設）に加入するが、これも条約改正のための条件であった。

(4) プラーゲ旋風

国際水準の著作権制度は整ったものの、日本の日常生活で著作権が意識されることはなく「著作権法あれど著作権なし」の時代が続いていた。

プラーゲ旋風と一口にいうが、旋風とはいえ一時的なものでは決してない。それは数年に及ぶ出来事である。大家重夫『改訂版ニッポン著作権物語—プラーゲ博士の摘発録—』（青山社）によれば、一九三一（昭和六）年に、ウィルヘルム・プラーゲは東京神田にプラーゲ事務所を置き、ヨーロッパ（イギリス、ドイツ、フランス、オーストリア、イタリア五か国）の著作権団体（カルテル）、有力出版社のの権利代行事務を行う。翌一九三二（昭和七）年七月二二日にプラーゲはNHKを訪ね著作物使用料を請求し、プラーゲとNHKは、この年の七月から翌年七月までの一年間につき使用料一か月六〇〇円で合意しているが、その翌年はプラーゲから一五〇〇円への値上げ要求があった。NHKが対抗したため交渉は決裂し、さらに翌年の七月までの一年間NHKはプラーゲの管理楽曲を利用しなかったのである。結局のところ一年後使用料一〇〇〇円でNHKとプラーゲは合意する。

この一年間NHKはプラーゲの管理楽曲を利用しなかった、とある。このイギリス、ドイツ、フランス、オーストリア、イタリア五か国の著作権団体（カルテル）の楽曲名を列挙することは難しいが、一年後にＮＨＫが再び放送を開始する際には、ラヴェルの「ボレロ」、アルトマンの「思い出の歌」、ローガンの「ペールムーン」からはじめた（大家前掲書　二八一頁）とあることからこの種の音楽を利用しなかったことが想像される。だが大家前掲書（五二頁）によれば、カルテル五か国以外の外国曲は、許諾のとれぬまま自由に使ったともある。

一九三二（昭和七）年から一九四〇（昭和一五）年前後を中心としてプラーゲは、著作物使用料の支払いを求めて多くの訴訟を提起している。一九三五（昭和一〇）年の末には民事七件、刑事六五件という数字が残されている。例えば、この年プラーゲは、東劇に乗り込み「ショウ・ボート」の中で歌っている佐藤千夜子の「モンテ・カルロの夜」の上演差止を迫った（大家前掲書二八二頁）、などともある。

訴訟の原因は、日本に未だ著作権の考え方が行き届いていなかったこと、「高利貸のごとく著作権料の苛斂誅求をしている」という評判が立ったように、税金とは異なるものの無形のものに対する使用料としては高額であったこと、高圧的で情け容赦もない態度で相手に使用料の支払いを迫ったことに求められよう。そして当時のメディアである新聞や週刊誌等がそのことをセンセーショナルに取り上げ「プラーゲ旋風」などとしたことは容易に想像がつく。

プラーゲの使用料の高さについて、やはり大家前掲書（七頁）から引用しておこう。

　プラーゲの料金は、また高かった。歌曲一曲（三分以内のもの）について五円（事前支払いは割引）とった。当時の五円は、現在の一万円に当たると、昭和五四年の『日本音楽著作権協会四十年史』（三四頁）は述べている。また米の値段で比較すると、当時一〇キロ一円七〇銭、平成一〇年現在五〇〇〇円位なので、約三〇〇〇倍と考えると、現在の一万五〇〇〇円だ。日本音楽著作権協会は、平成一〇年現在、三分以内の歌曲を演奏に使用した場合、定員と入場料によるが、二〇〇〇名以上二五〇〇名までの定員、一〇〇〇円までの入場料の場合、二五〇〇円にすぎない。

単純に比較はできないが、当時のプラーゲの提示する使用料はかなり高額なものであったことがうかがわれる。

日本政府もこのプラーゲに対して手をこまねいていただけではなく、後にも触れるように一九三九（昭和一四）年には「著作権ニ関スル仲介業務ニ関スル法律」（仲介業務法）を制定するとともに音楽と文芸に関する著作権仲介団体として大日本音楽著作権協会、大日本文芸著作権保護同盟を設立せしめている。

この仲介業務法は、いわばプラーゲ排除の考え方が横たわっているが、諸外国にはすでに著作権の仲介団体が設立され、正規に著作物の使用料の徴収と分配が行われていることから、日本においても正規な団体を創設するべきとの考え方も当然にあった。よって、この仲介業務法が制定され仲介団体が設立されることによって、プラーゲはその役割を終えることとなる。

このように、プラーゲの権利主張と強引ともいえる使用料の徴収方法は、ジャーナリズムによって「プラーゲ旋風」と呼ばれ、音楽界に不安を巻き起こすとともに、社会的反響を呼んだ。当時の多くの関係者にはプラーゲ憎しの思いは当然にあったであろうが、日本の著作権制度の近代化を一気に推し進めたのはプラーゲでもあり、いわばプラーゲは日本の著作権制度確立のための恩人とでもいえる存在である。
プラーゲの活動については、第7章「放送と著作権」でも触れる。

(5) 仲介業務法の制定と著作権管理団体の設立

こうした状況の中で、内務省警保局図書課で著作権を担当していた国塩耕一郎は、打開策として、日本の音楽家たちに著作権管理団体を設立させ、その団体が海外の著作権管理団体と契約を結んで外国曲を平等に管理し、国情に適った著作権管理を進めるべきとの構想を提案、音楽家側の積極的な賛同を得て、ここに官民一体の作業が始まった。

日本の主だった作詞家、作曲家とその団体の代表者たちが協同で音楽著作権管理団体の設立を進める一方、政府は、その団体の設立を法的に支える「著作権ニ関スル仲介業務ニ関スル法律」(仲介業務法:現著作権等管理事業法)の制定に着手した。この仲介業務法は一九三九(昭和一四)年四月五日法律第六七号として公布され、同年一二月一五日から施行された。

この仲介業務法に基づいて設立される音楽著作権管理団体には、『JASRAC七〇年史』(一五頁)によれば、次の内容が求められている。

①公益を目的とする非営利の法人として、作詞者、作曲者の代表者をもって組織する。
②日本の実状に即した公正で妥当な料金を設定し、漸進的に、円滑に料金を徴収する。
③外国の音楽著作権団体と相互契約を結び、内外人平等の原則で、外国人の音楽著作権を保護する。

④著作権思想の啓蒙普及に努める。

この四点は、当時の日本の実状、すなわちベルヌ条約への加入、旧著作権法の制定、そしてプラーゲ旋風の経験を見事に反映している。

また、仲介業務法が適用される著作物は、「昭和一四年法律第六七号第一条第三項ノ規定ニ依リ著作物ノ範囲ヲ定ルの件」〈勅令〉〔筆者注：明治憲法下、帝国議会の協賛を経ず、天皇の大権によって発せられた命令で、一般の国家事務に関して法規を定めたもの。『広辞苑』第二版〕によって、「小説、脚本、楽曲ヲ伴フ場合ニオケル歌詞、楽曲」と定められたので、同法の規制を受けるのは、文芸と音楽の二分野になった。

前掲書『ＪＡＳＲＡＣ七〇年史』（一五頁〜一六頁）には以下の記載がある。

政府は、仲介業務法に明文化しないものの、著作権の管理団体は、著作物の一分野に一団体が適当との判断を示した。

その理由は、「法律案趣旨説明」の中で、次のとおり示されている。

①仲介機関は全国的組織をもつ充実したものである必要があること
②複数の場合は、利用者、権利者双方に無用の負担がかかるおそれがあること
③公正妥当な料金であれば、一つの機関によって徴収されることに支障はないこと
④特定の著作権者あるいは特定の利用者に便宜をはかることはせず、公平に許諾し、徴収するので、一つで充分なこと

⑤外国の管理機関と相互委任契約を結ぶのに国内の機関が一つのほうが合理的であること

このようにして、一九三九（昭和一四）年一一月一八日社団法人大日本音楽著作権協会が、ついで一一月二一日には大日本文芸著作権保護同盟が設立された。両団体とも、一二月一〇日設立許可、一二月二八日実施許可となった。

(6) 仲介業務法の廃止と著作権等管理事業法の制定

仲介業務法（著作権ニ関スル仲介業務ニ関スル法律）が制定された一九三九（昭和一四）年から数えて六〇年後の二〇〇〇（平成一二）年には同法は規制緩和の影響のもと廃止され、新たに著作権等管理事業法が制定された。著作権等管理事業への新規参入を容易にするため、文化庁長官の許可制から登録制にすること、また使用料規程については、文化庁長官の認可制から届出制に改めることなどが決められている。これによって、当初著作権の一分野一団体として音楽と文芸の二団体ではじまった著作権管理事業者は、競争原理のもと現在ではそれぞれ多数存在することになる。

仲介業務法はただ単に年数を経て古くなったから改正したということではない。仲介業務法の改正については、一九六七（昭和四二）年五月には著作権制度審議会の答申がなされているが、法改正に結び付くことはなかった。

仲介業務法の見直しが再度議論されるには、一九九四（平成六）年八月に著作権審議会（現在の文化審議会著作権分科会）に「権利の集中管理小委員会」が設置されるまで三〇年近くの経過を要している。この間には、一九七〇（昭和四五）年の著作権法の全面改正や著作権関係の条約の締結

〈第一節〔7〕国際条約の管理参照〉などによって著作権を巡る状況にも大きな変化が訪れている。特にデジタル化、ネットワーク化の進展であった。著作物や実演、レコード等の利用や流通にあらたな状況を生み出し、環境の変化に対応した著作権、著作隣接権の保護のあり方に対する関心の高まりや著作権等の管理に関する制度のあり方についても注目されていた。

この「権利の集中管理小委員会」は広く各方面からの意見を反映した上で、二〇〇〇（平成一二）年一月に最終報告書をまとめた。

仲介業務法については、次のような問題があり、デジタル化・ネットワーク化の進展による著作権管理事業に対する社会的要請の高まりに応えて、早急に新しい著作権管理制度を構築し、健全な著作権管理団体・管理事業を育てていくことが必要だとしている（文科省ホームページ：著作権審議会権利の集中管理小委員会報告書）。

（ア）利用実態の変化への対応の観点から、仲介業務法による適用範囲の限定は見直すべきであること

（イ）著作者の選択の自由の確保の観点から、仲介業務法に基づいた複数の著作権管理団体の設立に対する規制は見直すべきであること

（ウ）使用料に関する仲介業務法の認可性も著作権管理団体の参入規制緩和に伴い見直しが必要であるが、その際、著作権管理団体と利用者の間の紛争解決手段の整備が必要であること

（エ）事業の透明性確保について仲介業務法は必要な規定を欠いていること

（オ）仲介業務法は主務官庁の裁量を広く認めており、行政手続の透明性確保の観点から見直しが必要であること

文化庁では、著作権審議会「権利の集中管理小委員会」の最終報告を受けて直ちに立法準備に取りかかった。結果として、二〇〇〇（平成一二）年一一月二九日に「著作権等管理事業法」（平成一二年法律第一三一号）として公布され、施行日は二〇〇一（平成一三）年一〇月一日となった。これにより、仲介業務法は廃止された。

時代とともに科学・技術の発展があり、それを反映し経済や社会もまた変化して行くことは必然である。法律は、その社会環境の変化に応じて改正されていくものであるが、仲介業務法が廃止され、新たに著作権等管理事業法が制定されていくのも時代の必然であった。

科学・技術の発展の具体的内容は、デジタル化とインターネット化である。デジタル化とはたくさんの情報・データ（活字、音楽、映像等々）を0か1の組み合わせに変換し、さらにそれらを圧縮して、ディスクに収録したり、送信し、また圧縮されたデータを解凍し、アナログ化して私たちに視聴させるものである。インターネット技術の発展は、音声による電話を中心とした連絡網を根底から変え、世界中にその連絡網を拡大した。圧縮技術と相まって情報やデータは瞬時のうちに世界を駆け巡ることになり、それにともなって、新たなビジネスモデルが次々に登場し、産業構造も変化している。

デジタル化、インターネット化は一国のビジネス世界を変え、世界の産業構造を変えている。すなわち現代社会は、デジタル化、インターネット化の進展によって、一気にグローバル化を進めた

といえる。そのような状況の中では、自国の法体系に拘泥しているわけにはいかない。多かれ少なかれ、世界各国の法体系と向き合わざるを得ない。規制を緩和するということは、世界の法体系と向き合う中で自国の法律を緩くすることに他ならない。だが規制緩和に対する抵抗が示すとおり、規制緩和は必ずしもいい面ばかりではない。

著作権等管理事業法の制定・施行以来既に一〇年以上経ても、特別に重要な問題が起こっているわけではない。だが、著作権等管理事業法は、著作権管理事業者を規制する法律ではあるが、著作権制度全般に横たわるのは文化の発展でなければならないのであるから、この文化の発展に即した理解や運用が必要である。

先に述べた権利の集中管理小委員会中間まとめが公表されたとき、音楽の権利者団体を中心に、文化の振興と規制緩和、競争原理の導入はなじまないものであり、株式会社等の営利法人の参入については利潤追求のために経済的価値の高い著作物とそうでないものとの間で不公平な管理が行われ、経済的価値の低い著作物を管理する団体がなくなるおそれがあり、慎重にその対策を考えるべきであるとの意見があった。また、経済的価値は低いが文化的価値は高い著作物の創作の振興に留意すべきであるとの意見が表明されている。

さらには、この著作権等管理事業法が国会を通過する過程において衆参文教委員会の国会付帯決議がされている。衆議院、参議院とも付帯決議しているが、衆議院の付帯決議（衆議院ホームページ：第一五〇回国会文教委員会）のひとつを見ておく。

政府は、著作権制度の重要性にかんがみ、本法の施行に当たっては、次の事項について適切な措置を講ずるべきである。

一　著作権制度の重要性と著作権等管理事業法の公共性にかんがみ、著作権思想の一層の普及、啓発に努めるとともに、著作権等管理事業者の健全な育成が図られるよう、特にその環境整備に努め、併せて著作物等の経済的価値のみが優先され、文化的価値の高い著作物等が不利益な取扱いを受けることのないよう、適切な指導を行うこと。

（二及び三略）

あらためて解説するまでもないが、著作権制度を維持、発展させることが文化の発展に結びついているとの認識が示されている。

第2章　著作権法概説

著作権法を所管する文部科学省や文化庁は、ホームページ上ではもちろんのこと著作権思想普及活動の一環として学校教育のなかでも著作権教育を採り上げ、学校の先生に対しても、著作権講習会などを開催している。また一般社団法人日本音楽著作権協会、一般社団法人コンピューターソフトウェア著作権協会などをはじめとして各著作権分野の多数の団体がホームページ上で著作権の大切さを訴え、また各種講演会を開催するなど著作権の啓発活動を行っている。だが、著作権トラブルは多く、また後を絶たない。

このような状況の中において、著作権法や著作権制度を正しく理解することは重要であり、まずはこの著作権法とはどんな法律であるかを理解しておくことにする。

著作権法を見よう。著作権法の全体像を把握したいと思う。著作権法の第一章から第八章までの各条文見出しを見ながら、全体像を把握できるように、一行ずつ丹念に読み進めて欲しい。どの法律もそうだが、関係する条文に当たるだけでは、法全体の趣旨や目的を理解することはできないからだ。著作権法全体を把握するよう心がけることが大切である。

旧著作権法が全面的に改正され現行法として施行されたのが、一九七一（昭和四六）年一月一日である。この年から現在まで、四〇年以上経つが、その間にも、パッチワークなどといわれるように、著作権法は、科学・技術の発展やそれを反映した社会の変化に適合するように、改正に改正を重ねてきたが、その分、理解するには少々難解になっているのかもしれない。

著作権法の章立ては、次のとおりであり、第一条から第一二四条までと附則で成り立っている。

第一章　総則（第一条―第九条）
第二章　著作者の権利（第一〇条―第七八条）
第三章　出版権（第七九条―第八八条）
第四章　著作隣接権（第八九条―第一〇四条）
第五章　私的録音録画補償金（第一〇四条の二―第一〇四条の一〇）
第六章　紛争処理（第一〇五条―第一一一条）
第七章　権利侵害（第一一二条―第一一八条）
第八章　罰則（第一一九条―第一二四条）

著作権法の目次に目を通すと、著作権法には、著作権という著作者の権利を守ることは当然のことであるが、著作権の隣りにある著作物の伝達者として著作隣接権者（実演家、レコード製作者、放送事業者、有線放送事業者）の権利を保護することも規定されている。さらに、私的録音録画補償金についての規定もあり、複雑である。だが基本は著作者の権利保護である。

ここでは、ポイントを絞って学ぶこととしたい。

第1節　著作権法の目的

（1）文化的解釈

著作権法の第一条には、この法律の目的の定めがある。

第一条　この法律は、著作物並びに実演、レコード、放送及び有線放送に関し著作者の権利及びこれに隣接する権利を定め、これらの文化的所産の公正な利用に留意しつつ、著作者等の権利の保護を図り、もって文化の発展に寄与することを目的とする。

どの法律にもある、ありふれた目的規定のどこが問題なのか、といえば、「これら文化的所産の公正な利用に留意しつつ、著作者等の権利の保護を図り、もって文化の発展に寄与することを目的」とするという条文を都合良く解釈する点にある。

加戸守行『著作権法逐条講義五訂新版』（著作権情報センター、以下、加戸『逐条講義』）には、以下の記述がある。

本条が何を書いているかといいますと、「著作者等の権利の保護を図る」ということが、この法律の目的とする第一前提となるものでございます。それから、著作者等の権利の保護を図る図り方としましては、「これらの文化的所産の公正な利用に留意しつつ」という言葉がございますけれど、いわゆる公共の福祉、国民が著作物の利用する者であって文化の享受者であるということを念頭において権利の保護を図りなさい、という意味で保護の仕方について規制を加えております。

（中略）

結局、「もって文化の発展に寄与することを目的とする」というのが大目的でございまして、この法律の究極の目的とするところは、文化の発展に寄与するというところにあるわけでございます。つまり、著作権制度を確立する趣旨といいますのが、著作者等の経済的あるいは人格的な利益を確保することによって、著作者等の労苦に報いる、そしてその結果として、よりすぐれた著作物即ち文化的な所産ができあがっていくということで、文化の発展に寄与することになる、そういう考え方でございます。（一三頁〜一四頁）

以上のとおり、現行著作権法の起草者は述べている。法律は、社会の変化に合わせて改正せざるを得ない局面を迎えることがあるが、それまでは、厳格に解釈されるべきである。

(2) 経済的解釈

ところが、これに対して、

著作権法は、本来は文化発展のための道具ではあるが、今日における著作権法は、もはや産業政策的要素を無視することはできないと考えている。コンテンツ・ビジネス、ネット・ビジネスは極めて重要な産業となる、という点を直視しなければならない。（『著作権・フェアユースの最新動向―法改正への提言』フェアユース研究会編／第一法規発行、中山信弘「フェアユース規定の導入に期待するもの」八～九頁）

この記述の背景について同書から一部引用する。

二〇〇八年（平成二〇年）一一月二七日、知的財産戦略本部に設置されたデジタル・ネット時代における知的財産専門調査会は「デジタル・ネット時代における知財制度の在り方について（報告）」を公表した。検討された事項の一つが「権利制限の一般規定（日本版フェアユース規定）の導入」である。

検討の結果としての報告書は、「個別の限定列挙方式に加え、権利者の利益を不当に害しないと認められる一定の範囲内で、公正な利用を包括的に許容し得る権利制限の一般規定（日本版フェアユース規定）を導入することが適当である」（報告書一一頁）と述べている。

また、次の記載もある。

報告書の言葉を借りるならば、フェアユースが認められるべき領域は、「権利者の利益を不当に害しない公正な利用範囲」によって画定されることになる。そして、筆者は、この「権利者の利益を不当に害しない公正な利用範囲の画定」にあたっては、競争政策上の考慮を積極的に取り入れていくべきだと考えている。（同書、泉克幸「フェアユースと競争政策――リバースエンジニアリングの議論を参考に」一一〇～一一一頁）

せっかく創作された著作物であっても国民が享受できないのであれば意味がないのであり、それゆえ、著作権法では「権利の保護」と並んで「公正な利用」に配慮しているのである。（泉　同書一一三頁）

引用した、この中山信弘及び泉克幸の意見を改めて考えてみよう。

今日における著作権法は、もはや産業政策的要素を無視することはできないと考えている（中山信弘）、

筆者は、この「権利者の利益を不当に害しない公正な利用範囲の画定」にあたっては、競争政策上の考慮を積極的に取り入れていくべきだと考えている。（中略）それゆえ、著作権法では「権利の保護」と並んで「公正な利用」に配慮しているのである。（泉克幸）

これらの意見が時代や社会の変化に真に対応しているのか否かわからないが、現行著作権法の起草者の見解とは相当異なっていることがわかる。

時代状況や社会状況の変化によって、法改正が必要な場合が出てくることは当然であり、また、

その間さまざまな意見表明が行われることもある。だが、右記二つの意見について、筆者はかなりの違和感を持つ。一言でいえば、著作権法は、産業政策や経済の発展を考慮することや、著作物の利用について定めた法律ではないと考えるからである。

著作権法は、公正な利用に留意しつつも、基本は著作者等の権利の保護を図り、文化の発展に寄与することが目的である。文化の発展が最終目的になる。安易に「利用と保護のバランス」などと強調し、誤って、それが目的のようになってしまったりすることに問題があるといえる。

(3) 知的財産権法における目的

ところで、同じ知的財産権を構成する各法律の目的規定の最後の記述部分に着目すると、左記のとおりである。著作権法と対比しながら見ておこう。

〔著作権〕
著作権法――もって文化の発展に寄与することを目的とする。

〔産業財産権等〕
特許法――もって産業の発達に寄与することを目的とする。
実用新案法――もって産業の発達に寄与することを目的とする。
意匠法――もって産業の発達に寄与することを目的とする。
商標法――もって産業の発達に寄与し、あわせて需要者の利益を保護することを目的とする。

半導体集積回路の回路配置に関する法律――もって国民経済の健全な発展に寄与することを目的とする。

種苗法――もって農林水産業の発展に寄与することを目的とする。

不正競争防止法――もって国民経済の健全な発展に寄与することを目的とする。

これらを見れば、わかるとおり、著作権法だけが、文化の発展に寄与することを目的としているだけで、あとは、すべて産業の発展、経済の発展となっている。

知的財産権とは、知的な創作活動によって何かを創り出した人に付与される権利であることは間違いなく、人間の思考や知的想像力による表現を扱うといった同じ枠組みであったとしても、著作権と産業財産権を一緒にして論じることは、根本的に誤りがあると思える。現在は、著作権法は文化に関する法律であることから、文化庁が所管しているが、産業財産権法の関係はすべて、特許庁の所管ということになっている。そして、特許庁は経済産業省の傘下にある。著作権法の取扱いを、他の産業財産権法の数や経済的影響力が大きいなどとして、文部科学省・文化庁の所管から外して、特許庁や経済産業省の所管に移すようなことがあるとすれば、大きな誤りになる問題だと思える。

知的財産権法等の産業の発達や国民経済の発展という目的は、明治維新以降のヨーロッパやアメリカに追いつこうとする日本の歴史上のあり方からすれば、当然の帰結とも思えるが、一方で著作権法はそのような歴史の中にあっても、文化とは何かを考える役割を果たしてきたのである。著作権法を考えるに当たっては、産業財産権等とは明確に、峻別して考える必要があると思えてならない。

世界は現在、産業の発達や経済の発展のみに関心が移っているかのようにみえる。日本では、アメリカの圧力やＷＴＯ（世界貿易機関）という経済の枠組みの中で政治経済が動いてきたが、日本独自の文化や世界のさまざまな文化もまた重視しながら経済活動を進めて行かねばならない。

筆者は、著作権法改正のための文化審議会著作権分科会などを傍聴してきたが、その議論には、文化論的視点が少なく、経済の発展論や消費者団体による著作物使用料等の負担軽減論がたびたび繰り出され、著作権者の文化芸術論が軽視、無視されていると感じることが度々あった。議論をリードしている人が、知的財産権一般を専門とする学者等で、しかも産業財産権、すなわち産業の発達や経済の発展を中心に研究を重ねてきたのだろうか、あまり文化の発展などには関心がないような発言をしていることが非常に気になった。

芸術家が放つ文化芸術論に対して、法律との整合性が簡単には取り得ないとか、法律にはこう書いてあるとか、法解釈が誤っているなどと指摘している姿を見て、日本の将来には希望が持てないとさえ思えた。

このように、文化の発展に寄与する目的を持つ著作権法と産業の発達や経済の発展に寄与する目的をもつ他の知的財産権法等とではかなり性格が異なっていることが理解される。やはり、知的財産権という言葉ひとつで、知的財産権一般を論じることには、非常に危険が伴うように思われる。

著作権法の「目的」の読み方、すなわち、立法趣旨から乖離し過ぎているという前提のもとで論を進めてきたが、冒頭述べたように、「保護と利用のバランス」という考えそのものを全否定することはできないとしても、著作権法は、著作者等の権利の保護に重きを置かなければ文化の発展という目的を達成できないとの思いは強調しておきたい。昨今の短期利潤追求型の経済活動によって、世界が経済的に破たんし、また人間にとって重要な文化の問題がないがしろにされてきたと感ずるからである。

第2節　著作物とは何か

(1) 定義と例示

著作権法でいう著作物とは何か。第二条第一項第一号で「思想又は感情を創作的に表現したものであって、文芸、学術、美術又は音楽の範囲に属するものをいう」とある。そして第一〇条でそれを例示している。

著作物の種類	例　示
言語の著作物	論文、小説、脚本、詩歌、俳句、講演
音楽の著作物	楽曲及び楽曲を伴う歌詞
舞踊、無言劇の著作物	日本舞踊、バレエ、ダンスなどの舞踊やパントマイムの振り付け
美術の著作物	絵画、版画、彫刻、漫画、書、舞台装置、美術工芸品
建築の著作物	芸術的な建造物
地図、図形の著作物	地図、学術的な図面、図表、模型、設計図
映画の著作物	劇場用映画、テレビ映画、ビデオソフト、ゲームソフト

写真の著作物	写真、グラビア
プログラムの著作物	コンピュータ・プログラム

次の第一一条、第一二条及び第一二条の二も著作物とその例示である。

著作物の種類	例　示
二次的著作物（第一一条）	右記著作物（原著作物）を翻訳、編曲、変形、翻案したもの
編集著作物（第一二条）	百科事典、辞書、新聞、雑誌、詩集
データベースの著作物（第一二条の二）	編集著作物のうち、コンピューターで検索できるもの

(2) 著作物性判断の難しさ

(1) 著作物の定義と四要件

著作物とは、「思想又は感情を創作的に表現したものであって、文芸、学術、美術又は音楽の範囲に属するものをいう」とあった。

前掲加戸『逐条講義』を見よう。著作物の定義につき、主に四つの要件をもって説明している（一九頁～二二頁）。以下に要約する。

著作物とは何かということについて、その第一要件は、「思想・感情」を表現したものでなければならなく、単なるデータは著作物にはあたらない、チンパンジーや象が絵を描いたとしても、それは著作物としては認められない。なぜなら思想・感情は人間固有のものというのが前提となっている。

第二の要件は、思想・感情を「創作的に」表現したものであることだ。「創作的に」とは、作品に何らかの知的活動の成果がでていなければならないとしている。絵画の模写や美術品を機械的に映した写真などは著作物とはいえない。さらに重要なことは、著作物の題号についても、思想・感情の創作的表現といえるようなケースはまずないと考えられる。ただ、フランスのように独創性のある題号を著作物として保護する国がないわけではないが例外的である。（筆者注：後に触れることになるが、題号は著作物とはいえないから、日本の著作権法では保護されないが、筆者の実務経験からは、歌のタイトル（題号）をお菓子の名称に使用していいか、などの質問が寄せられることがあった。微妙な問題ではあるが、著作権法上の解釈によれば、権利が認められていない以上、お菓子の名称にしても許されることになる。しかし、歌のタイトルを苦心してつけた側からすれば釈然としないはずである。一方、一般的にはお菓子の名称は商標登録することができる。）

第三の要件は、創作的に「表現」したものであることだ。「表現」することが必要だといっている。頭の中にあるアイデアや理論は著作物足り得ず、それらを具体的に小説・論文・楽曲・絵画などに表現し、表現された形式を指して著作物だとしている。

第四の要件は、表現した「もの」としている。この「もの」が重要である。具体的有体物ではない。絵画が著作物だといっても、キャンバスや絵具を指すのではなく、キャンバスに表現されている抽象的な「もの」を指して著作物というとしている。

(2) 「ありふれた表現」とはどのような表現か

以上を踏まえて、著作権判例を見ておこう。著作物性があるか否かの裁判例として、「ラストメッセージｉｎ最終号事件」〔東京地裁平成七年一二月一八日判決：平成六年（ワ）第九五三二号〕がある。

事案の概要は、被告が、「ラストメッセージｉｎ最終号」という書籍を出版したが、この書籍は、休刊や廃刊になった複数の雑誌の最終号の表紙や休刊や廃刊にあたっての雑誌社の挨拶文をそのままこの書籍に複製して発行したことに対して、原告〔複数の雑誌社〕が著作権法の複製権を侵害しているとしてこの書籍の発行差止や損害賠償等を請求したものである。

被告は、これら挨拶文は著作物ではない、アメリカ著作権法にはフェアユースの規定があるが、フェアユースの規定を適用すれば、被告の行為は正当である、また著作権法第三二条第一項の「引用」であり、正当であるとして争ったものである。

裁判所は、これら挨拶文の著作物性について判断し、一部には著作物性を認め、一部には著作物性を認めなかった。それは、ありふれた表現で記述しているに過ぎないものは、創作性を欠くものとして著作物とはいえないとしたものである。よって、挨拶文のなかでも、著作物性があるものと、ないものがあるとの判断であった。

アメリカ著作権法のフェアユースの規定を日本において適用すべきであるとの被告の主張は容認できないことは当然のことであるが、ありふれた表現であるか否かの判断を裁判官が行っているが、著作物として認められるには、著作権法第二条の「思想又は感情を創作的に表現したもの」の意味を考えさせられる事案である。

また被告の引用の抗弁についても、デッドコピーは引用とは言えないとして退けている。

それでは、ありふれた表現であり創作性が認められないものと、創作性があり著作物として認められるものとを判決文から見ておこう。

編集後記・お知らせ

★昭和五十七年十二月号創刊以来、三年三か月にわたって発行してまいりました小誌は、この二月号をもっていったん休刊し、近々、誌名・内容を刷新して再発行いたします。長い間ご愛読いただき、まことにありがとうございました。心から御礼申し上げますとともに、新雑誌へのご声援をよろしくお願い申し上げます。★新・健康誌は、新しい読者層の開拓と、その関り合いを深めるため、これまでの「壮健ライフ」のイメージ・内容を一新し、誌名も改題して、まったく新しい健康分野に挑戦いたします。どうぞご期待ください。

裁判所は、この「編集後記・お知らせ」（これを含む七点）は、「いずれも短い文で構成され、その内容も休廃刊の告知に加え、読者に対する感謝、再発行予定の表明あるいは、同社関連雑誌を引き続き愛読してほしい旨の要望にすぎず、その表現は、日頃よく用いられる表現、ありふれた言い回しにとどまっていると認められ、これらの記事に創作性を認めることはできない」としている。

一方、裁判所が、創作性があり、著作物として認められるとしているもののひとつは、以下のとおりである。

あたたかいご声援をありがとう
昨今の日本経済の下でギアマガジンは、新しい編集コンセプトで再出発を余儀なくされました。皆様のアンケートでも新しいコンセプトの商品情報誌をというご意見をたくさんいただいております。ギアマガジンが再び店頭に並ぶことをご期待いただき、今号が最終号になります。長い間のご愛読、ありがとうございました。

ギアマガジン　一九九三年四月号　学習研究社

右記挨拶文について、判決文は、「他方、右七点を除くその他の本件記事については、執筆者の個性がそれなりに反映された表現として大なり小なり創作性を備えているものと解され、著作物であると認められる」としている。

この事案における裁判所による創作性有無の判断は、非常に興味深いものではあるが、言語の著作物に係る創作性有無の判断であり、仮にこれが絵画やイラストといった美術の著作物や写真の著作物等に係る創作性有無の判断を求められることになれば、その判断はこの事案のように明確なものにはならないように思える。

(3) 権利の目的とならない著作物

次にあげるものは著作物であっても、権利の目的とならない。著作権及び著作者人格権がない（第一三条）。

一　憲法その他の法令（地方公共団体の条例、規則を含む）
二　国や地方公共団体又は独立行政法人の告示、訓令、通達など
三　裁判所の判決、決定、命令など
四　一〜三の翻訳物や編集物で国や地方公共団体又は独立行政法人の作成するもの

以上であるが、特に三において、判決文や証拠に含まれてくるまったくの個人の論文や、鑑定人による鑑定書、報告書の類は、判決文や証拠として扱われる以外は個人等の著作物であり、権利の目的となることに留意しておく必要がある。

第3節　著作者の権利

(1) 著作者等の定義

次に、この著作物を創作した者を著作者というが、その定義を見るも、「著作者」とは、「著作物を創作する者をいう」（第二条第一項第二号）だけである。

また、次の要件を満たす場合には、法人が著作者となる（第一五条）。まとめてみよう。

- 法人等の発意に基づくもの
- 法人等の業務に従事する者が職務上作成するもの
- 法人等が自己の名義で公表するもの

●作成時の契約、勤務規則に別段の定めがないこと

(2) 著作者の権利

そして、以下のとおり、著作者の権利は、人格的な利益を保護する著作者人格権（人格権）と財産的な利益を保護する著作権（財産権）のふたつに分かれる（第一七条）。

(1) 著作者人格権

著作者人格権は、次表の三つの権利が基本である。

権利の種類	条	権利の内容（要約）
公表権	第一八条	自分の著作物を公表するか否か、いつ、どのような方法で公表するかを決めることができる権利
氏名表示権	第一九条	自分の著作物を公表するときに、著作者名を表示するか否か、実名か変名（ペンネーム）かを決めることができる権利
同一性保持権	第二〇条	自分の著作物の内容又は題号を、自分の意に反して勝手に改変されない権利

（著者注：権利の内容は要約している。詳しくは条文に直接当たって欲しい）

この著作者人格権には、公表権、氏名表示権そして同一性保持権が定められている。著作権法の目的は、文化の発展に資することに寄与することであるが、文化の発展のためにはこの著作者人格

権を尊重することが非常に重要である。

この著作者人格権の定めは、条文上次の財産権としての著作権の前に置かれているが、このことは、著作者の人格的権利をまずは尊重し、保護することにほかならない。著作物を生み出すのは、創作者としての著作者であり、思想、感情を創作的に表現する主体である。なによりも著作者が培ってきた著作者自身の人格からその思想や感情が生まれてくるからである。

このように非常に重要な著作者人格権であるが、この著作者人格権の公表権、氏名表示権、同一性保持権が侵害されることも多いのである。すなわち他人が本人の著作物を無断で公表したり、別の名前で氏名表示したり、著作物を無断で改変したりすることが起こる。いずれも著作者人格権を侵害することによって、侵害者が何らかの利益を得るようなことが起こるのである。

ここでは、財産権ではなく、著作者の人格に関係することを述べているのであり、これらの侵害行為によって著作者やその遺族が精神的に大いに傷つけられることを問題にしている。このことは自分が創作者＝著作者の立場になり、自分の作品（著作物）が、他人の手によって、無断で公表されたり、自分が知らない著作者名で表記されたり、改変、改ざんされたりすれば如何にショックが大きいかを考えればよく理解できる。

第一七条には、著作者は著作者人格権と著作権を享有し、それらの享有にはいかなる方式の履行も要しないことを規定している。

まずは、著作者がその著作物について著作者人格権という精神的権利と著作権という財産的権利との二つの権利を有し、これらの権利は何の方式も手続も必要なく、著作物の創作によって自動的に発生するものであることを定めている。

第一八条は、著作者人格権のうちの公表権について定めているが、著作者は、その著作物でまだ公表されていないものを公衆に提供（印刷物等の有形物として提供すること）し、又は提示（演奏、放送のように複製物以外の方法によって公衆に見せ、聞かせること）する権利を有する、と定めている。起草者によれば、いわゆる著作者の内秘的自由を確保するための権利（以下、傍点は筆者）である。著作者はその著作物によって、自分の思想・感情を外部的に表現するが、著作者の名声、地位、成功等は、どのタイミングでその著作物を世に出すかによって左右されることからもこの公表権が規定されている、と述べている（前掲加戸『逐条講義』）。

第一九条は、氏名表示権についての規定である。著作物を公衆に提供・提示する場合、著作者の実名で行うか、変名（ペンネーム）で行うか、又は著作者名を表示しないで行うかを決めることができる権利である。これも、起草者によれば、著作者と著作物の人格的不離一体性に着目し、その人格的利益を保護するために、著作者がその著作物の創作者であることを主張することを認めている、と述べている。

第二〇条は、同一性保持権について定める。著作者がその著作物の同一性を保持する権利であり、著作物又はその題号に不本意な改変が加えられない権利を有すると定められている。著作物が著作者の人格の具現化されたものであることから、著作物に具現化された著作者の思想・感情の表現の完全性あるいは全一体性を保つ必要があるという趣旨からこの規定がある。さらに、この同一性保持権の制定は、文化的な要請という観点もあるとして、著作物が創作されると、それは著作者個人の財産であるとともに、国民にとっては文化的所産でもあり、それを第三者が勝手に変更することは許されないということになるとしている。それは第六〇条における著作者死後の人格的利益の保護に出てくる、としている。また、題号は著作物の内容を集約して表現しているものであるから、題号を無断で変更することは、著作者の人格的利益が大いに損なわれるという観点から、法律上保護をしている、としている。

ただし、第二〇条第二項では、改変は絶対許されないということではないことが定められている。それは、学校教育の目的上やむを得ないと認められるもの、建築物の増築、改築、修繕又は模様替えによる改変、プログラムの効果的な利用に関する改変、そしてこれ以外にも著作物の性質並びにその利用の目的及び態様に照らしてやむを得ないと認められる改変が許されている。だが全体の趣旨を考えるなら、この改変は極めて厳格に解釈運用されなければならないところである。

右傍点（筆者）部分をもう一度整理しておこう。

第一八条（公表権）　著作者の内秘的自由を確保するための権利

第一九条（氏名表示権）　著作者と著作物の人格的不離一体性に着目し、その人格的利益を保護

第二〇条（同一性保持権）　著作物に具現化された著作者の思想・感情の表現の完全性あるいは全一体性を保つ必要、著作物が創作されると、それは著作者個人の財産であるとともに、国民にとっては文化的所産、著作者死後の人格的利益の保護（第六〇条）、題号は著作物の内容を集約して表現

以上の著作者人格権の内容を見るに、第二一条から始まる財産権についての規定を考えるに当たっても、この著作者人格権と財産権との関係が一体となっていることが分かる。確かに、著作者人

格権も第一八条から第二〇条に分け条文化され、また財産権についても各条文に分かれて定められてはいるが、全体的に著作者人格権と財産権を著作者と著作物の人格的不離一体性として捉える必要性があることや、著作者死後においても、著作者人格権が永久に尊重される必要があるという規定から考えるに、やはり著作者人格権と財産権は別物などと考えては、著作権法の在り方を見誤ることになる。

以上第一七条と第一八条から第二〇条までを見たが、著作者人格権に関わる重要な条文は他にも定められている。すなわち、第四の権利として、第一一三条第六項は、著作者の名誉又は声望を害する方法によってその著作物を利用する行為はその著作者人格権を侵害する行為とみなす旨を定めている。

この第一一三条第六項の立法趣旨について、前掲加戸『逐条講義』は、著作物を創作した著作者の創作意図に疑いを抱かせたり、著作物に表現されている芸術的価値を非常に損なうような形で著作物が利用されたりすることを防ぐことにあるとしている。本項の考え方は、ベルヌ条約のブラッセル改正条約以降の改正条約において規定されている考え方に基づくものであり、著作者人格権の外延的なものとして、著作者の人格的利益の保護を全からしめようとしたものであり、日本は、著作者人格権に関する限り、国際的なレベルの高い内容のものを定めている、としている。

さらに、この第一一三条第六項の規定によって著作者人格権の侵害とみなされる行為は、第六〇条の規定によって、著作者が存しなくなった後においてもしてはならないこととされる「著作者人格権の侵害となるべき行為」に含まれるから、公表権・氏名表示権・同一性保持権と同様に、「死後人格権」の一内容と概念できるとしている。

また、著作権法第五九条には、著作者人格権の一身専属性等の規定がある。まずこの著作者人格権の一身専属性を定めた第五九条から見ておこう。

第五九条　著作者人格権は、著作者の一身に専属し、譲渡することができない。

著作者人格権は、著作者の人格に関わる権利であるから、著作者の死亡とともに無くなる権利である。その著作者の人格は、著作者自身にしみ付いた固有のものであるから、譲渡することができない。また、「著作者の一身に専属している」ということは、相続することもできないほか、他の者による著作者人格権の代理行使を認めないことも意味している。

だが、このことにつき、前掲加戸『逐条講義』は、注意すべきは著作物の利用許諾契約や著作権の譲渡契約等において、「人格権を行使しない」という内容の不行使契約を行うことは可能であり、改変を伴う利用等が予想される場合には、そのような契約を予め行っておく必要がある（三六四頁）としている。

続いて著作権法第六〇条は、「著作者が存しなくなった後における人格的利益の保護」を定める。

第六〇条　著作物を公衆に提供し、又は提示するものは、その著作物の著作者が存しなくなった後においても、著作者が存しているとしたならばその著作者人格権の侵害となるべき行為をしてはならない。ただし、その行為の性質及び程度、社会的事情の変動その他によりその行為が当該著作者の意を害しないと認められる場合は、この限りでない。

著作者人格権は一身専属性であることから、著作者が死亡してしまえばその保護の根拠は失われる。だが、著作物が著作者の人格の発露、思想・感情・精神の現れであり、ひとたび世の中に出されている以上、国民の文化遺産ともいえるものになっているわけで、一国の文化遺産である以上、国家的に著作者の人格的利益を保護する必要もある。

この条文には期限の定めがないことから、著作者が死亡した後であっても永久にその著作者人格権は残されることになる。このことについては、財産権としての著作権の消滅に併せて著作者人格権も消滅させるべきであるなどとの議論は既になされている。著作権の存続期間（著作物の保護期間）は諸外国の多くが著作者の死後七〇年間、日本においては著作者の死後五〇年間が認められているが、著作者人格権の保護期間もこれに合わせるべきとの意見である。

だが、著作者人格権はベルヌ条約においても、日本の著作権法においても期限の定めがない。例えば『古事記』や『源氏物語』といった一〇〇〇年以上前の古典について、氏名表示権や同一性保持権といった著作者人格権を保護するといっても、考え方の上ではつじつまが合わないかもしれない。これに対して著作権法はただし書きをつけ、著作者人格権の侵害となるべき行為の性質及び程度、社会的事情の変動その他によってその行為が著作者の意を害しないと認められる場合は、許されるとしているのである。『古事記』や『源氏物語』は日本においてばかりでなく世界においても文化的な遺産となっており、その内容は正しく後世に伝えていくという国家的な要請もある。著作者人格権は著作者の死後も永久に続くことは決して不合理な話ではない。

いままで、著作者人格権の重要性を縷々述べてきたが、この非常に重要な著作者人格権を著作権法上に十分に定めていないアメリカの存在があることを忘れるわけにはいかない。
斉藤博『著作権法第三版』（一四二頁〜一四三頁）は、「アメリカは一九八九年にベルヌ条約に加入することになるが、その際、同国においても、著作者人格権は著作権法以外の法領域で保護され、条約の保護水準を満たしているという判断から加入が認められている。アメリカも、その後の立法で、著作権法の中に著作者人格権に関する規定をわずかに設けるものの、大陸法のように包括的な規定を設けるところまでには至っていない。それは、英米法系諸国が著作者の人格価値を軽んじているということではない」と指摘する。だが、著作者や著作物についての認識に、大陸法とは大きな差異があることは否定できない。このことにつき、前掲斉藤書（一四三頁）は以下のようにも指摘している。

英米法系諸国は、著作物の中に、録音物などの制作物をも含めてしまう。その結果、著作者の外延も広がり、精神的創作作業を行う自然人に限らず、法人等の製作者も積極的に含まれることになり、いきおい著作物が著作者の人格の発露である旨の認識も薄く、どちらかといえば著作物（製作物）の経済的な側面に重きが置かれることになる。そのような状況の下では、著作者人格権は著作物の利用を妨げるものと映る。コモン・ロー諸国も、自らが加入するベルヌ条約が保護するものであってみれば、著作者人格権そのものを否定することはできず、ときとしてその権利の範囲を狭め、あるいは、制限する考えを示してきた。

また、すでに第1章で紹介しているが、岡本薫『著作権の考え方』（岩波新書）では、ＴＲＩＰ

S協定の問題点（人格権を保護する義務がないこと、実演者の権利が少ないこと、放送局の権利を保護する義務がないこと）が指摘されていることを見てきた。

斉藤博『著作権法第三版』と岡本薫『著作権の考え方』を併せ読むことによって、著作者人格権の考え方を巡って大陸法と英米法には大きな差異が認められ、国際著作権制度を複雑にしていることがわかる。

もう少し著作者人格権について触れておかなければならない点がある。それは、第一一六条に定める「著作者又は実演家の死後における人格的利益の保護のための措置」である。ここでは著作者に限定して述べることになるが、先に見たように著作者死後の人格的利益の保護は第六〇条で規定されていたが、その人格的利益が害されたとしても、被害者である著作者が生存していない以上、現実に救済を求めることに理由がなくなってしまうことになる。そこで、著作者が死亡した後において、著作者名の表示が変更されたり、著作物の内容が改ざんされるようなことがあれば、著作者の意向を著作者に代わって、適切に代弁するべき者がこれらの侵害行為や侵害状態を防止し、原状回復ができなければ法制定の意味がないことになる。これが、第一一六条の制定の趣旨になる。

だが、第一一六条は、遺族等による人格的利益の保全を規定してはいるが、損害賠償請求権は認めていない（ただし、著作者生存中は損害賠償請求権は認められていることから、著作者生存中に損害賠償請求をしている場合は著作者が死亡した後でも、すでに発生している損害賠償請求権はそのまま遺族に引き継がれる）。結局、著作者死後、著作者の著作者人格権が侵害された場合、差止請求や名誉回復等の措置を侵害者に請求することはできても、民事上の損害賠償請求権は認められていないのである。

一方、刑事罰を課すことは可能である。それが第一二〇条の罰則であり、この第一二〇条によって、遺族の気持ちは救われるのである。第一二〇条には「第六〇条又は第一〇一条の三の規定に違反した者は、五〇〇万円以下の罰金に処する」とある。この罪は、本条の立法趣旨が死亡著作者の人格的利益の保護とともに死亡著作者の文化的遺産の国家的見地からする保護（加戸『逐条講義』七三二頁）にあるとしている。

これらの考え方を敷衍すると、筆者は、著作権法とは別の法体系ではあるが、文化財保護法などの考え方に繋がっている、いやむしろ繋げて考え、日本の著作物や文化財をそのまま末永く守っていく必要があると考えるものである。

このように、著作者人格権と著作権はコインの表裏のような深い関係にあることをまずは理解しておく必要がある。それを著作者人格権と財産権としての著作権を意図的に切り離し、財産権である著作権にだけ着目し、財産権であれば、経済的に利用すること、もっといえば短期利潤追求型の新自由主義などといった経済活動の中に流通させ、著作者人格権が流通の妨げになっているとして、その権利を縮減させようとする傾向には断固として異議を申立てるところである。先のＷＴＯ・ＴＲＩＰＳ協定が著作者人格権を十分に保護していないことが貿易という範疇ではあれ、許しがたいことになるのである。

日本の文化も後世に引き継いでいかなければならないように、世界のそれぞれ独自の文化を大切に保護していくことが重要であるにも関わらず、その根底にある著作者人格権を軽視したり無視したりすることは世界から文化の多様性や人間の考える力を奪い、世界全体の文化力なるものを低下させるものになる。

(2) 著作者人格権に関わる事件

著作権判例には、公表権に関する「三島由紀夫手紙公表事件」が、氏名表示権に関する事件として唱歌の無名著作物の著作者を巡って「チューリップ事件」が、そして同一性保持権に関する事件は枚挙にいとまがないが、有名な事件として「パロディ・モンタージュ写真事件」などがある。

①三島由紀夫手紙公表事件（公表権）〔東京高裁平成一二年五月二三日判決：平成一一年（ネ）第五六三一号　著作物発行差止控訴事件（原審：東京地裁平成一〇年（ワ）第八七六一号）〕

この事案は、小説家故三島由紀夫が友人宛書いた手紙を、その友人（芥川賞候補にもなった有望とされる新人作家）が、自身の書籍の中に利用し、文藝春秋から出版したことに対して、三島の遺族が、文藝春秋に対してその発行を差止めることを求めたものである。

文藝春秋等は、「本件書籍に本件各手紙が公表された当時、素人はもとより専門家でも、手紙の著作物性について確かな見解（司法判断の予測）を持することは不可能であった。手紙の著作物性については、法律の明文も判例も全くなく、学説も寥寥《りょうりょう》（筆者注：空虚なさま）たるうえ区々《まちまち》（筆者注：わずか）たる有様で、各手紙には著作物性はない」と主張したが、高等裁判所は判決の中で、「昭和五〇年ころには既に、交際相手にあてた私信という程度の手紙も著作物であること、手紙にも著作者の著作権が及ぶということは『法解釈上の通説』として説明される程度の事柄であったことが認められる」。さらに、裁判所は、「当庁第六民事部の書棚の入門書、実務書にも、手紙は著作物であること、著作物であれば人格権の問題が起こること、死後であれば遺族の諒解を得る必要があること、著作権は手紙を出したほうにある、いずれも著作者に無断で公表できない等々の記載がある」ことを示している。

第六〇条は、「著作者が存しなくなった後における人格的利益の保護」について定める。「著作物を公衆に提供し、又は提示する者は、その著作物の著作者が存しなくなった後においても、著作者が存しているとしたならばその著作者人格権の侵害となるべき行為をしてはならない。ただし、その行為の性質及び程度、社会的事情の変動その他によりその行為が当該著作者の意を害しないと認められる場合は、この限りでない」と定めていた。

特に、裁判所は、このただし書きにも触れ、結論だけを言えば、控訴人らの行為は、当該著作者の意を害しないとは到底いえないとしている。

このように、著作者人格権のうちの公表権については、この公表権は、あくまでも著作者の権利であり、公表するか否かの判断は、著作者にあり、死後においては、第六〇条の規定に沿わなければならないことを示している。

②チューリップ事件（氏名表示権）〔千葉地裁平成元年二月一〇日判決：昭和五八年（ワ）第五五八号・一一〇二号　著作権確認請求事件。東京高裁平成二年一二月一八日判決：平成元年（ネ）第六〇七号。最高裁平成四年一月一六日判決：平成三年（オ）第五二六号〕。「チューリップ・コヒノボリ」事件〔東京地裁平成元年八月一六日判決：昭和五八年（ワ）第一二一九八号。東京高裁平成五年三月一六日判決：平成元年（ネ）第二八四四号。東京高裁平成五年三月一六日判決：平成元年（ネ）第二八八六号。東京高裁平成五年三月一六日判決：平成元年（ネ）第二八九九号〕。

「チューリップ」の歌詞および楽曲の両方について、著作権確認請求訴訟が提起されて、「著作者」の認定が争点となった事案である。最高裁まで行く事案であるが、原告（小出浩平）の請求を棄却した第一審判決（千葉地裁平成元年二月一〇日判決）の結論を控訴審も上告審も支持したかたちになっている。

原告・控訴人・上告人らは、亡父小出浩平が「チューリップ」の歌詞および楽曲を創作したと主張している（小出は第一審係属中に死亡し、原告・控訴人らが訴訟を承継した）。

被告・被控訴人・被上告人らは、亡父井上武士が「チューリップ」の歌詞の第二番、第三番と楽曲を創作したと主張している（歌詞の第一番については後述）。

「チューリップ」は日本教育音楽協会が発行した『エホンシャウカ』（絵本唱歌）に無名著作物として公表された。

音楽の著作権管理事業者であるJASRACは、井上武士から作曲者としての作品届を提出されたことから、それに従い管理していた。歌詞については、無名の著作物として取り扱っていたが、一九八二（昭和五七）年末に無名著作物の保護期間が満了してしまうことから、原告小出浩平は、著作権法第五二条第二項第三号「著作者が前項の期間内にその実名又は周知の変名を著作者として表示してその著作物を公表したとき」に該当するとして、無名であったものを原告「小出浩平」名に改めようとしたが、これに対して、被告井上武士の相続人の一人がこれに異議を述べたところ、さらに、原告小出浩平は歌詞だけでなく、楽曲も創作したと主張した。訴訟においては「チューリップ」の歌詞と楽曲は原告小出浩平が創作したものであることを確認して欲しいという主張である。

裁判所は、原告小出浩平の主張を退け、作詞の一番には触れず（審理中及び判決文には近藤宮子の名前は挙げられている）、二番三番は被告井上武士、楽曲は被告井上武士によるものであるとした。後に判ることになるが「チューリップ」は、他の作品とともに、日本教育音楽協会は、作詞を公募し、応募作品の著作権は日本教育音楽協会に帰属することを説明していた。

なぜ無名で公表したかについては、小出側は「当時の文部省の指導により教材として使用する場合は著作者名を公表しない慣習が存在していた」と主張し、井上側は「日本教育音楽協会が協会の出版物として発表したからであって、公表しない慣習があったわけではない」と主張している。

もうひとつの事件として「チューリップ・コヒノボリ事件」がある。

この事案は、「チューリップ」、「コヒノボリ」、「テフテフ」、「タンポポ」「カミナリサマ」、「オウマ」の六曲の歌詞の著作者の確認について争われたものである。

このうち「チューリップ」、「コヒノボリ」について、歌詞の著作者が原告の近藤宮子か、被告らの亡父小出浩平かの争いである。先の「チューリップ」単独事件では、小出浩平側と井上武士側との争いであったが、裁判所は一番の歌詞の著作者を認定することはなかった。そのため、「チューリップ」の歌詞一番の作詞者である近藤宮子が原告となって、「チューリップ」他右記五曲の作詞者の確認を求めた事案である。

原告近藤宮子が、(i)この六曲の歌詞について著作者人格権（氏名表示権）を有することの確認、(ii)「チューリップ」、「カミナリサマ」、「オウマ」について著作権を有することの確認、(iii)著作者人格権侵害等を理由とする損害賠償を求めて、小出側と著作権管理事業者であるＪＡＳＲＡＣを被告として提訴したものである。

裁判所は(i)について全て「近藤宮子」の作詞を認め、(ii)については、応募も専門家に委嘱した場合も日本教育音楽協会に帰属する条件があったことから、近藤宮子の主張を退け、(iii)については小出側にもJASRACに対しても非があるとし、全てではないが近藤宮子の主張を認めている。

③パロディ・モンタージュ写真事件（同一性保持権）〔最高裁昭和五五年三月二八日判決：昭和五一年（オ）第九二三号〕

原告・写真家白川義員《よしかず》は、オーストリアのアルプスの雪山をスキーヤーが滑降する情景を撮影したカラー写真（本件写真）を著作し、写真集に掲載して発表した。

被告・グラフィックデザイナーのマッド・アマノは、AIU社カレンダーに掲載されていた本件写真を利用してモンタージュ写真を作成し、自作写真集に掲載して発表した。また、このモンタージュ写真は、講談社発行の「週刊現代」のグラフ特集「軌跡」と題して掲載された。

本件モンタージュ写真は、AIU社のカレンダーに掲載された本件写真、六名のスキーヤーが滑降して斜面雪上に描き出した波状のシュプールの部分を残し、他の山岳の情景をカットし、カラー写真であったものをモノクロ写真として複製し、そのシュプール上部にカットした山岳の情景に代え、ブリジストンタイヤ株式会社のスノータイヤの広告写真を配置し、これによって六本のシュプールが一体となってタイヤの軌跡のようにも見えるように工夫し、写真を合成して作成されている。

原告白川義員は、自己の写真に係る著作権と著作者人格権（同一性保持権）が侵害されたとして損害賠償及び謝罪広告を求めた。これに対し、被告マッド・アマノは、旧著作権法第三〇条第一項「節録引用」等を主張して争った。

被告は、モンタージュ写真は、(i)原告の写真とは別の新たな著作物であるから、そもそも原告写真の偽作ではない、(ii)「節録引用」に当たり著作権の制限規定により偽作とならず、また改変等もフォト・モンタージュの技法に従ったものとして許される範囲である、と主張したが、裁判所は原告の写真とは別の新たな著作物ではあると認容しつつも、制限規定である「節録引用」には当たらない、「節録引用」に当たらなければ、著作権の侵害に相当する。また、原告が主張する著作者人格権の同一性保持権を侵害するものであると判示している。

結局、この事案は、一九八三（昭和五八）年二月二三日東京高裁において原告勝訴の判決〔昭和五五年（ネ）第九二号〕がなされた後、一九八六（昭和六一）年五月三〇日、最高裁判所は損害賠償の請求・算定に関して著作権侵害に基づく慰謝料と著作者人格権侵害に基づく慰謝料とをそれぞれ特定して請求させるべきだとして、再度破棄差し戻しの判決〔昭和五八年（ネ）第五一六号〕を行い、三度目の東京高裁において和解により終了している。

念のため旧著作権法の「節録引用」について触れておく。旧著作権法の第三〇条と第二号は以下のとおり規定している。

第三〇条〔著作権の制限〕　既ニ発行シタル著作物ヲ左ノ方法ニ依リ複製スルハ偽作ト看做サス

第二　自己ノ著作物中ニ正当ノ範囲内ニ於テ節録引用スルコト

既に発行された著作物を自分の著作物の中に、正当な範囲において「節録引用」することは、複製権を侵害するとはみなさない、という解釈になるだろう。

さて、「節録」とは、「全体の中から必要な事柄だけを抜いて書くこと。また、その記録」（『新明解国語辞典』第五版　三省堂）、「適度にはぶいて書きしるすこと」（『広辞苑』第二版　岩波書店）と説明されているが、「節録」だけで「引用」の意味を含んでいるように解釈もできよう。

そしてこの旧著作権法の第三〇条は、新法においては、第三二条に（引用）の見出しが付され規定されている。

公表された著作物は、引用して利用することができる。この場合において、その引用は、公正な慣行に合致するものであり、かつ、報道、批評、研究その他の引用の目的上正当な範囲内で行われるものでなければならない。

旧法時代の「節録引用」と新法における「引用」の解釈については、「パロディ・モンタージュ写真」事件を契機に様々な場面に登場している。

(3) 財産権としての著作権

①著作権――財産権としての著作権については、左表のとおり整理できる。著作権と一口にいうが、著作権というのは個々の権利の総称である。また著作権は「権利の束」とも説明されることもあるが、左表における複製権以下の個々の権利を束ね、総称して著作権というからである。裁判所では、著作権侵害差止等損害賠償請求事件などというが、具体的には、複製権の侵害、上映権の侵害などの権利侵害を問題としている。

言い換えれば、ひとつの著作物を創作した著作者に与えられたそれぞれの権利であり、第三者がその著作物を利用したい場合は、その利用形態に即して、著作者にまずはその利用の許諾を求めなければならない。著作者はその利用に対して許諾し、または許諾を拒否することができるとともに、著作物使用料を請求できる権利である。著作者に黙って無断で利用することは許されない。自転車置き場に多数の自転車があるからといって勝手に乗り去るわけにはいかないのと同様のことである。自転車も他人の財産であり、著作物も他人の財産である。

著作権の種類は以下のとおりである（権利の内容は要約であることから、詳しくは直接条文に当たって欲しい）。

権利の種類	条	権利の内容（要約）
複製権	第二一条	著作物を印刷、写真、複写、録音、録画などの方法によって有形的に再製する権利
上演権・演奏権	第二二条	著作物を公に上演し、演奏する権利
上映権	第二二条の二	著作物を公に上映する権利
公衆送信権・伝達権	第二三条	著作物を自動公衆送信し、放送し、有線放送し、また、それらの公衆送信された著作物を受信装置を使って公に伝達する権利
口述権	第二四条	著作物を朗読などの方法により口頭で公に伝える権利
展示権	第二五条	美術の著作物と未発行の写真著作物の原作品を公に展示する権利
頒布権	第二六条	映画の著作物の複製物を頒布（販売・貸与など）する権利

譲渡権	第二六条の二	映画以外の著作物の原作品又は複製物を公衆へ譲渡する権利
貸与権	第二六条の三	映画以外の著作物の複製物を公衆へ貸与する権利
翻訳権・翻案権など	第二七条	著作物を翻訳、編曲、変形、脚色、翻案等する権利（二次的著作物を創作することに及ぶ権利）
二次的著作物の利用権	第二八条	自分の著作物を原作品とする二次的著作物を利用することについて、二次的著作物の著作権者が持つものと同じ権利

②著作権者――　著作権法上に著作権者の定義はないが、半田正夫『著作権法概説第一四版』（法学書院）は、以下のように解説する（六九頁～七二頁）。

　著作権者とは著作権の帰属主体をいう。（中略）

　著作権は財産権であるから、譲渡および相続による著作権の移転が可能である。したがってこのような移転原因が生じた場合、著作権の譲受人および著作権の相続人は、著作者ではないが著作権者となる。

　原則として、第一次的には著作者＝著作権者であるから、この段階においては著作者は著作権と著作者人格権を享有する。だが著作権の移転が行われ、著作者と著作権者とが分離するにいたると、著作者は著作者人格権のみを有し（第五九条）、また著作権者は著作権のみ有することになり、著作権法が規定する著作者の権利はここに二分され、それぞれ帰属主体を異にすることになる。この結果、その間の関係は次のようになる。

(i)著作権者は著作権を行使するに当たって著作者の人格的利益を侵害しないように注意を払わなければならない。

たとえば、文学的著作物の著作権を有する者は、その著作物の出版の際、著作者の意に反して著作物の内容の変更・切除その他の改変をなしえないだけでなく、著作者名の表示についても著作者の指示どおりに行わなければならない。これに違反した場合には著作者人格権侵害として一定の民事上あるいは刑事上の責任が追及されることになる（第一一二条以下および第一一九条以下）。

(ii)著作者・著作権者以外の第三者が不法に著作権を行使しかつ著作者の人格的利益をも侵害した場合には、著作者は著作者人格権に基づく損害賠償その他の請求を、また著作権者は著作権に基づく損害賠償その他の請求をそれぞれ別個に主張することができる。

③著作者の権利（第一七条）と著作物の利用の許諾（第六三条）——著作権法は、第一七条で著作者の権利には、著作者人格権と財産権である著作権とがあることを定めている。さらに著作者人格権について第一八条～第二〇条に定め、著作権については第二一条～第二八条に定めている。

このように、著作者の権利を著作権法は認めているのであるから、利用者がこの著作者の著作物を利用するに当たっては、利用する前に著作者や著作権者から許諾を得る必要があることになる。一般の物と同様に、他人の財産であるからである。

逆にいえば、著作者や著作権者は、第六三条（著作物の利用の許諾）の定めにあるように、法的に与えられた権利を行使し、その著作物の利用につき利用者にその許諾を与えるということになる。

④著作物の利用者と著作権者（著作権等管理事業者等）の許諾——

(i)著作物の利用者　著作物の利用者は、その著作物の著作者や著作権者に利用の都度その許諾を得なければならない。

例えば、音楽を例にとってみよう。音楽著作物を利用しようとする者は、コンサートの主催者かもしれないし、CDを出そうとしているかもしれない。楽譜や歌詞カードを作成しようとしている学生やアマチュア団体かもしれないし、メディア関連企業である書籍出版社、雑誌社、新聞社、NHK、民放各社、有線放送会社、インターネット・サービスプロバイダー、レコード会社等々かもしれない。

他人の財産であるさまざまな著作物を利用するのであり、事前に著作者や著作権者に利用の許諾を得るのは当然のことである。

(ii)著作権者（著作権等管理事業者）の許諾　著作権とは、著作物を創作した著作者の権利である。その著作物ごとに著作者が存在するのであって、さらに著作権は財産権である以上、通常の財産と同様に、相続されたり、譲渡されることがある。

一般の物であれば、その権利（所有権）は永久に継承されるが、著作権の場合は、日本では、著作者の死後五〇年間までと定められている。よって、著作権を相続したり、譲渡によって手に入れたとしても、その権利は著作者の死後五〇年間に限定されている。

著作物を利用したい者は、著作物ごとに、また利用形態ごとに、その著作権者の許諾を得なければならない。著作権法の規定のとおりである。だが、いちいち著作権者を探しだし、その許諾を得ることは大変な時間と労力を要することは明らかである。

そこで、著作権という考えが生まれたときから、歴史の中で、著作者や著作権者が集まって、著作者や著作権者が自分たちの権利を行使するために、組織や団体を作り上げてきた。それらの組織や団体は、そのようにして生まれ、著作権の分野ごとに、あるいはいくつかの分野を一括した業界団体として成長し、現在では、著作権の管理事業者と呼ばれている。そこでは、著作者や著作権者が著作権管理事業者に自分たちの権利を契約により預け、権利行使を著作権管理事業者に任せるのである。

ＪＡＳＲＡＣは音楽における管理事業者の一つである。音楽の世界でも、著作権等管理事業法が制定されるまでは、ＪＡＳＲＡＣが日本で唯一の音楽に関する著作権の仲介団体であったが、著作権等管理事業法の制定後は、たくさんの著作権管理事業者が出現し、著作権管理業界にも競争原理が働くようになっている。

一見良いようにみえるが、利用者にとっては、使いたい音楽と利用形態によっては、管理している著作権管理事業者がそれぞれ異なることから、多数の管理事業者の許諾を得なければならなくなっている。競争原理が働いた方がいいのか、それとも利用者の便宜か、ということになるが、複数の管理事業者への許諾を求める必要が生じる場合もあり、手続きが煩雑であることは間違いない。

著作権等管理事業者の数は、文化庁に登録された二〇一四（平成二六）年四月一日現在のリストを見ると、言語の著作物を扱う著作権等管理事業者の数は一六団体、美術の著作物一七団体、音楽の著作物一二団体、写真の著作物一三団体、図形の著作物一一団体、レコード六団体等となっている。

音楽という著作物、絵画という著作物、写真という著作物、漫画という著作物等々、著作物をメディアに利用するのであるなら、その著作物を創作した人（著作者）や、その著作権を管理している人（著作権者）の許諾を得て利用する必要がある。その著作物の著作権者は誰で、連絡先はどこかを探し、許諾を得なければならない。

音楽でいえば、その曲の著作者を割出し、ＪＡＳＲＡＣのメンバーであれば、ＪＡＳＲＡＣに連絡して許諾を得ればよいが、他の団体のメンバーであれば、その団体に連絡して許諾を得なければならない。文芸の世界では日本文藝家協会他に当たる必要があるし、写真でいえば写真の著作権管理団体に連絡しなければならない。その分野にひとつだけの著作権管理事業者であれば、そこに連絡すればよいが、管理事業者が多数存在したり、管理事業者と契約していない著作者も存在することから、許諾を得るために著作者や著作権者に連絡をとることさえ煩雑になる可能性もある。煩雑になるとしても、これが、全世界の著作権に係るルールである。

(iii)外国の著作権者の許諾　利用したい著作物の著作権者が外国人であり、外国に居住していれば、外国に連絡して、許諾を求めなければならない。やっと著作権者に連絡がとれたとしても、その著作物の利用について許諾が得られないという結果になるかも知れない。

ＪＡＳＲＡＣの事例でいえば、ＪＡＳＲＡＣは世界中のＪＡＳＲＡＣと同様な著作権管理事業者と相互管理契約を結んでいる。

例えば、レディ・ガガが日本国内で演奏すれば、JASRACは、コンサート・イベントの主催者である利用者からその音楽の著作物使用料を徴収して、レディ・ガガの演奏する音楽の著作権者に使用料を分配する。AKB48が歌唱する作品が諸外国で演奏されれば、JASRACのような外国の著作権管理事業者が外国の利用者から使用料を徴収し、JASRACに送金してくる。JASRACはその作詞者、作曲者等に分配する。

このようなことが、世界中で行われているのである。JASRACと世界の各著作権管理事業者はお互いにそれぞれのレパートリーを管理し合うという相互管理契約を結んでいるが、このことはもっと大きな枠組みでいえば、日本国が加入しているベルヌ条約（文学的及び美術的著作物の保護に関するベルヌ条約）やWIPO著作権条約（著作権に関する世界知的所有権機関条約）、WTO・TRIPS協定（世界貿易機関・知的所有権の貿易関連の側面に関する協定）などの国際条約の定めに従い行われている。

だが、右に述べてきたことは、原則的にいえば、財産権についてだけであり、著作物使用料のやり取りに限定されている。著作者人格権（公表権、氏名表示権及び同一性保持権）上の問題については、著作者の人格に係る権利であることから、例えばオーケストラ曲をブラスバンド曲に編曲することなどは、著作者の氏名表示権や同一性保持権の許諾を得なければならない。この許諾を得ないで編曲し、実際に演奏してしまって、後からそれが判明したとき、大変な損害賠償金を請求されることや、名誉回復措置などが求められたりすることがある。

筆者の経験からいえば、かつて、吹奏楽や合唱の大会など小中高校生が参加する催し物で、長期間かけて練習してきたが、外国作品の編曲の許諾を得ていなかったために、最後に出場できなかった事例があったのである。日本人にとっては、言語の壁は厚いことが多いようだし、不幸にも、その著作物を利用することをあきらめなければならないかもしれない。だが、このようなことが起きないように、工夫は必要である。

第4節　著作権の制限

(1) 著作権の制限規定

著作者の権利について、おおまかに述べてきたが、著作者の権利といえども、公共の福祉の前や公益の名のもとに、その著作者の権利は制限させられる。著作者や著作権者に権利を控えさせるということである。それが著作権法第三〇条から第五〇条までの制限規定である。

第三〇条から第五〇条までの主な制限規定を、文化庁のホームページを基に以下に整理しておこう。

内容は要約してわかり易く表記してあるが、詳しくは条文に直接当たって欲しい。

権利制限の種類	内容（要約）
私的使用のための複製（第三〇条）	自分自身や家族など限られた範囲内で利用するために自分で著作物を複製することができる。ただし、デジタル方式の録音・録画機器等を用いて著作物を複製する場合には、著作権者に対し補償金の支払いが必要。コピープロテクション等技術的保護手段を回避する装置などを使って行う複製については、私的複製でも著作権者の許諾が必要。私的使用目的の複製であっても、違法著作物であることを知りながら音楽又は映像をインターネット上からダウンロードする行為は、権利制限の対象から除外される。
図書館などでの複製（第三一条）	法令で定められた図書館などに限り、利用者に対し、複製物の提供などを行うことができる。国立国会図書館は、所蔵資料の劣化や損傷に対応するため、入手後直ちにデジタル複製することができる。
引用（第三二条）	自分の著作物に、引用の目的上正当な範囲内で、他人の著作物を引用して利用することができる。
教科書への掲載（第三三条）	学校教育の目的上必要と認められる限度で、教科書に掲載できる。ただし、著作者への通知と著作権者への一定の補償金の支払いが必要。
拡大教科書の作成のための複製（第三三条の二）	教科書に掲載された著作物は、視覚障害、発達障害その他の障害により、教科書に掲載された著作物を使用することが困難な児童又は生徒の学習の用に供するため、当該教科書に用いられている文字、図形等の拡大その他必要な方法により複製することができる。営利目的で当該拡大教科書を販売する場合には、著作権者に一定の補償金の支払いが必要。

学校教育番組の放送など（第三四条）	学校教育番組において著作物を放送すること、学校教育番組用の教材に著作物を掲載できる。ただし、著作者への通知と著作権者への補償金の支払いが必要。
学校における複製など（第三五条）	教育を担任する者及び授業を受ける者は授業の過程で使用するために著作物を複製することができる。また当該授業が行われる場所以外の場所で同時に授業を受ける者に対して公衆送信を行うことができる。ただし、著作権者の利益を不当に害することとなる場合を除く。
試験問題としての複製など（第三六条）	入学試験や採用試験などの問題として著作物を複製し、又は公衆送信を行うことができる。ただし、営利目的のための利用は、著作権者への補償金の支払いが必要。
視覚障害者等のための複製（第三七条）	公表された著作物を点字によって複製することができる。また、パソコンによる点字データの保存やネットワーク通信による通信ができる。視覚障害者その他視覚による表現の認識に障害がある者の福祉に関する事業を行う者で政令で定めるものは、公表された著作物で、視覚により表現が認識される方式で公衆に提供されている著作物を、視覚障害者等が必要と認められる限度や方式により複製・自動公衆送信することができる。
聴覚障害者等のための複製（第三七条の二）	聴覚障害者その他聴覚による表現の認識に障害がある者の福祉に関する事業を行う者で政令で定めるものは、公表された著作物で、聴覚により表現が認識される方式で公衆に提供されている著作物を、聴覚障害者等が必要と認められる限度や方式により複製・自動公衆送信することができる。
非営利目的の演奏など（第三八条）	営利を目的とせず、観客から料金を徴収しない場合は、著作物の上演・演奏・上映などができる。ただし、出演者などは無報酬である必要がある。

時事問題の論説の転載など（第三九条）	新聞、雑誌に掲載された時事問題に関する論説は、転載禁止の表示がなければ、ほかの新聞、雑誌に掲載し、放送することができる。
政治上の演説などの利用（第四〇条）	公開の場で行われた政治上の演説や陳述、裁判での公開の陳述は、ある一人の著作者のものを編集して利用する場合を除き利用できる。
時事事件の報道のための利用（第四〇条）	名画の盗難事件を報道するためにその絵の写真を新聞に載せるような場合には、著作物を利用できる。
裁判手続などにおける複製（第四二条）	裁判の手続のためや、立法、行政上の内部資料として必要な場合もしくは特許、意匠、商標、実用新案、薬事に関する審査等の手続のためには、著作物を複製することができる。ただし、著作権者の利益を不当に害することとなる場合を除く。
情報公開法による開示のための利用（第四二条の二）	情報公開法や情報公開条例により開示する著作物を複製し、再生することができる。
国立国会図書館法によるインターネット資料の複製（第四二条の三）	国立国会図書館館長は、インターネット資料を収集するために必要と認められる限度において、インターネット資料に係る著作物を国立国会図書館で使用するための記録媒体に記録することができる。
翻訳、翻案等による利用（第四三条）	私的使用のための複製、教科書への掲載、学校教育番組の放送、学校授業における複製、視聴覚障害者のための複製等に該当する場合には、当該著作物の利用のみならず、その翻訳、編曲、翻案としての利用も同様に認める。
放送などのための一時的固定（第四四条）	放送事業者などは、放送のための技術的手段として著作物を一時的に固定することができる。

美術の著作物などの所有者による展示（第四五条）	美術の著作物又は写真の著作物などの原作品の所有者は、その原作品を展示できる。
公開の美術の著作物などの利用（第四六条）	建築物や公園にある銅像などは写真撮影したり、テレビ放送することができる。
展覧会の小冊子などへの掲載（第四七条）	展覧会の開催者は、解説、紹介用の小冊子などに、展示する著作物を掲載することができる。
インターネット・オークション等の商品紹介用画像のための複製（第四七条の二）	インターネット・オークション等で美術品や写真を出品する際、商品紹介のための画像掲載について、著作権者の利益を不当に害しないための政令で定める措置を講じることを条件に、著作物を複製・自動公衆送信することができる。
プログラムの所有者による複製など（第四七条の三）	プログラムの複製物の所有者は、自ら電子計算機で利用するために必要と認められる限度でプログラムを複製、翻案することができる。
保守・修理のための一時的複製（第四七条の四）	記録媒体を内蔵する機器の保守・修理を行う場合、記録されている著作物のバックアップのために一時的に複製することができる。
送信障害の防止等のための複製（第四七条の五）	インターネット・プロバイダー等のサーバー管理者は、ミラーリング（アクセス集中による送信遅滞等の防止）、バックアップ（障害発生時の復旧）、キャッシング（送信の中継の効率化）等の目的で、必要と認められる限度において、当該著作物を複製することができる。

インターネット情報検索サービスにおける複製（第四七条の六）	インターネットによる情報検索サービスを行う事業者は、当該サービスを提供するために必要と認められる限度において、著作物を複製・自動公衆送信することができる。但し、著作権者が情報収集されることを拒否している場合は当該情報は収集できず、また、違法著作物であることを知った場合には、その提供を停止しなければならない。
情報解析のための複製（第四七条の七）	コンピュータを使った情報解析のために、必要と認められる限度において、著作物を複製することができる。
コンピュータにおける著作物利用に伴う複製（第四七条の八）	コンピュータを利用する際、情報処理の過程で行われるデータの蓄積（複製）について、必要と認められる限度で著作物を複製することができる。
複製権の制限により作成された複製物の譲渡（第四七条の九）	図書館などでの複製、引用等により複製が認められた著作物は、その複製物を譲渡して公衆に提供することができる。

（筆者注：なお、二〇一二〔平成二四〕年の法改正により、第三〇条の二、第三〇条の三、第三〇条の四などの追加があるが、第6章で詳しく見る）

(2) 著作権の制限とは何か

著作権の制限規定は、以上であるが、これら制限規定をどのように考えるかが重要である。これは、目的規定の解釈においても述べているが、著作権法は、著作物や著作者の保護から、文化の発展に資することを目的としている点と同質の課題である。制限規定は、著作物を自由に、多くの場合は、著作権者に許諾を得ることなく利用できるのであるが、このような公共の福祉や公益に関わる利用については、著作者や著作権者に対して、そこまでは厳格に権利主張をすることは控えてほしいという法的な要請であることを理解しなければならない。

この制限規定の解釈を拡大して、無許諾、無償で自由に利用できるように考える傾向にあるが、著作者保護の観点にたって、あくまでも厳格に、むしろ狭めた解釈をする必要がある。

(3) 私的使用のための複製

⑴ 私的使用のための複製

右記表の中でも非常に重要で、私たちの生活に密着している制限規定である著作権法第三〇条(私的使用のための複製)について考えてみよう。

私たちが日常よく接する著作物は音楽の著作物である。たとえばお気に入りのアーティストのCDを購入することにしよう。家族にもCDをダビング(コピー)し、さらには、親しい友人にそれをプレゼントするかもしれない。これだけで四枚~五枚のCDを購入する必要がなくなるのである。CDの優れたダビング機器と空(ブランク)のCD(記録媒体)があり、購入してきたCDと同一のCDがダビング(コピー)できる。購入する必要がない。また、カラオケに備え歌詞カードをコピーするかもしれないし、パソコンを利用して、自分のホームページへアップロードするかもしれない。

今、購入したCDとしているが、レンタル店から借りてきたCDであっても、友人から借りてそれをコピーしたものであっても、あるいは図書館から借りてきたCDかもしれないが、家庭内でコピーするということは、利用可能性としてはこの程度であるだろう(レンタル店や図書館から貸与をうけたＣＤにはコピー制限が施されているかもしれない）。

実態は以上のような場合が多いと思われるが、著作権法第三〇条を以下に引いてみよう。

（私的使用のための複製）

第三〇条　著作権の目的となっている著作物（以下この款において単に「著作物」という。）は、個人的に又は家庭内その他これに準ずる限られた範囲内（傍点筆者、以下同）において使用すること（以下「私的使用」という。）を目的とするときは、次に掲げる場合を除き、その使用する者が複製することができる。

一　公衆の使用に供することを目的として設置されている自動複製機器（複製の機能を有し、これに関する装置の全部又は主要な部分が自動化されている機器をいう。）を用いて複製する場合

二　技術的保護手段の回避（技術的保護手段に用いられている信号の除去又は改変（記録又は送信の方式の変換に伴う技術的な制約による除去又は改変を除く。）を行うことにより、当該技術的保護手段によって防止される行為を可能とし、又は当該技術的保護手段によって抑止される行為の結果に障害を生じないようにすることをいう。第一二〇条の二第一号及び第二号において同じ。）により可能となり、又はその結果に障害が生じないようになった複製を、その事実を知りながら行う場合

三　著作権を侵害する自動公衆送信（国外で行われる自動公衆送信であって、国内で行われたとし

たならば著作権の侵害となるべきものを含む。）を受信して行うデジタル方式の録音又は録画を、その事実を知りながら行う場合

２　私的使用を目的として、デジタル方式の録音又は録画の機能を有する機器（放送の業務のための特別の性能その他の私的使用に通常供されない特別の性能を有するもの及び録音機能付きの電話機その他の本来の機能に附属する機能として録音又は録画の機能を有するものを除く。）であつて政令で定めるものにより、当該機器によるデジタル方式の録音又は録画の用に供される記録媒体であつて政令で定めるものに録音又は録画を行う者は、相当な額の補償金を著作権者に支払わなければならない。

まず、第三〇条の第一項である。個人的に又は家庭内その他これに準ずる限られた範囲内の解釈であるが、購入した者が自分自身の使用のために、家族や親しい友人等の限られた範囲のものに複製することを指している。またその使用する者が複製することができるとあるのは、コピー（複製）するのは、その使用する（購入した者がそのＣＤを使用してコピー（複製）する）ことである。

これに対して、この解釈を拡大して、自分の家族や親しい友人は一〇〇人に及ぶとか、空（ブランク）ＣＤ代金に相当する金額だけは代金として支払ってもらったとか、ＣＤを貸して、友人はまたその友人にコピーさせたとかは、許されない行為となる。これらが全国津々浦々で行われれば、膨大な数のコピーとなり、本来のＣＤの売り上げに大きく影響することは明らかである。

ＣＤ会社はＣＤの販売のために相当な製作費や広告費をかけて販売しているのである。ＣＤ会社

はＣＤがある程度コピー（複製）されてしまうことは予め予想はしているとはいえ、ＣＤ会社の経営を左右し、ＣＤ会社の倒産を招くかもしれない。ＣＤ会社の従業員は、生活費を奪われ、露頭に迷うことにもなる。作詞者、作曲者等も著作物使用料がその分入って来なくなるのであり、その創作活動を止めざるを得ない状況に追い込まれる可能性もある。その先は、音楽産業や音楽文化の衰退を招くことになり、新しい上質な音楽を聴くことができなくなるばかりか、音楽産業全体の衰退は日本経済全体の衰退を招くとも考えられることから、消費者が経済的にＣＤを購入することさえできなくなる可能性さえあるということになる。

このように第三〇条の私的使用のための複製の規定を、そのときの自分に都合がいい解釈を行い、コピー（複製）を量産するなどということは、あまりにも想像力が欠如しているということになる。

第三〇条について述べてきたが、その他の制限規定も同様であり、やはり拡大解釈をすることは、著作権法の本来の目的から乖離することになり、文化の発展を阻害することになる。

(2) 私的録音録画補償金

第二項の私的録音録画の補償金についても、考え方は同様である。デジタル録音・録画機器とその媒体の価格に私的録音録画補償金が加えられて、私たち消費者がそれを負担していることを知っている人たちは少ない。そして、この問題にも歴史がある。それも非常に重いもので、私的録画補償金管理協会は、最高裁判所に上告・上告受理の申立を行ったが受け入れられず同協会敗訴の控訴審判決が確定している。音楽の作詞者、作曲者等音楽著作物の権利者の生活を考えたとき、また日本の音楽産業や文化の発展を考えれば権利者の勝訴を期待せざるを得ない事件であったが残念なことに権利者側の主張は通らなかったのである。

だが、この判決の後、音楽、映画などの著作権関連八五団体が、デジタル録音録画機に著作物の私的複製の料金を課す「私的録音録画補償金」について新たな制度を創設すべく動きだし、二〇一三（平成二五）年一一月一四日、提言をおこなっている。提言の内容は二つあり、一つは補償の対象を機器や媒体等ではなく、「機能」としたことであり、あと一つは複製の対価を支払う義務を「機器、媒体等を提供する事業者」としたことである（「新たな補償制度創設に係る提言について」～Culture First 推進団体～）。

また、これらを背景に文部科学省・文化庁は文化審議会著作権分科会法制・基本問題小委員会著作物等の適切な保護と利用・流通に関するワーキングチームを立ち上げ検討を開始した(http://www.bunka.go.jp/chosakuken/singikai/houki/h25_hogo_01/gijishidai.html)。

念のため、この事案の経緯等を少し見ておこう。

①経緯——著作権法が全面改正されたのは、一九七〇（昭和四五）年のことである（施行は翌年一月一日）。その当時の録音機器といえば、オープンリールのテープレコーダーが主流であった。著作権者には著作権法で複製権（ここでは録音する権利）が認められているが、当時は家庭内での私的録音、私的録画をする人が少なく、「家庭内で楽しむなど限られた範囲」（著作権法第三〇条）での私的録音、録画であれば、すぐに権利者の利益に重大な影響を及ぼすことはないという判断にたって、著作権法第三〇条で私的な目的のために録音、録画することは、著作権者の許諾を得ることなく、自由に無償で行うことが許されるとされていた。

その後、科学・技術の発達はすさまじく、録音・録画の新しい機器が次から次へと登場することになる。その結果、家庭内における録音、録画が非常に簡単に、頻繁に行われるようになった。さらに、デジタル方式による高性能な機器によって、家庭内においても、市販のＣＤやＤＶＤソフトと同様な高品質な録音物や録画物が作成されてしまうという状況が生まれた。家庭内でほとんどひっそりと行われるごく狭い範囲の録音、録画であっても、社会全体として見た場合は、大量の録音物や録画物が作成されることになり、権利者（著作権者、著作隣接権者）にとっては利益が損なわれるようになった。

このようなことから、家庭内における私的な録音や録画による権利者の不利益を救済する必要性が生じ、一九九二（平成四）年一二月の法改正によって、それまでの私的録音・録画は自由かつ無償ということを見直すこととし、私的録音、録画は、従来どおり権利者の許諾を得ることなく自由に行えるとしながらも、権利者の経済的な利益を保護するために、一定の補償措置が講じられることとなった。これが私的録音録画補償金制度である。

②補償金の支払い対象――補償金の支払い対象となるものは、デジタル方式による機器（ハード）と記録媒体（ソフト）で、しかも家庭内で一般に使用されるものに限定される。

アナログ方式と較べ、デジタル方式は性能面において格段に優れ、オリジナルと同様の音や映像が複製（コピー）され、しかも劣化しないということになっている（劣化するという説もある）。これだけ、オリジナルと同じものが複製（コピー）されてしまえば、オリジナルを買う人が少なくなるということは当然のなりゆきである。権利者の経済的不利益が加速的に大きくなると考えられる。

よって、著作権法は、アナログ方式の機器、記録媒体は補償金の支払い対象から外し従来どおり無償とし、補償金の対象はデジタル方式による機器と記録媒体に限定することにした。

ここも後に問題になるところだが、補償金の支払い対象となるデジタル方式の機器や記録媒体については、政令で指定（特定）されている。

③補償金の支払い方法――補償金は、特定機器や特定記録媒体を使って、私的な目的のために録音又は録画を行う人が、その行為ごとに権利者に支払うのが原則である。
しかし、録音又は録画を行う人が、その行為ごとに権利者に支払いをするのは実際には難しく、また、私的な録音や録画は家庭内などにおいて行われることから、個々の権利者にとってみても、その実態を把握することは事実上できない。そこで、ユーザー（消費者）と権利者双方の便宜を考慮して、この補償金制度の実効性を高めるためには、著作権法では補償金の支払い方法の特例を定めている。

支払い方法の特例とは、家庭内録音・録画の一括の支払いとして、特定機器や特定記録媒体のメーカーなどの協力を得て、その価格に補償金を上乗せし、ユーザーがこれらの特定機器や特定記録媒体を購入するときに補償金も合わせて支払うという方法である。

さらに、権利者のためにその補償金を請求、受領するのは文化庁長官が指定する。私的録音に関しては社団法人私的録音補償金管理協会（ｓａｒａｈ　サーラ）が、私的録画に関しては社団法人私的録画補償金管理協会（ＳＡＲＶＨ　サーブ）が指定され、業務（補償金の請求、受領、分配など）を行っている。

④コピーワンスからダビング１０（ダビング・テン）へ――デジタル技術の著しい発達から、権利者保護のために一定の措置が必要になってきたわけだが、そのためＢＳ放送と地上デジタル放送では二〇〇四（平成一六）年四月五日から「一回だけ録画可能」（コピーワンス）とするコピー制御信号が加えられた。しかしながらユーザーには不便である旨問題が提起され、その結果、「コピーワンス」は「ダビング１０」（ダビング・テン）に変更になり、二〇〇八（平成二〇）年七月四日から実施された。

「ダビング１０」とは、録画機器のハードディスクに録画したものを、ＤＶＤまたはブルーレイディスクなどの記録媒体に一〇回までダビングが可能なシステムで、一〇回目のダビングが終了するとハードディスクにある録画された番組は消去される。このシステムは「ダビング１０対応録画機器」に限られている。

⑤訴訟の経緯――原告を私的録画補償金管理協会、被告を株式会社東芝とする訴訟である。

第一審での裁判所の判断は、アナログチューナー非搭載のＤＶＤレコーダーが特定機器に該当すると、権利者側の主張を一部認めたものの、メーカーの補償金の徴収協力義務については、具体的な法的義務を課したものではないとして、原告である私的録画補償金管理協会の訴えを退けたため、私的録画補償金管理協会は、二〇一二（平成二四）年一二月二八日に知的財産高等裁判所へ控訴した。

そして、この第二審・控訴審の結果は、

(i)アナログチューナー非搭載のDVDレコーダーは、著作権法施行令第一条第二項第三号の特定機器に該当しない
(ii)該当しなければ、協力義務もない

としたものである。私的録画補償金管理協会は直ちに最高裁判所に上告したがその主張は認められなかった（平成二四年一一月八日付上告棄却・上告不受理決定通知）。その後は冒頭述べたとおりである。

第5節　保護期間

著作権法は第三〇条～五〇条に著作権の制限規定を定めているが、第五一条に保護期間を有期限に定めていることも、著作権の制限のひとつに当たる。

(1) 保護される理由

所有権の存続期間は無期限であり、所有権が相続や譲渡によって何百年も存続されることがあることに対して、知的所有権（知的財産権）は、分野によってその保護期間が異なるとはいえ原則的に有期限である。何故有期限であるか、制限する必要があるのかの理由については後に述べることになるが、そもそも著作権や著作物がなぜ保護されるのかを探っておこう。

著作物とは、「思想又は感情を創作的に表現したもの」を指し、著作権法は、これを保護するものである。著作物という概念が現れてくるのは、人類が文字を使いだし、木片や動物の皮や粗末な紙にその文字や文章を書き遺すことから始まるが、やはりグーテンベルグの活版印刷術の発明が大きな転機となっている。この活版印刷術の発明によって、印刷物が多数出版されるに従い偽版（海賊版）も横行しはじめ、印刷会社や出版者は時の権力者にその取締を訴えることが始まる。だが、併せて、原稿を書いたのは著作者であり、この著作者に対しても何がしかの権利を認めるべきであるとの主張が定着していったと考えられる。ここでは、この著作者の権利が認められたということが重要である。

現在の著作物の保護期間（著作権の存続期間）は、世界の多くでは著作者の死後七〇年間、日本においては五〇年間と定められているが、当初の保護期間は非常に短くイギリス・アン法では一四年、フランス著作権法では、一〇年と定められている。現在と比較すれば、非常に短いものであるが、長い年数をかけそれは延長され続けている。

だが、著作権法は、その著作者の人格的利益をまず保護したうえで、著作者が創作活動を行い、社会に提供・提示したり、学術論文を公表することによって科学・技術の発展と社会の発展を促し、小説等娯楽的なものを公表することによって社会に役立たせて来たことに対して、その対価を著作権として認めるものである。もちろんその著作物はその著作者のオリジナルなものである。そのオリジナルな著作物を著作者の死後にわたっても保護しようとする制度である。

他の知的財産権法の保護期間が著作権の保護期間と較べて短いのは、発明を保護する特許権は、産業の発達や経済の発展から考えられ、次から次へと発明とその改良が加えられることから、直ぐにその発明が過去のものとなったり、あるいは既存の発明が長期間に保護されることによって、改良の手が加えられないことによって新たな発明やその改良を阻害する要因になりかねないことから、その保護期間を比較的短期に設定してあると考えられる。

著作権は、科学・技術の日進月歩の進展や産業の発達や経済の発展を目的とする他の知的財産権法と異なり、定義が難しいものの文化の発展を目的とするものである。学術論文の保護、芸術の諸分野、すなわち文芸、音楽、美術、写真、映画等々の著作物を保護するものである。

著作権法が制定されているとはいえ、その創作者＝著作者の生活は、成功したほんの一部の著作者を除き、多くの著作者の生活は厳しいものである。学術論文や芸術作品の創作活動を継続することが困難なことが多いのである。

また、学術論文や芸術作品が社会に認められ、経済効果を生み出すには時間も要することも、そのまま埋もれてしまうこともあり得る。だが社会に与える影響は学術論文も芸術作品も多大なものもある。人間は、これら創作者が表現したものによって大いに救われてきたのである。先達はそのような学術論文や芸術作品による大いなる社会的、文化的影響を考え、他の知的財産権法とともに、その保護期間を長くすることを暗黙の了解としているように思われる。

フランス革命時に成立したフランス著作権法制定の趣旨説明にもベルヌ条約にも著作権の保護期間については、著作者の人権を基礎に置きつつ経済的な恩恵を著作者の死後、遺族や孫の代を想定していることを見ればそのことは明らかになる。素晴らしい作品を残した学者や芸術家に対する敬意とその現れとしての長期にわたる保護期間の設定が基本にある。

(2) 保護期間

(1) 著作権の存続期間（著作物の保護期間）

著作権の存続期間（著作物の保護期間）は、日本の著作権法では、著作者の死後五〇年間と定められている。条文を見ておこう。

（保護期間の原則）

第五一条　著作権の存続期間は、著作物の創作の時に始まる。

2　著作権は、この節に別段の定めがある場合を除き、著作者の死後（共同著作物にあっては、最終に死亡した著作者の死後。次条第一項において同じ。）五〇年を経過するまでの間、存続する。

(2) 法人著作物の著作権の存続期間（法人著作物の保護期間）

右記は、著作者個人の著作権についての規定であったが、例外がある。周知のとおり、会社や団体でその組織の命令系統の中で創作された著作物の保護期間は公表後五〇年である。会社の従業員個人が著作した著作物は法人著作となり、会社に著作権が移転して、その著作物の著作権者は会社や団体となることが多い。著作権の帰属は、会社従業員か、それとも会社か、については、従業員と会社との間に取り交わされる就業規則など労働契約による。特許等の帰属をめぐって訴訟になることはよくあることであり、忘れがちな契約ではあるが、留意しておく必要がある。

以上を整理して、文化庁編著『著作権法入門二〇一〇―二〇一一』（著作権情報センター、三四頁）から保護期間一覧を図示しておこう。

<table>
<tr><th>著作物の種類</th><th>公表名義の別</th><th>旧法による保護期間</th><th>昭和四五年法（昭和四六年一月一日施行）制定後の保護期間</th><th>平成八年法（平成九年三月二五日施行）改正後の保護期間</th><th>平成一五年法（平成一六年一月一日施行）後の保護期間</th></tr>
<tr><td rowspan="4">映画・写真以外の著作物（小説、美術、音楽、建築、コンピュータ・プログラムなど）</td><td>実名（生前公表）</td><td>死後三八年間</td><td colspan="3">死後五〇年間</td></tr>
<tr><td>実名（死後公表）</td><td>公表後三八年間</td><td colspan="3">死後五〇年間</td></tr>
<tr><td>無名・変名</td><td>公表後三八年間</td><td colspan="3">公表後五〇年間</td></tr>
<tr><td>団体名義</td><td>公表後三三年間</td><td colspan="3">公表後五〇年間</td></tr>
<tr><td>写真の著作物</td><td>—</td><td>発行又は創作後一三年間</td><td>公表後五〇年間</td><td colspan="2">死後五〇年間</td></tr>
<tr><td rowspan="4">映画の著作物（独創性のあるもの—劇場用映画など）</td><td>実名（生前公表）</td><td>死後三八年間</td><td colspan="2">公表後五〇年間</td><td>公表後七〇年間</td></tr>
<tr><td>実名（死後公表）</td><td>公表後三八年間</td><td colspan="2">公表後五〇年間</td><td>公表後七〇年間</td></tr>
<tr><td>無名・変名</td><td>公表後三八年間</td><td colspan="2">公表後五〇年間</td><td>公表後七〇年間</td></tr>
<tr><td>団体名義</td><td>公表後三三年間</td><td colspan="2">公表後五〇年間</td><td>公表後七〇年間</td></tr>
<tr><td>映画の著作物（独創性のないもの—ニュース映画、記録映画など）</td><td>—</td><td>発行又は創作後一三年間</td><td colspan="2">公表後五〇年間</td><td>公表後七〇年間</td></tr>
</table>

（3）著作権の存続期間の延長

⑴ 対立する保護期間延長問題

保護期間を延長することに反対する考え方がある。知的財産権は、分野によってその保護期間が異なるとはいえ原則的に有期限である。その理由は、知的財産権は、過去の文化的所産の影響を受け創作され、また発明等されたものであり、過去の文化的所産の影響を受けている以上、その創作者等の完全な独創性に基づくものではない、よって、新たな創作物といえども、その保護期間に限定を加え、有期限にし、期間の満了後には公有財産として、全ての市民の財産とすることが望まれる。そうすることによって、公有化された知的財産を元に、また新たな創作物ができることを促進する可能性が高くなり、それをさらに公有化し社会還元することがよりよい文化をつくることに繋がるからだとするものである。

このように、保護期間が満了し、著作権が消滅した著作物は、公有財産として誰でも自由に使えることから、その著作物を自由に利用し、また改変し、新たな著作物（二次的著作物）を生み出すことによって新たな経済効果を生み、これは保護期間を延長するよりも高い経済効果を生む可能性が高く、さらに文化も発展するとしている。

そして、現実的な問題として、所有権が原則永久に継続するものに対して、著作権は、その保護期間を永久と定めているイギリスピーター・パン法などを除けば、現在の世界の国、地域で、その保護期間を永久と定めているものはない。

日本における著作物の保護期間（著作権の存続期間）の延長問題は、文部科学省の文化審議会で足掛け一五年以上にも亘り議論が継続されてきたが、ベルヌ条約に加入している一六四か国のうち既に七〇か国が七〇年に延長している（二〇一〇年七月現在）にもかかわらず、未だ結論を見出せていない。

保護期間は満了すると、毎年、著作権が消滅し、基本的にはそれは復活しない。世界に誇れる日本の著作物も数多く含まれるが、著作権が消滅することによって、その著作物は公有財産となり、誰でも自由に利用することができるようになる。著作権が消滅しなければ、遺族がその財産権の恩恵を受ける可能性は残され、また著作者人格権、特に同一性保持権も存続され、著作物を大切に扱うということが継続される。著作物の保護期間が延長されることは、日本の文化を守り、発展させる上でも極めて重要なことである。

人間は経済効果だけを追及して生きているわけではなく、やはり、基本は、オリジナルな著作物を創作することによって、人に感動をおよぼすことが、人間を豊かにし、豊かな人間関係と平和な社会をつくることに通ずると考えられる。

(2) 著作隣接権の保護期間の延長

「著作権」の保護期間の延長は、ＥＵ諸国やアメリカが、既に著作者の死後五〇年から七〇年に延長したことから、日本においても国際的ハーモナイゼーションや文化の発展の観点から、ＥＵ諸国やアメリカと同様に七〇年に延長すべきことを、何年にもわたって著作権に関係する様々な団体が政府等へ働きかけてきた。

一方、欧州議会は、紆余曲折はあったものの、二〇〇九（平成二一）年四月二三日の本会議で、実演家やレコード製作者などに認められる「著作隣接権」の保護期間を現在の実演または発売後五〇年から七〇年に延長する法案を賛成多数で可決し、今後、EU閣僚理事会で法案について協議することとなっていたが、ついに、二〇一一（平成二三）年九月一八日、EUの著作隣接権保護期間を五〇年から七〇年へ延長するとしている。録音物に対する著作権の保護期間を現行の五〇年から七〇年に延長するとのことで、二〇一二（平成二四）年一月一日までに、保護期間延長実現に向けたレポートが提出される予定であり、二〇一四（平成二六）年の施行を目指している。

第Ⅱ部　メディアと著作権

第3章　出版と著作権

第1節　著作者と出版者

一般的には、営利を目的として、書籍や雑誌を発行する会社を「出版社」と表記しているが、この本では著作権法にならって「出版者」と表記している。出版者には、出版社も非営利団体も個人で出版する人も含まれていることになる。

出版者が将来にわたって活動し、学術や文化芸術の発展、すなわち未来社会のために活躍する場をより確保するために何をなすべきかを考えることとするが、著作権法上、出版者の置かれている現在の状況を見ておこう。

著作権法では、出版権について、章（第三章　第七九条～第八八条）を設けて規定している。そこでは、著作者の保護をその基底に置きつつも、出版者の権利を認めている。

著作権者は、他人に対し、その著作物の利用を許諾する権限をもち（第六三条）、出版者が著作物を出版するには、著作権者の許諾を得ることが必要である。著作権者から出版の許諾を得た出版者は、著作権者との契約や著作権法によって保護される。そして、その許諾には、大きく捉えるなら単純許諾と排他的許諾の二種類がある。

(1) 単純許諾契約

単純許諾とは、著作権者の許諾を得た出版者が、その著作物を出版することができるというだけであって、著作物をその出版者以外の者が利用することについては、何も取り決めない許諾の仕方である。異なる出版者が、同じ著作物を発行することができるという契約である。

(2) 排他的許諾契約

排他的許諾は、許諾を得た出版者だけが、その著作物を独占的に出版すること、すなわち著作権者がその出版者以外のものに、その著作物を同じように利用をさせないことを約束する許諾の仕方である。排他的許諾を得た出版者は、その出版物を独占的に出版に利用することができることになる。

(3) 著作権の譲渡(譲受)による出版

著作権は、譲渡可能な権利であるから(第六一条)、出版者は著作権者から著作権の譲渡を受けて、著作権者としてその著作物を出版に利用することができる。このような方法による出版は、著作者が自分の著作物を出版するため、出版者の希望に応じ著作権の譲渡を承諾する場合や、編集著作物中のひとつの素材となる著作物や出版物中の挿絵などの美術の著作物を出版者が著作権の譲渡を受けて利用する場合などにみられる。著作権の買い取りなどと呼ばれることがある。

（4）著作者人格権との関係

著作物を出版に利用するには、右記のとおりの著作権の処理とともに、著作者人格権を尊重し、これを侵害しない注意も必要である。特に著作者人格権は著作者の一身に専属し、財産権と異なり、他人に譲渡できない権利であるから（第五九条）、著作権が著作者以外の人に譲渡された後でも、著作者人格権は著作者に残っていることに注意する必要がある。

著作者人格権（公表権、氏名表示権、同一性保持権）に関わる事項は、著作権者が著作者でない場合は、著作権者の同意を得ても無効であり、あくまでも著作者の同意を得なければならない。

また、著作者人格権が一身専属性であるということは、著作者が死亡すれば消滅することになるが、著作権法は著作者の死後についても人格的利益を規定し（第六〇条）、限定的にではあれ、人格権的保護を図っていることを忘れてはならない。

第2節　出版権の設定（設定出版権）

単純許諾、排他的許諾の他に、著作権者はまた、著作物を出版する者に対し、出版権を設定する権限をもっている（第七九条第一項）。出版権の設定を受けた者（出版権者）は、その著作物を出版物として複製する権利を専有するから（第八〇条第一項）、著作権者（複製権者）から出版権の設定を受けて出版することは、その出版目的を確実に達成することができることになる。

出版者は、目的の著作物を出版物として独占的に出版することができるという点では、排他的許諾を得た出版者と同じであるが、排他的許諾による出版者の独占権が契約上の権利であるのに対し、出版権は法律上の権利である点が異なっている。すなわち、第三者が出版権者に無断でその著作物を出版した場合、出版者はその第三者を、法律上の権利（出版権）を侵害した者として、直接的に追求することができるのに対し、排他的許諾による出版者は、無断でその著作物を出版した第三者に対して、排他的許諾を与えた著作権者を通して、間接的に対抗することになる。このように、法律上の権利を得た出版権者は排他的権利許諾による出版者よりも、法的に強い立場に立つことになる。

だが一方で、前述のような法律上の権利を獲得するとともに、この著作物を一定期間内に出版し、かつ慣行に従って継続出版する義務（第八一条）、増刷時の著作者への通知義務（第八二条第二項）を負うことが規定されている。これら出版権者の出版に関する法律上の義務は、私契約における単純許諾、排他的許諾による出版の場合にもあてはまる出版者の義務と考えられる。

出版権の具体的内容について、第八〇条は以下のとおり定める。

第八〇条　出版権者は、設定行為で定めるところにより、頒布の目的をもって、その出版権の目的である著作物を原作のまま印刷その他の機械的又は化学的方法により文書又は図画として複製する権利を専有する。

2　出版権の存続期間中に当該著作物の著作者が死亡したとき、又は、設定行為に別段の定めがある場合を除き、出版権の設定後最初の出版があった日から三年を経過したときは、複製権者は、前項の規定にかかわらず、当該著作物を全集その他の編集物（その著作者の著作物のみを編集したものに限る。）に収録して複製することができる。

3　出版権者は、他人に対し、その出版権の目的である著作物の複製を許諾することができない。

ご覧のとおりの条文であるが、出版権は、第一項では、その目的である著作物を、①頒布の目的をもって、②原作のまま、③印刷その他の機械的又は化学的方法によって、④文書又は図画として、⑤複製することをその内容とするもので、その範囲内において設定行為で内容を限定することができる（前掲加戸『逐条講義』四四五頁）。

だが、第一項の冒頭にある「出版権者は、設定行為で定めるところにより」という表現について述べれば、この設定行為によって出版権の内容をどの程度まで定めることができるかという問題であり、単なる出版許諾契約とは異なって、排他性を有する極めて強い権利の設定である以上、当事者間で勝手に決められるものでもない。よって、設定行為で定められる内容についても、権利内容の限定と、債権・債務としての契約上の取決めとふたつに法律的にはしっかりと区別しておく必要がある。

第八一条（出版の義務）においては、出版権者の義務が定められ、出版権者は、複製権者からその著作物を複製するために必要な原稿その他の原品又はこれに相当する物の引渡しを受けた日から六か月以内に当該著作物を出版する義務が定められている。

第八二条（著作物の修正増減）においては、著作者は、その著作物を出版権者があらためて複製する場合には、正当な範囲内において、その著作物に修正又は増減を加えることができるが、出版権者は、そのつど、あらかじめ著作者にその旨を通知しなければならないと定めている。

第八三条（出版権の存続期間）においては、出版権の存続期間が定められ、それは設定行為で定めるところによる、とあり、さらに第二項において、出版権は、その存続期間につき設定行為に定めがないときは、その設定後最初の出版があった日から三年を経過した日において消滅する、とある。これは、無期限の出版権設定契約を認めると、複製権の譲渡と等しい結果となってしまうことから、一定の存続期間を定めている。

その他、第八四条（出版権の消滅の請求）、第八五条削除、第八六条（出版権の制限）、第八七条（出版権の譲渡等）、第八八条（出版権の登録）などが定められている。

第3節　出版者の著作隣接権

(1) 出版者の権利拡大の必要性

出版者に既に与えられている権利については、先に見てきた通常の単純許諾契約、排他的（独占的）出版契約及び出版権の設定契約の他に、貸与権の付与及び一般社団法人出版物貸与権管理センターの設立、複製権に基づく公益社団法人日本複製権センター（旧日本複写権センター）の設立とその成果による使用料等を受ける権利がある。

だが、これらの権利は、著作者の権利を基底においた派生的なものであることから、著作者の著作権という権利とは別に、出版者独自の権利の必要性を訴えることになる。音楽の世界においては、作曲家、作詞家の創作物を世の中に伝達する役割としての実演家・演奏家、レコード製作者、放送事業者及び有線放送事業者が存在するが、彼らを保護するものとして、著作隣接権という権利が付与されていたことを思い出して欲しい。

文芸著作物や学術論文等を世の中に伝達する役割は、雑誌や書籍の出版者であることも明らかである。現代では、著作者が著作物をパソコンやケータイから直接インターネット上にアップロードして雑誌や書籍の読者範囲を大幅に超えて全世界に向けて公表することもあれば、またそれが爆発的に支持されることもある。

将来はともかく、現在はまだまだ紙媒体による雑誌や書籍が主流であるとの考え方も当然にあるが、紙媒体によらず直接インターネット上にアップロードし、それがそのまま流通している現実や、電子書籍の流通が圧倒的に迫っている状況の中で、著作権侵害は深刻な事態を迎えている。音楽における実演家やレコード製作者の権利が著作隣接権として認められ、ある程度インターネット上の著作権侵害に対してもその抑止の効果をもたらしているが、同様にさまざまな分野にわたる著作物を発行する出版者にその権利が付与されていないことは、出版文化の衰退をもたらす可能性さえある。

(2) 著作権審議会第八小委員会(出版者の保護関係)報告書

出版者の著作隣接権付与に関する動向を見ておこう。

出版者に新たに著作隣接権を付与するということは、著作権法を改正することである。法改正は、著作権法に限らず、さまざまな手続きが必要とされる。しかも幾重にも慎重に検討される必要があり、一国の法律を変えることは、大変な力仕事である。

著作権法を国家として管理しているのは、文部科学省と文化庁(著作権課)であり、この文科省と文化庁著作権課が、法改正のために、文化審議会を主催・開催し、法律家や著作権に詳しい学者や利害関係者（賛成派、反対派）等を招聘し、議論し、中間報告書や最終報告書にまとめる。それら議論や報告書は公開され、パブリックコメントとして国民の意見を求め、最終的に報告書に反映される必要がある。でき上がった最終報告書は、文化審議会の了承を得たうえで、国会に回付され、著作権法の法律改正案として衆議院、参議院での審議を経て、問題がなければ改正法として成立し、公布、施行されていく。

この出版者に著作隣接権を付与するか否かの問題は、著作権審議会第八小委員会（出版者の保護関係）報告書（一九九〇〔平成二〕年七月）があるものの、二〇一二（平成二四）年現在まで二二年もかけて審議し、未だ結論が出ていない状況であった。実際の審議はその前ということになるのだから、少なくとも二二年以上前から審議していたことになる。

（3）知的財産推進計画

著作権審議会第八小委員会（出版者の保護関係）報告書は、右記のとおり一九九〇（平成二）年七月に公表されている。

そして政府は、ここで日の目を見なかった出版者の著作隣接権＝「版面権」については、政府が知的財産基本法という法まで制定して、世界に向けて、知的財産立国を宣言し、「知的財産の創造、保護及び活用に関する推進計画」（二〇〇三〔平成一五〕年）を策定したが、その中に「版面権」を書き入れてさえある課題である。以下に見よう。

第4章　コンテンツビジネスの飛躍的拡大

1．魅力あるコンテンツを創造する（略、傍線原文）

2．「知的創造サイクル」を意識したコンテンツの保護を行う（傍線原文）

(1) 権利者への利益が還元されるための基盤を整備する。

① （略）

② 権利の付与等により保護を強化する（筆者注：ア～カまでの説明は省略）。

ア　書籍に関する貸与権

イ　例外的に無許諾でできる非営利・無料・無報酬の上映の限定

ウ　私的録音録画補償金制度

エ　レコード輸入権

オ　著作権等の保護期間

カ　ゲームソフト等の中古品流通の在り方

キ　出版物に関する「版面権」

出版社が著作物を公衆伝達している役割に鑑み、出版物の複製に係る出版社の報酬請求権の是非について関係者間で協議が進められているが、関係者間協議の結論を得て、二〇〇四年度以降必要に応じ著作権法の改正案を国会に提出する。（文部科学省）

この「知的財産の創造、保護及び活用に関する推進計画」（二〇〇四〔平成一六〕年以降は単に「知的財産推進計画」）は二〇〇三（平成一五）年七月八日に閣議決定されている。もともと、この

「知的財産推進計画」は、世界の経済情勢や日米関係を見据えて立てられた具体的な計画であった。

この「知的財産推進計画」の出版物に関する「版面権」の記述は、一九九〇（平成二）年七月の第八小委員会（出版者の保護関係）報告書に基づくものであり、本来であれば、政府の審議会で長年にわたり審議が重ねられた結果、その報告書の内容で著作権法の改正が行われるべきものであった。

ところが、現在の一般社団法人日本経済団体連合会（経団連）の反対があったことから、法改正を逡巡していたと思われるが、それから一二年以上も経ち、世界情勢もかなり変化した二〇〇三（平成一五）年の「知的財産の創造、保護及び活用に関する推進計画」に反映されている。また二〇〇四（平成一六）年の「知的財産推進計画」の中にも「版面権」は記載されていた（だが、翌年の「知的財産推進計画」からはなぜか外されている）。

（4）日本書籍出版協会の主張

著作・出版権委員会第一分科会　報告書「出版者の権利について」（二〇〇二年四月　社団法人日本書籍出版協会）という報告書が存在する（日本書籍出版協会ホームページ参照）。

「知的財産の創造、保護及び活用に関する推進計画」が発表される前年に、右記「出版者の権利について」は日本書籍出版協会から公表されていたことになる。しかし、第八小委員会の報告書からは一二年も経ている。

この報告書によれば、出版者の権利を表化すると以下の内容となるとしている（一七頁）。

権利の種類	著作隣接権
権利の性質	原則としては、許諾権を考える
保護される出版者	発意と責任をもって出版物の企画から発行に至る活動を全体として行う者
保護内容	出版物の版を利用して以下の行為を行うこと ①複製（複写機器・写真機器等による複製、電子媒体への入・出力） ②公衆送信　③譲渡　④貸与
権利行使のあり方	集中的な管理が相応しい場合等には、報酬請求権的な行使を考える
保護期間	五〇年（他の著作隣接権に準じる）

（筆者注：表のうち、④貸与については、当時は著作権法附則第四条の二において、貸与権の規定は書籍又は雑誌の貸与については当分の間適用しないとなっていたが、二〇〇四〔平成一六〕年六月の法改正により、この附則は撤廃されている）

(5) 付与すべき権利の内容

この出版者に付与すべきとされる版面権や著作隣接権とは、具体的に何を示しているのかを見ておく。

(1) 著作隣接権

出版物についても、著作物を伝達する役割はレコード製作者と同様に認められること、「版」の製作に当たっては、活字や図版の組み方や文字列の配置などに創作的な活動があること、文献等の複写技術の発達により出版物の複製が容易にできるようになったため、出版物の販売にも影響を与える可能性が生じているなどの観点から、出版者はかねてから、レコード製作者の権利のような新たな権利により、版の面を保護する必要があると主張してきた。
そして、著作権審議会第八小委員会（出版者の保護関係）報告書（文部科学省ホームページ）は、おわりに、「本委員会の結論として、出版者に固有の権利を著作権法上認めて保護することが必要であるとの意見が大勢を占めた」とある。

(2) 版面権

第八小委員会（出版者の保護関係）報告書によれば、そもそも版面権なる用語はつぎのように記述されている。すなわち、

この出版者の保護に関しては、旧著作権法を全面的に改正する際の著作権制度審議会においても検討されている。昭和四一年四月に出された同審議会答申の説明書では、「出版物の組版面は、それ自体が著作物ではなく、あるいは、すでに著作権が消滅した著作物に係るものであっても、他人がそれを利用することに対し、その出版者がなんの保護をも与えられないことは妥当ではない。この場合、少なくとも組版面を写真複製等でそのまま利用することについてのなんらかの措置を、主として不正競争防止的な観点から著作権法上講ずることは考慮に価すると考える」としたが、……（二頁）。

さらに、第八小委員会（出版者の保護関係）報告書第四章一（二）出版者の出版行為とその保護において、「（一）出版者は発意と責任をもって出版物の企画から発行に至る活動を全体として行う

行為、すなわち出版行為を行う者である。出版者は、このような出版行為により、著作物の公衆への伝達上重要な役割を果たしている」（二二頁）としている。

この出版活動で重要なものは、企画の立案、決定になるだろう。以下のように整理されている（第一章三出版活動）。

> 収集した情報をもとに時代や世相を把握したり、また、ある分野の学問上や技術上の進展状況をとらえた上で、どのようなテーマについて、どのような読者対象を想定し、だれに執筆してもらうか、いつ発行するのか、図表、イラスト、写真等をどの程度盛り込むのか等を検討し、また、判型、ページ数、発行部数、定価、装丁等について、原価計算を行うなどして検討し、出版についての企画を立案・決定する。（七頁）

さらに、組方体裁の決定（割付）も重要だ。すなわち、

> 原稿を書籍の版面としてどのように作り上げるかを決定する。すなわち、判型、縦・横組、活字の大きさ、書体を決定し、段数、段間、柱（各ページの上部等に入れる章や節の題名、見出し）の位置、けい線、余白等の指定を行い、イラスト、写真、図表等の位置を指定する。（七頁）

以上は、版面権とは何かという疑問に、公的な政府の報告書がうまく応えてくれている。本や雑

誌の各ページ、すなわち版面が何らかの形に工夫され、手にして読むときの紙誌面が心地よく、その心地よいということを含めて、私たちが相当の刺激を受け、そこに記載されている内容とは異なる感動や内容と相まって、増幅した感動を覚えるものである。それが版面権ということになるのであり、既に著作隣接権者として認められているレコード製作者と同様な権利として認めても不都合なところは何もないということになる。

(3) 許諾権と報酬請求権

出版者の権利の内容については、複写を中心とした出版物の複製に係る権利であるが、この権利の性質について、許諾権とするか報酬請求権とするかという問題がある。

再び著作権審議会第八小委員会（出版者の保護関係）報告書（第四章三出版者保護の内容等）を見てみよう。

出版者の保護は、本章一「出版者の保護の必要性」で述べたように、複写機器の発達・普及という技術的進歩等に対応して新たに出版者の保護を図るものであるが、一方、出版物の複写利用は社会の各分野で広く行われており、情報を簡単に入手できる手段として情報の普及に寄与している点も考慮すれば、複写利用者に、複写に際し、著作権者に加えて出版者の許諾をも要することとすることは適当ではない。むしろ、著作権者の許諾を得ることを前提とした上で、出版者の利益を確保しながら、出版物の複製を認める形、すなわち、出版者の権利の性質は、報酬請求権とすることが適当である。

これに対して、出版物が多数複製され、頒布されるとすれば、出版者への影響が大きく、このような場合には、出版者の許諾に係るものとすることが適当であるとの意見もあるが、このような利用形態に対しては、出版権の設定の制度や不正競争防止法、不法行為法に基づく保護、さらに、債権者代位権の行為等により、出版者は対応することができる可能性がある（第2章「現行法制による出版者の保護」参照）と考えられる。

この出版者の権利は、既存の出版権の設定の制度に影響を及ぼすものではなく、相互に補完しあって出版者の保護を図るものとして位置付けることが適当である。（一二五頁）

権利行使の方法としては、出版者が個別に権利行使する方法と、出版社の権利を集中的に管理する機関を通して権利行使する方法がある。（一三二頁）

現行著作権法では、実演家及びレコード製作者が享有する商業用レコードの二次使用料又はレコードの貸与に係る報酬請求権について、文化庁長官が指定する団体があるときは、その団体によってのみ行使することができると定められており、現在、実演家、レコード製作者のそれぞれの団体がこの権利の行使を個々の権利者に代わって行っているところである。（同上頁）

出版物の複写利用者は、多種多様であり、その数も多く、そのような利用者の利用について個々の権利者が権利行使を行うことは、実際上困難であり、また、利用者の側においても、多くの権利者に個別に報酬の支払いを行うことは、事務処理上煩雑である。したがって、出版者の権利については、実演家等の商業用レコードの二次使用等に係る報酬請求権と同様、団体によって権利行使ができるようにすることが考えられる。（同上頁）

出版者がその出版物について新たに権利を付与された場合には、出版者の権利と著作権が一体的に管理されることが適当であると考える。これは、出版者にとって、編集著作権等を有している場合には、この権利と新たな権利の管理を、同一の機関に委託した方が事務処理上簡便であり、また、出版物の複写利用者にとっても、単一の機関が権利処理に当たることが望ましいと考えられるからである。（同上頁）

あえて説明を加えるとすれば、出版者の権利として、著作物を伝達する役割が法的に認められ、著作者の隣にある権利として、すなわち著作隣接権として、具体的には「版面権」と呼ばれる権利を得ることになる。

そして、著作隣接権＝「版面権」という権利を手にした出版者は、自社が出版した出版物の版面を他者がコピー（複製・複写）したとき、どう権利行使するかという問題になってくる。個別の無断コピー者（無断複製者）に対し、「許諾権」を基に、ひとつひとつ「版面複製使用料」とでもいう使用料を徴収するのか、それとも、権利を獲得した出版者が集まり、新たな団体を設立して、版面複製利用者と契約を締結し、包括使用料を徴収し、契約出版者に対して、出版者がもつ報酬請求権に基づき、版面複製使用料を分配するというイメージになる。

(6) 反対意見と検証

(1) 経団連

一般社団法人日本経済団体連合会（経団連）の反対意見の具体的内容は見当たらないが、第二東京弁護士会／知的財産法研究会編『エンターテインメントと法律』（商事法務、八三頁）で半田正夫は次のように言及している。

経団連の反対意見は、主に産業界の経費負担軽減のためのものである。企業、研究所等で自然科学系の雑誌などを大量にコピーしている実態から抵抗した。版面権を主張されると、どの雑誌のどの部分をどのぐらいコピーしているかということが解読され、企業あるいは研究所としての企業秘密が漏洩するなどとの反対理由になるのであろう。

経団連は、業界団体として、日本の経済界をまとめ、経済情勢を正確に把握して日本経済の成長を促す役割を果たす立場にあるが、日米同盟のもとで、アメリカ新自由主義を標榜し、金融恐慌を引き起こすような危険な金融商品の扱いも含め、短期利潤追求型の経済を追求していくのか、それとも、高度に発展してしまった資本主義経済体制の将来を見据えて、雇用の確保や格差解消に向けた社会や新しい科学・技術の発展の方向性を模索する社会を目指すかによって、立場は相当に異なってくるはずだ。

閉塞した経済情勢を打開するには、新しい視点が必要になる。それは文化的な視点であり、なぜ、出版者が「版面権」などという主張をしているかに耳を傾けることが必要である。

(2) 日弁連

一方日本弁護士連合会（日弁連）は、「知的財産戦略本部コンテンツ専門調査会『コンテンツビジネス振興に係る課題について』に対する意見（二〇〇三年一〇月二九日）」で次のように述べている。すなわち、

ひとつの著作物にあまりに多数の権利が発生することは、権利処理を複雑にし流通を阻害する可能性が高い。複数の支分権を創設すると消費者にとって、対価の支払いを余儀なくされるのでその利用について負担が増大することも事実である。「版面権」設定は、従来何度も取り上げられたテーマであるが、編集著作権、出版権等による処理を超える必要性があるのかも含めて、慎重な検討がなされるべきである。

この日弁連の主張にしても、何か説得力あるものとは思えない。なぜこのような「版面権」という権利主張がなされているかをもう少し深く考えるべきである。

本節では、以上のとおり、出版者の著作隣接権付与に関する経緯や権利の内容について見てきたが、現在と決定的に異なる点がある。それは、現在においては、インターネットでの書籍の利用や電子書籍が急速に発展したため、その対応に迫られていることである。

この電子書籍問題については、本章第8節でも触れる。

第4節　出版と引用

人間は、まったくのオリジナルな文章を書くなどということはできない。生を受けてから、両親の話し言葉に学び、日常会話ができるようになり、学校でさまざまなことを学び、新聞や雑誌や小説等を読みといった具合にたくさんの情報や知識を得て、やっと、自分なりの意見を持てるようになるからである。このことは、著作権を考えるに当たって当然の前提となっている。

文章は、個人史的な知識の蓄積を基に作成される。そのような前提にたっても、文章はオリジナルな内容でなければならない。そして、さらに、自分の文章が根拠ある正確なものであることを示すために、書籍の一部や先行論文等を引用する。そのようにして自分の論文等の正当性を主張していく。

ここでは他人の著作物を利用することについてどのような訴訟が提起されているかを見ることになるが、筆者も、他人の著作物を自分の文章に引用するが、非常に気を使うことになる。他人の著作物を著作権者に無断で利用してしまえば、複製権の侵害であると指摘され、要約も含めて勝手に改変したりすれば翻案権の侵害であるなどとも指摘されることにもなりかねない。著作者人格権でいえば、同一性保持権の侵害に当たる場合もある。また道義的なことも考えるからである。

他人の著作物の一部を自分の著作物に入れて利用するとき、どの範囲を利用したか、自分の主張したいことと利用する他人の著作物との関係性、利用する量、主従の関係などが問題となってくる。

（1）適法引用とは

引用（第三二条）と出所の明示（第四八条）について触れておこう。

この引用規定は、著作権の制限規定（著作者の権利が制限され、著作物が自由に、又は無償で利用できるという規定）のひとつであり、引用される側の著作者や著作権者に無許諾で、使用料を負担することもなく、いわば自由にその著作物を利用することができる。よって、引用するにあたっては、出所の明示を確実に行うなど厳格にそのルールに従って行う必要がある。

ところが、この点が十分に理解されているとは言い難く、著作権トラブルの多くが、この引用を巡っての争いなのである。正当な引用でないと主張されれば、複製権や翻案権等の侵害となり、また著作者人格権の氏名表示権や同一性保持権の侵害事件となって行くのである。

この引用については、本書第1章第三節でも触れているあまりにも有名な最高裁「パロディ＝モンタージュ写真事件」判決がある。そして、この最高裁の判決は、旧法時代の「節録引用」の解釈によるものであるが、正当な引用といえるためには、後述の「主従関係性」、「明瞭区別性」という二要件が必要とされてきた。

まず現行法の「引用」（第三二条）を見ておこう（第二項略）。

第三二条　公表された著作物は、引用して利用することができる。この場合において、その引用は、公正な慣行に合致するものであり、かつ、報道、批評、研究その他の引用の目的上正当な範囲内で行われるものでなければならない。

正当な引用といえるためには、現在では、最高裁判例の二要件説（主従関係性、明瞭区別性）ではなく、むしろ現行法第三二条の文言に立ち返って、「公正な慣行に合致」し、「目的上正当な範囲内」であれば許されるべきではないかという方向性にあるにしても、念のため、主従関係性、明瞭区別性もしっかりと視野に入れて、現行法に従い引用する他はない。

そして、第四八条に定める出所の明示規定は、引用部分をかぎ括弧で括ることや、斜め字体や小文字体とするなどして、引用部分を明確にした上で、さらに、題号や著作者名を明記することが必要になると理解される。

（2）要約引用の難しさ（「血液型と性格事件」）

引用には、全部引用、一部引用そして要約引用が考えられる。全部引用や一部引用は、そのまま全部又は一部を引用することであるから、著作権法上、出所の明示をすることなどによって、事前の許諾や使用料の支払いの必要もなく、他人の著作物を引用することができる。

ところが、要約引用には、さまざまな問題が付きまとう。それは、複製権の侵害、翻案権の侵害、あるいは著作者人格権（氏名表示権、同一性保持権）の侵害となって現れる。

本多勝一反論文掲載事件（最高裁平成一〇年七月一七日判決：平成六年（オ）第一〇八二号）においては、「原告が執筆した三八行を、被告が三行に要約したと原告は主張しているが、この三行では、原告の文章の『本質的な特徴を感得できない』。だから、原告の文章が被告文章のベースとなっているとはいえないことから、原告の同一性保持権を侵害していない。この三行は、原告の文章を要約したものとはいえず、原告の文章ではなく、被告の文章に相応しい。このように、原告文章の要約とはいえない以上、同一性保持権は侵害していない」旨の論理構成している。

「血液型と性格事件」〔東京地裁平成一〇年一〇月三〇日判決：平成七年（ワ）第六九二〇号〕という事案がある。

この事案は『「血液型と性格」の社会史』と題する書籍を著作した原告と、『小さな悪魔の背中の窪み——血液型・病気・恋愛の真実』を著作した被告一と、この書籍を出版した出版者を被告二とする著作権侵害差止請求事件である。

被告の著作者も出版者も原告の『「血液型と性格」の社会史』を参考にし、その内容を要約する形で説明してみようなどと記載し、原告のこの著書を利用したことを明言している。

これに対して原告は、著作権の中の、複製権と翻案権及び著作者人格権のうちの同一性保持権と氏名表示権を侵害したとする理由で、出版物の差止め、損害賠償等を求めて被告らを提訴した。

争点を整理すれば以下のとおりである。

①複製権の侵害があったか否か
②翻案権の侵害があったか否か
③引用したのか否か
④同一性保持権を侵害したか否か

裁判所の判決は、

①被告は、原告のもつ複製権を侵害していない。
②翻案権も侵害していない。
③被告が要約して引用していることは許される。
④被告の要約はやむを得ない改変であるから原告の同一性保持権を侵害していない。

として、原告の主張を退け、この判決はこのまま確定した。

非常に在りがちな事案のように感じるし、日常的に他人の著作物の引用も含めてよく利用する人にとっては、とても気を付けなければならない点を示唆している事案である。出版における著作権トラブルの多くは、引用を巡る争いであり、私たちに、慎重な判断を求めているところであろう。

被告は、「原告の著書を参考にした」とか、「その内容を要約する形で説明してみよう」などと記載し、原告のこの著書を利用したことを明言している。

原告の書籍の総頁数が二三一頁であったのに対し、被告書籍の該当部分は一一頁にまとめられていたとのことであるが、この要約して引用したことが問題になっているのである。全部引用、部分引用として、原文をそのまま引用して、出所の明示も行い、引用の目的上正当な範囲内で、しかも主従関係性や明瞭区分性がうかがえれば何の問題もないが、要約して引用したのである。全部引用、一部引用はわかりやすいが、要約引用の是非については、学者でも判断がわかれるところであり、この判例はいつも引き合いにだされるものとなっている。

(3) その他の出所の明示

他人の著作物を利用するには、引用に限らず、その他人の著作物の題号や著作者名を表記し、引用した部分をかぎ括弧等で表記することなどを行わなければならない。そして出所の明示を行わなければならない事例を、第四八条は以下のとおり上げている。

第四八条　次の各号に掲げる場合には、当該各号に規定する著作物の出所を、その複製又は利用の態様に応じ合理的と認められる方法及び程度により、明示しなければならない。

この当該各号に規定する著作物の利用態様を見ておこう。

第一項第一号は著作物を複製する場合、第二号は著作物を利用する場合、第三号は出所を明示する慣行があるとき、と三つに分けて出所の明示をしなければならないと定めている。

（第一号：複製する場合）

第三二条（引用）、第三三条（教科用図書等への掲載）、第三三条の二（教科用拡大図書等の作成のための複製）、第三七条（視覚障害者等のための複製等）、第四二条（裁判手続等における複製）、第四七条（美術の著作物等の展示に伴う複製）

（第二号：利用する場合）

第三四条（学校教育番組の放送等）、第三七条（視覚障害者等のための複製等）、第三七条の二（聴覚障害者のための複製等）、第三九条（時事問題に関する論説の転載等）、第四〇条（政治上の演説等の利用）、第四七条の二（美術の著作物等の譲渡等の申出に伴う複製等）

（第三号：出所を明示する慣行があるとき）
第三二条（引用：但し複製以外の方法による利用）、第三五条（学校その他の教育機関における複製等）、第三六条（試験問題としての複製等）、第三八条（営利を目的としない上演等）、第四一条（時事の事件の報道等のための利用）、第四六条（公開美術の著作物等の利用）

以上のように第四八条の出所の明示規定は、第一項第一号から第三号に掲げられた著作物の利用に当たっては、原則、自由、無償（補償金の負担等がある場合は除く）で利用できるが、せめてその利用著作物の題号や著作者名等を明示する必要が説かれている。またその明示の方法を「その複製又は利用の態様に応じ合理的と認められる方法及び程度により明示しなければならない」というわけである。

もちろん試験問題においては、題号や著作者名を明示してしまうことで、試験問題として成り立たなくなる場合についてはこの限りではないことは言うまでもない。このように出所の明示が義務付けられている著作物の複製や利用は、引用（第三二条）だけではないことが分かる。

そしてこの出所の明示の義務に違反すれば、五〇万円以下の罰金に処せられる（第一二二条）。この罪は、親告罪ではないので、侵害された著作権者だけでなく、第三者も告発できる。

第5節　出版物再販適用除外制度の維持

『メディアと著作権』という本書のタイトルからすれば、独占禁止法上の問題である出版物再販適用除外制度の維持について触れることは、いささか道を外しているかもしれない。だが、出版物再販適用除外制度が、深く文化の発展に関係する問題であり、この制度を維持しようとしている出版業界、新聞業界、音楽業界の立場を考えるなら、文化の発展に寄与することを目的とする著作権法と国民経済の民主的で健全な発達を促進することを目的とする独占禁止法との関係を見ておくことは、今後の文化の発展と経済の発展を考えて行く上で必要である。

独占禁止法第二三条第四項は再販売価格拘束の適用除外対象物として著作物をあげているが、近時これに対し廃止論が起き、その後賛否の議論がたたかわされてきた。現在では、従前通りの法制度に止まっている。

同法は、国民経済の民主的で健全な発達の促進を目的とする経済法である。その中では文化・公共的要素の高い商品である著作物についてこのような一部適用除外が定められると考えられるのであり、このことは将来とも堅持されるべきである。文化・公共の重要さを考えるとき、それらを経済の論理一色で塗りつぶすことは、日本社会の民主的で健全な発達と日本文化の維持、発展を妨げることとなりかねない。

(1) 背景

ここでは、経済法、経済の憲法といわれる独占禁止法（私的独占の禁止及び公正取引の確保に関する法律　昭和二二年法律五四号）と出版物との関係が理解されなければならない。

独占禁止法は、日本の敗戦後、占領下において一九四七（昭和二二）年にアメリカからもたらされ制定されている。もともと資本主義経済体制をとってきた国々において、歴史上経済秩序が求められてきたのは当然である。

確かに、近代市民社会は、所有権の保障、契約の自由などを基本原則とし、経済活動もまた自由であった。当然競争原理に支配された自由であり、各人は競争原理に基づき自由にその経済活動を行い、最大利潤を求め続けてきたのである。そして、その経済市場のことを、アダム・スミスは「神の見えざる手」により支配されていると言っているのであるが、「神の見えざる手」によっても、市場はうまくコントロールすることはできないことは明らかとなっている。

例えば、多くの会社が合併することにより資本や生産が集中し、独占が始まり、市場の自動調節作用がうまく働かなくなる。その結果は、独占価格の設定による一部会社・企業の一人勝ち状態と格差社会を生み出し、そして、深刻な不況と失業者の増大、社会不安をもたらすこともある。それを克服し経済秩序を守るために考えだされてきたもののひとつが独占禁止法である。

だが、独占禁止法の規制が強すぎるとかえって経済活動を停滞させる。規制が弱ければ、市場では何が行われるかわからなくなるといった、非常に矛盾を抱える経済法といえるが、原則は競争原理に基づく経済の自由な活動を保障し、経済の繁栄を促進させる役割である。現代資本主義経済社会は、多くの国々で独占禁止法が制定され、そのもとで、経済活動が行われている。そこでは、競争原理が働いた公正で自由な経済活動が求められている。

独占禁止法の例外として、書籍、新聞や音楽ＣＤなどを再販売するに当たって、その定価をそのままに維持して販売することができるということであるが、再販売価格として法定指定されている書籍、雑誌、新聞、レコード、ミュージックテープ及び音楽ＣＤの六品目について、二〇一四（平成二六）年現在、その価格をいたずらに低下させることなく維持することができる状態にある。これらを経済の競争原理の中に置き、徹底的に価格の低下、安売りをしてしまったとき、出版者も雑誌社も新聞社もレコード製作者もいずれも立ち行かなくなり、情報も行きわたらず、文化も衰退することになるという懸念が生まれ始めるのである。正確な情報が行きわたらないことや小説や詩歌、絵画、音楽、漫画、写真といった芸術作品も目にすることが少なくなる可能性がある。

フランス、ドイツといった先進国では、必死でこの再販制度を、文化を守るという視点で維持しようとしている。現在の日本では、いまのところ再販制度は維持できているが、いつ公正取引委員会が、自由な経済活動の促進を理由に、再販制度を維持すべきではないといいだしかねない状況であることを私たちはよく覚えておく必要がある。

(2) 再販売価格維持制度と独占禁止法

再販売価格維持とは、メーカーが卸売・小売業者に対して販売価格を指示し遵守させることをいう。再販制度の維持により、自由競争が制限されるおそれがあること、自由な競争の基盤が侵害されるおそれがあることなどから、再販売価格維持行為は、原則として不公正な取引方法に該当し、独占禁止法第一九条違反に問われる。書籍、新聞や音楽ＣＤ等が再版価格を維持できる法的根拠は、一九四七（昭和二二）年に制定された独占禁止法が一九五三（昭和二八）年に改正され、再販行為禁止に関して適用除外規定が設けられたからである。

独占禁止法第二三条第四項は、著作物の発行事業者、販売事業者の再版行為を適用除外の対象とした。著作物の再販売価格維持が適用除外とされた理由については、公正取引委員会は、二〇〇一（平成一三）年三月二三日付「著作物再販制度の取扱いについて」と題する見解で以下のように述べている。
国民各層から寄せられた意見をみると、著作物再販制度を廃止すべきとする意見がある反面、同制度が廃止されると、書籍・雑誌及び音楽用CD等の発行企画の多様性が失われ、また、新聞の戸別配達制度が衰退し、国民の知る権利を阻害する可能性があるなど、文化・公共面での影響が生じるおそれがあるとし、同制度の廃止に反対する意見も多く、なお同制度の廃止について国民的合意が形成されるに至っていない状況にある。

このように、公正取引委員会は、競争政策の観点からは同制度を廃止すべきだが、文化・公共面での影響が生じるおそれがある、よって、当面同制度を存置するとし、さらに公正取引委員会は、著作権者はここに胡坐をかくことなく、この制度を硬直したまま運用するのではなく、競争政策にも配慮することを求めた。出版業界もそれに対応した結果、私たちも日常的に、出版者による自由価格のフェアの開催や書店の自由価格のコーナーの設置などで安価に書籍等を手に入れることができるようになり、また小売店の出版物へのポイントカードサービスなどを受けられるようになっている。

この著作物再販制度の思想は重要である。フランスやドイツにおいては、中小零細の本屋を守るために、再販制度は必要だと言い切り、出版文化の重要性を国家が認めている。

一方、独占禁止法は、経済における憲法であり、公正取引委員会は、それに基づき、公正で自由な経済競争の土壌をつくる役割を担う。よって、先にも述べたとおり、公正取引委員会のその時々の判断もあることから、この再販適用除外制度の危うさは常にあると押さえておく必要がある。出版者も著作者も出版産業全体が常にこの制度を維持発展させていこうとする闘う意思が必要であろう。

第6節　貸与権の創設と出版物貸与権管理センターの設立

貸与権の創設は、貸しレコード店の出現から、それに対抗して、新たな権利として一九八四（昭和五九）年に創設されたものであるが、その当時は、昔からの貸本屋ももちろん存在したが、この「本の貸与」という零細利用に権利者の権利を及ぼすことはなかった。同じ貸しレコード、貸し本とはいえ、規制の中心は貸しレコードであった。

『白書出版産業二〇一〇』（日本出版学会編）から以下を引用する。

二〇〇一年ごろから、九州地方を中心に登場してきたレンタルコミック店に対抗して、二〇〇三年五月に「貸与権連絡協議会」（代表＝藤子不二雄Ⓐ）が発足し、貸与権獲得のための運動が開始された。これが実を結び、「書籍・雑誌の貸与権を当分の間適用しない」と定めていた著作権法附則第四条の二が二〇〇四年の通常国会で撤廃され、翌年一月から施行された。

さらに貸与権の権利処理を行うための著作権等管理事業者として、「出版物貸与権管理センター」が二〇〇四年に設立され、二〇〇七年二月から貸与権使用料徴収が本格的に開始された。年間の徴収使用料の総額は二〇〇九年度には約一三億円に達した。（樋口清一　一六二頁）

また、一般社団法人出版物貸与権管理センターのホームページには、権利者への分配について以下の記載がある（更新されている）。

二〇一一年一〇月三日に総額約一二億一千万円の使用料を分配いたしました。今回の分配の対象になる権利者の方々は、以下の出版社を介してすでに「貸与権管理委託契約」を結んでおり、かつ当センターがレンタル店に対して行った許諾実績があった方が対象となります。

権利者の皆様への個々の分配は、権利者の皆様が各出版社と締結された上記「貸与権管理委託契約」の取り決めに基づき下記各出版社より順次行われます。

以上のとおり、貸与権の使用料は徴収されるようになり、その使用料は、出版者を介して著作者に分配されている。

第7節　日本複製権センター（旧日本複写権センター）の設立

著作物の複写（コピー）は、著作権法で定められた例外を除き、著作権者の許諾を得て行う必要があるが、個々の著作権者の連絡先を調べ、許諾を得ることは容易ではない。そこで設立されたのが公益社団法人日本複製権センターである。

日本複製権センターは、著作権者の複写等に係る権利を集中的に管理し、利用者から複写使用料を徴収して著作権者に分配するという集中的な権利処理を行うことにより、許諾に係る困難さや不便さを解消し、著作権の保護と著作物の適正な利用を実現することをその事業としている。具体的には、以下のとおりである。

①広く著作権者から複写等に関する権利行使の委託を受け、それを管理
②利用者との間に、複写利用許諾契約を締結し、複写使用料を受領
③受領した使用料を権利委託者に分配

だが、例外もある。日本複製権センターのホームページには以下の記載がある（筆者注：主旨をまげず要約した。リニューアルされた二〇一二年一〇月二日現在のホームページ記載内容とは若干異なる）。

●美術・写真の著作物の鑑賞を目的とする複写は、受託範囲外
美術や写真の作品についても、「著作者団体連合」を通じて複写利用に関する管理を受託しているが、これらの作品を「鑑賞」する目的で複写することは、同センターの受託範囲外である。

複写をしたい出版物のページに、複写対象の著作物（主に文章等のテキスト情報）と共に掲載されている美術や写真の著作物が、「結果的に複写されてしまうような場合」については、同センターの契約対象範囲となるが、グラビアページをそのままカラーコピーをするような場合は、対象範囲には含まれていない。

●新聞著作権協議会加盟社の新聞記事の複写利用のうち、「クリッピング・サービス」を目的とする複写は受託範囲外

「クリッピング・サービス」とは、組織的に行われる継続的・反復的な新聞記事の複写で、情報共有化等のために当該記事を組織の内部で配布することを指すが、具体的には、会社などで「日常業務」として継続的に新聞記事をチェックし、関連がある記事を複写して社内配布することを意味する。

このような利用方法については、日本複製権センターとの契約に加え、当該記事が掲載されている新聞社との契約を検討するよう求めている。

●電子的手段（デジタル技術）による著作物の利用は受託範囲外

紙面上の著作物をスキャンして電子ファイルにしたり、その電子ファイルをネットワーク上に掲載したり、デジタル著作物のダウンロードやネット上への掲載をする等、電子的手段（デジタル技術）を介した著作物の利用は、同センターの受託範囲外である。

第8節　電子書籍への対応

電子書籍や電子雑誌が出現したとき、従来の紙媒体書籍、雑誌がいよいよ売れなくなるのではないかと業界内外で悲観的な感想をもった人は多いはずである。新しい媒体の出現に、批判の矢を向けるのはいつの時代もそうである。だが、出版者そのものが電子書籍業界に参入したり、電子書籍

業界との契約によって、この新しい電子書籍化の流れになんらかの形をもって乗り遅れないように対応している。

問題がまったくないわけではない。やはり、懸念すべきは、インターネット上の著作権問題である。著作者人格権（公表権、氏名表示権、同一性保持権）はもちろんのこと、財産権としての著作権（複製権、上映権、公衆送信権等）がインターネット上においては、十分に保護されないのではないかという懸念である。圧縮技術とインターネット技術が結びつき、著作権を軽視、無視し、ひとたび著作物をインターネット上へアップロードすれば、その著作物はあっという間に全世界を駆け巡ってしまうのである。

著作者に限らず、出版者にとってもこの問題は重大である。電子書籍問題は、従来の出版業界へ新たな対応を求め続けることになるが、出版者もこの電子書籍と共存共栄を図って生き延びる以外ない。

半田正夫は、前掲『エンターテインメントと法律』（八三頁）で「最近では、むしろ私は版面権を再主張すべきであり、それは、ゼロックスなどでコピーすることは現在でも行われているが、それ以上に現在はインターネットの時代を迎え、パソコンの中にデータとしてスキャナーで雑誌や論文等を複製している。まさに現代においてこそ版面権というものを主張すべき時期である」旨述べている。

また、二〇一二（平成二四）年YOMIURI ONLINE（三月三〇日）には「出版社に原版権を……業界、法整備目指す」という記事見出しで以下に掲載があった。

電子書籍は一瞬で大量にコピーすることができるため、いわゆる「海賊版」が横行しやすい。しかし、著作権法が認める出版社の出版権は電子書籍を想定しておらず、違法コピーが出回っても著作権者である作家が自ら訴訟を起こすしかないのが現状だ。

新たに創設を目指す「出版物原版権」は、作家の著作権を一〇〇％保護したうえで、紙の本や電子書籍という形に加工した「原版」に対する権利を、追加的に出版社に与えるという枠組みをとる。具体的な中身は、原版を〈一〉複製する複製権〈二〉インターネット上に展開する送信可能化権〈三〉複製物の譲渡によって公衆に提供する譲渡権〈四〉貸与によって公衆に提供する貸与権――などからなる。こうした権利を出版社に与えることで、出版物原版権のない業者がインターネット上に海賊版を出せば、出版社が削除を求める訴訟を起こすことが可能となる。

これは、あきらかに半田正夫がいう、インターネット時代にこそ版面権を再主張すべきである、とする内容である。「版面権」という権利名称と「出版物原版権」という名称の違いはあるにせよ、インターネット時代を本格的に迎え、ネット上のコピー（複製）が横行するなか経済的損失も文化的損失も大きなものとなっている現状を考慮すれば、早急に法改正すべきことを示唆する内容である。

本章の第3節「出版者の著作隣接権」において、インターネットや電子書籍が本格化する以前の出版者の版面権、著作隣接権について述べてきたが、ここではインターネットや電子書籍がいよいよ本格化し商業ベースで問題となってきたことに対して、関係者の具体的対応を見る。

（1）文部科学省、総務省、経済産業省の取組み

文部科学省、総務省及び経済産業省は、デジタル・ネットワーク社会における出版物の利活用の推進に向けた検討を行うため、二〇一〇（平成二二）年三月一〇日「デジタル・ネットワーク社会における出版物の利活用の推進に関する懇談会」を開催することを決め、①デジタル・ネットワーク社会における出版物の収集・保存の在り方、②デジタル・ネットワーク社会における出版物の円滑な利活用の在り方、③国民の誰もが出版物にアクセスできる環境の整備等の検討を重ね、同年六月二二日に懇談会名で報告（案）を公表した。

デジタル・ネットワーク社会を迎え諸問題を解決するための同三省が合同で会議を持つことはそれだけ影響が広く大きいと言えるが、文部科学省は、著作権法の改正から、総務省は通信事業の関係から、また経済産業省は経済政策の面から合同の懇談会開催に踏み切っている。

この報告書は、「基本的視点（第一章）、出版物の利活用の在り方（第二章）、技術的課題の解決（第三章）、具体的施策の方向性とアクションプラン（第四章）」に分け、かなり幅広く現状の分析を行っている。出版者への権利付与についても議論され、わが国の豊かな出版文化を支え続けてきた出版者の機能の維持・発展は、デジタル・ネットワーク社会においても、引き続き重要であるとの認識が広く共有されている。

この報告書（一八頁〜一九頁）には、出版者側から、次の主張があったことが記されている。

①出版者の権利内容を明確にすることにより、出版契約が促進される可能性があること。

②デジタル・ネットワーク化に伴い、今後増加することが想定される出版物の違法複製に対しても、出版者が物権的請求権である差止請求を行い得るようにすることで、より効果的な違法複製物対策が可能となることなどを理由に、出版者に著作隣接権を付与するべきであること。

だが、これら出版者の主張に対して、一定の理解を示しつつも、具体的な権利の内容については更なる検討が必要であるとする意見があった旨記載されている。

さらに報告書（一九頁）には次の記載がある。

①米国のように、出版者に権利がなくとも、著作者と出版者との間で独占的な許諾契約を結ぶなど明確な出版契約を結ぶことによって、種々の課題に対応可能であること

②創作活動における著作者と出版者・編集者との関与の度合いは様々であり、一律に出版者に新たな権利を付与することは、権利関係を更に複雑にし、権利処理に支障が生じることを理由に、出版者に対する権利付与そのものに反対であるとする意見があった。

同頁には、今後、出版契約や流通過程に与える影響や各国の動向について調査・分析等の実施や議論の場を設けることなどを通じて、さらに検討する必要があるとの記載がある。

(2) 文部科学省の取組み

三省の合同懇談会の報告書であることから、各省が、この報告書を基にさらに詰めた議論と方針

を出すことを期待したいところ、さっそく、この懇談会報告書を受けるかたちで、二〇一〇（平成二二）年一一月一一日文部科学副大臣決定として「電子書籍の流通と利用の円滑化に関する検討会議」が設置され、わずか一年のうちに一四回の検討会議が開催され、二〇一一（平成二三）年一二月二一日には早くも報告書が公表されている。

この検討会議では、①「デジタル・ネットワーク社会における図書館と公共サービスの在り方に関する事項」、②「出版物の権利処理の円滑化に関する事項」、③「出版者への権利付与に関する事項」について検討が行われている。

特に、「出版者への権利付与に関する事項」に関するまとめ（三三頁〜三四頁）では以下の記載がある。

○「電子書籍の流通と利用の促進」については、「出版者への権利付与」が出版物に係る権利処理の円滑化のための取組の実施を促すものであるなど、電子書籍の流通と利用の促進に対して、一定の積極的な効果をもたらすとする意見があった。

なお、「出版者への権利付与」に対する否定的な見解は示されていないものの、電子書籍の製作、流通の実体に与える影響を含めた電子書籍市場への全般的な影響に係る検証を十分に行うことが必要であるとの意見も示された。

○「出版物に係る権利侵害への対応」の観点については、当該権利侵害は深刻な状況であり、電子書籍市場の健全な発展のためには、何らかの措置を早急に図ることとの必要性については意見が一致した。なお、具体的な対応方策については、「出版者への権利付与」を含め、複数の選択肢が示されているところであり、そのメリット・デメリット等については、十分に検討する必要性が確認された。

経緯は以上のとおりであるが、「出版者への権利付与」は、電子書籍の製作、流通の実体に与える影響を含めた電子書籍市場への全般的な影響に係る検証を十分に行うことが必要であること、「出版者への権利付与」を含め、複数の選択肢が示されているところであり、そのメリット・デメリット等については、十分に検討する必要性が確認されたこと、だけであった。

(3) 一般社団法人日本出版者協議会(旧出版流通対策協議会)等の対応

この一年余りの経過の中で、出版流通対策協議会(出版者九八社の業界団体)は右記文部科学副大臣決定の検討会議(二〇一一〔平成二三〕年八月二六日開催)に対して、出版者の権利について権利付与を求める要望書を提出している。

この要望書の内容は、出版物流通対策協議会のホームページに以下の記載がある。

一　出版者が著作物の公衆への伝達者としての役割を十全に担っていくためには、レコード事業者等のように、出版者の権利は著作物の伝達者の権利である著作隣接権として保護されることが必要である(筆者注:理由六項目は略)。

二　出版者に付与される著作隣接権の内容は、従来の印刷等による複製など複製権、送信可能化権など、デジタル化・ネットワーク化時代にあって、その流通形態に近似の要素が増えつつあるレコード事業者に付与されている著作隣接権が、出版者に付与されることが必要である。出版物は、頒布の目的を持って出版者の発意と責任において、編集、校正、制作し、文書又は図画としての著作物を最初に版に固定し（いわゆる原版）、発行（発売）された物で、媒体を問われない。出版者とは頒布の目的を持って発意と責任において、文書又は図画としての著作物を最初に版（いわゆる原版）に固定し、発行（発売）した者で、その権利の種類は以下のものが付与されるべきである。

権利の種類

許諾権

一　複製権

二　送信可能化権を含む公衆送信権

三　譲渡権

四　貸与権

保護の始まり　頒布の目的を持って文書又は図画としての著作物を最初に版に固定した時

保護の終わり　発行（発売）後五〇年

さらに、作家、出版者と国会議員らで構成する「印刷文化・電子文化の基盤整備に関する勉強会」（座長：中川正春衆院議員）が、電子書籍の普及に向けた著作権法の改正試案をまとめたなどとの記事もある（日本経済新聞電子版二〇一二／四／二八）。

また、二〇一二（平成二四）年一一月八日、同勉強会は、著作隣接権を「出版物等原版」の作成者である出版者に与える法制度の骨子案を発表したと報じられている（一一月九日　読売新聞）。

（4）日本漫画家協会他の対応

だが一方で、社団法人日本漫画家協会は二〇一二（平成二四）年四月二日の「出版者（社）への『著作隣接権』権利付与に対する見解」の中で、「最後に、文芸など文字によるコンテンツと違い、他業界での「原盤」にあたる「原稿」の制作とその費用負担という、隣接権者として負わなければならない義務をも含め、自身のプロダクションで完結させている「漫画」というメディアの著作者団体という立場からは、現段階での出版者への隣接権付与、という提案については、残念ながら否定的にならざるを得ない」としている。

漫画の紙（誌）面は、漫画家の創作によるものである。コマの位置、大きさ、映画撮影でいえばズームやパンといった技法も全て漫画家の創作に当たる。その漫画家の創作による版面の権利を出版者の権利とするわけにはいかないという主張であり、この漫画家の主張はよく理解できるところである。出版者に版面権を含む権利付与とは別に、漫画家のこの主張もまたクリアする必要がある。

（5）突如の法改正

⑴ 法改正までの経緯

これまで本節「電子書籍への対応」を読み進めても、その法改正にまではほど遠い感が否めないものであった。だが事態は突然動きだす。二〇一三（平成二五）年二月一九日付で一般社団法人日本経済団体連合会が「電子書籍の流通と利用の促進に資する『電子出版権』の新設を求める」とする提言を行い、文化庁にたいして「幅広いステークホルダーを集めた検討を、結論を得る時期を明確化した上で、速やかに開始、推進されたい」としている。

同年四月四日、著作権業界に身を置く人であれば多くが知っているような法学者、弁護士である中山信弘、三村量一、福井健策、上野達弘、桶田大介、金子敏哉の六名が「出版者の権利のあり方に関する提言～デジタル時代に対応すべく、現行出版権の拡張・再構成を文化審議会で検討する～」とする提言を行った。この提言は同日開催された第七回「印刷文化・電子文化の基盤整備に関する勉強会」（座長中川正春民主党衆議院議員：前出）のなかで、この勉強会のまとめ案として中山信弘から提案、勉強会として了承されたものだ。そしてこれを元に文化庁の審議会を動かし、法制化にむけた活動をしていくとのことであった。

そして、文化審議会著作権分科会出版関連小委員会が、五月に立ち上がっていく。この一連の流れは非常に迅速であり、しかも、出版関連小委員会は結論を出すまで九回の審議を行い、一二月には報告書が公表されている。文化審議会著作権分科会の従来の進捗状況と比較すれば異例の速さに感ずる。

⑵ 法改正

著作権法の改正案は、二〇一四（平成二六）年四月二五日の参議院本会議で可決、成立した（二〇一五（平成二七）年一月一日施行）。

文化庁ホームページにある平成二六年通常国会　著作権法改正についての「著作権法の一部を改正する法律の概要」（http://www.bunka.go.jp/chosakuken/index_5.html）によれば、改正法の内容は以下のとおりである。

改正の趣旨

一．近年、デジタル化・ネットワーク化の進展に伴い、電子書籍が増加する一方、出版物が違法に複製され、インターネット上にアップロードされた海賊版被害が増加していることから、紙媒体による出版のみを対象としている現行の出版権制度を見直し、電子書籍に対応した出版権の整備を行う。

二．略（視聴覚的実演に関する北京条約の実施）

改正の概要（傍線は原文）

一．電子書籍に対応した出版権の整備（第七九条、第八〇条、第八一条、第八四条等関係）

紙媒体による出版のみを対象としている現行の出版権制度を以下のように見直す。

（一）出版権の設定（第七九条）関係

著作権者は、著作物について、以下の行為を引き受ける者に対し、出版権を設定することができる。

①文書又は図画として出版すること（記録媒体に記録された著作物の複製物により頒布することを含む）［紙媒体による出版やＣＤ－ＲＯＭ等による出版］

②記録媒体に記録された著作物の複製物を用いてインターネット送信を行なうこと［インターネット送信による電子出版］

（二）出版権の内容（第八〇条関係）

出版権者は、設定行為で定めるところにより、その出版権の目的である著作物について、次に掲げる権利の全部又は一部を専有する。

①頒布の目的をもって、文書又は図画として複製する権利（記録媒体に記録された電磁的記録として複製する権利を含む）

②記録媒体に記録された著作物の複製物を用いてインターネット送信を行なう権利

（三）出版の義務・消滅請求（第八一条、第八四条関係）

①出版権者は、出版権の内容に応じて、以下の義務を負う。ただし、設定行為に別段の定めがある場合は、この限りでない。

＞　原稿の引き渡し等を受けてから六月以内に出版行為又はインターネット送信行為を行う義務

＞　慣行に従い継続して出版行為又はインターネット送信行為を行う義務

②著作権者は、出版権者が①の義務に違反したときは、義務に対応した出版権を消滅させることができる。

二．略（視聴覚的実演に関する北京条約の実施）

施行期日：平成二七年一月一日

法律として制定された概要は以上のとおりであるが、制定までの経緯については、文化審議会著作権分科会出版関連小委員会報告書［概要］（平成二五年一二月）にある（www.bunka.go.jp/

chosakuken/singikai/.../39/.../shiryo_3_1.pd...)。

主な検討内容①として「紙媒体での出版と電子出版に係る権利の一体化の是非」についての記載がある。日本書籍出版協会、日本印刷産業連合会、日本写真著作権協会等が紙と電子を一体とすることに積極的な意見を述べ、消極的な意見を述べたのは日本漫画家協会、日本美術著作権連合、日本経済団体連合会等であった。

この検討の小括では一体的な権利として制度化するか否かにより差異が生じうる諸論点（消滅請求の在り方等）について検討した限りでは、一体的な権利として制度化する場合と別個の権利として制度化する場合との差異は特段ないが、電子書籍に対応した出版権の立法化に当たっては、出版関連小委員会で示された関係者の意見や出版・電子出版の実態、出版者の役割等を考慮することが必要としている。

主な検討内容②では、出版物（特に雑誌）をデッドコピーしたインターネット上の海賊版対策について述べられている。

（一）電子書籍に対応した出版権の設定による対応

●電子書籍に対応した出版権を設定した場合、出版者自らインターネット上の海賊版に差止請求できる（雑誌を構成する著作物についても、当事者間の契約により、出版の義務の対象となる出版態様を雑誌に限定することや、雑誌の発行期間等に合せた存続期間を設定すること等により、電子書籍に対応した出版権の設定が可能）

（二）著作権者の意向により紙媒体での出版権だけを設定する場合について

●インターネットの違法配信を紙媒体の出版権の侵害とみなす「みなし侵害規定」の創設は、既に著作権侵害である行為を更に出版権侵害とするものであり、法制的なハードルが高い
●電子書籍に対応した出版権を設定しない者に差止請求を認めるのは法律としてバランスを欠く
⇓みなし侵害規定の創設については合意形成には至らなかった
⇓著作権者自ら海賊版対応することや期間限定の著作権譲渡契約を締結する等、著作権者と出版者の協力により、効果的な海賊版対策を行うことが重要

とある。

そして最後に、欄外に（参考）として「特定の版面」に対象を限定した権利（筆者注：当事者の特約により発生し、企業内複製やイントラネットでの利用などにも対応する権利）の法制化の是非について述べられている。

さらに反対意見がつぎのように整理されている。

●企業内複製等に関する権利の集中処理を行う日本複製権センター等の運営業務に支障をきたすおそれ
●漫画や絵本の「原稿・原画」と版面の区別が困難
●表示画面が固定されないリフロー型の電子書籍が存在し、「版面」の特定は困難
●同一の版面について出版権者とは別に権利者が生じ、配信ビジネスができなくなるおそれ

とあり、さらに日本書籍出版協会の意見が記載されている。すなわち、

●企業内複製等について現在のシステムに影響を及ぼす制度設計はのぞまない

●出版物（特に雑誌）をコピーしたインターネット上の海賊版への方策（傍線は原文）が講じられるならば、「特定の版面」に対象を限定した権利にはこだわらない

⇓「特定の版面」に対象を限定した権利の法制化に向けた合意形成には至らなかった

とある。

結局法改正の内容や審議の概要は以上のとおりであるが、非常に長い間懸案であった版面権については、以上の反対理由により、法制化できなかった。版面権を主張してきた権利者はこれで納得したとはとても思えない。

この法律が成立した二〇一四（平成二六）年四月二五日、一般社団法人・日本出版者協議会（旧出版流通対策協議会）は著作権法の一部を改正する法律に対する声明を出している。

本日成立した「著作権法の一部を改正する法律」は、出版者の電子出版への対応を可能とし、紙媒体の原出版者に文庫化などに対する再許諾権が認められるなどの歴史的側面と共に、主に以下のような看過できない問題点がある。

一　紙媒体と電子媒体の出版権が、出版者に一体的に付与されていないため、アマゾンなどの

巨大な電子配信業者によって電子出版市場が支配される道を開いた。

二　出版者が紙媒体の出版権しか持てない場合、デジタル海賊版を差し止めることができないなど、海賊版対策として致命的欠陥がある。

出版者が紙と電子の出版権を一体的に保持できない場合、価格決定権を失い、値引き競争に巻き込まれ、紙の出版物の売れ行きに悪影響を及ぼすこととなり、企画から編集制作・広告販売にいたるまでを担う本来の出版活動が成り立たなくなるおそれがある。早急に文化政策の観点から、フランスで成立した電子書籍の価格維持法のような法整備が求められる。

我々出版者は、本改正のもと、著作者との信頼・協力の上で、紙と電子の出版権を一体的に設定する契約慣行の構築等を通じて、上記の問題点に対応するよう努めていく。

しかし本改正法は、日本の知の伝達と継承を担ってきた出版者を、危機に陥れる可能性がある。早急に政府は本改正法を見直し、日本の出版文化を防衛すべきである。

なお、著作権保護期間の切れた保護されない出版物のうち、とくに文化的学術的観点から、下記の出版物を出版した出版者の権利を、ヨーロッパ連合諸国で行っているように、一定の条件をつけて一定期間保護するための法的整備を速やかに行うよう、重ねて要望する。

一　古典を新たに組み直し、あるいは翻刻・復刻して出版物を出版した出版者

二　著作権が消滅した未発行の著作物を発行した出版者

以上

であるが、右記なお書きもまた重要な視点であろう。

この日本出版者協議会（出版協）の声明は、著作者との信頼・協力の上で、紙と電子の出版権を

一体的に設定する契約慣行の構築等を模索しつつも、出版者が紙と電子の出版権を一体的に保持できない場合の出版者の陥りそうな危機的状況の可能性を指摘している。

だが、右述した日本漫画家協会、日本美術著作権連合など著作者の団体の主張とも、大手出版社の団体ともいえる日本書籍出版協会の主張とも異なっている。すなわち、今回の法改正は、ヒヤリングや意見募集といった所定の手続を踏んではいるが、根底からの、しっかりした議論になってなく、最低限の目標が達成できれば、早急に法改正を行うということであったように見えてしまう。

(3) 今後の対応への視点

今回の法改正は、科学・技術の進展に伴い特にインターネットを介する電子書籍が出現することによって、その海賊版の侵害を防止することに重きがおかれている。是々非々でいうならば、一定の成果はあるともいえるが、出版者、特に漫画家の主張する版面権についての議論が十分でなかったように思えるし、長い間検討してきた出版者に許諾権として著作隣接権を与えることについての議論や採用できない明確な理由が見いだせない。

やはり、現行著作権法はパッチワークなどとも言われてしまうように、継ぎ接ぎだらけになっているが、今回もまた、電子書籍に関する産業的、経済的利益追求を優先させてしまい、本来の著作権法の目的である文化の発展に資することが軽視されているように見える。例えばつぎのような視点を再考する必要がある。

①出版者に許諾権としての著作隣接権を与える（従来の報酬請求権では効果がない）。

②著作者が著作権管理団体に著作権を管理させ、電子書籍に関わる権利を効果的に確保できるシステムを構築する。

などが考えられるが、当面は時間的切迫の問題を考慮するなら、①をとるべきである。むしろ、①が与えられないこととなれば、電子書籍が広がる現代においては、放送事業者、レコード製作者に較べていちじるしく平衡、公平性を欠くこととなる。

なお、出版者に著作隣接権を与える場合、出版者のどのような文化的貢献に対しての権利付与なのか、原点にたちかえって議論をつめることが重要である。

すなわち出版者が「出版物等原版」といった文化的所産の作成者としての面に着目するのか、あるいは著作物の伝達といった文化的貢献行為に着目するのか、あるいはその双方なのか、整理して権利を構成する必要がある。

第4章　新聞と著作権

日本には共同通信と時事通信という二つの大きな通信社が存在する。通信社は、海外を中心とするニュースを集めて、日本の新聞社に配信しているが、過去に時事通信が共同通信の配信ニュースをあたかも時事通信の配信ニュースであるかのように装いニュースを配信した、それが共同通信に暴露された事件があった。共同通信が配信していた記事をコピーしてパソコン画面上に張り付けて参考にしながら執筆していたが、発信地表示を「ワシントン共同」としたため、それが発覚してしまったということである（産経デジタル：産経ニュース二〇一二年六月一三日）。

世界中で発生する事件を取材、収集し、ニュースとして何を流すかは通信社としての腕の見せ所に違いないが、日常業務に忙しく追われる記者にとって、同業他社のニュースは当然に気になるところであり、参考にすることも多いに違いない。

この事件について、時事通信の編集局長は、記者倫理に反する行為が行われたことにつき遺憾である旨謝罪したということである。だがこの謝罪で止まらず、当時の社長は引責辞任した（産経デジタル：産経ニュース二〇一二年六月一八日）。

記者倫理に反する行為、報道機関としての信用を大きく失墜させた、社内教育を徹底し再発防止を図り、原因究明を徹底する等々のありふれた謝罪の言葉はあるにしても、記事の多くが他人の著作物であることの意識、著作権思想が未だ十分でないことがうかがわれる事件である。

モラルの問題ではなくルール（法律）違反の問題であり、著作権侵害事件として損害賠償請求されるばかりでなく、重い刑事罰を科せられる事件である認識が記者にはなかったというべきである。だが、これは対岸の火事ではない。メディアに携わる者にとって極めて重要な意味をもっている。

この事件を戒めの事件と捉え、超多忙な新聞社の日常業務における著作権の取扱いについて学ぶことにする。

第1節　新聞記事は著作物か

（1）新聞と著作物

本書第2章で見たとおり、著作権法第一〇条第一項は、著作物を例示しているが、日常的に新聞紙上に掲出される著作物とは、小説・脚本・論文・講演その他の言語の著作物、絵画・版画・彫刻・その他の美術の著作物、地図又は学術的な性質を有する図面・図表・模型その他の図形の著作物、写真の著作物等である。

新聞紙上を見れば明らかなとおり、例示された多くの著作物が掲載されている。この中で圧倒的な範囲を占めるのが記事情報すなわち言語の著作物と報道写真等の写真の著作物ということになる。

新聞紙上を占める言語の著作物と写真の著作物は著作権法で保護される立派な著作物であり、これを勝手に、無断で利用すれば著作権侵害となる。新聞は公的なものであり事実や真実を伝えるものとして、新聞社は社会のために新聞を発行してはいるが、他人の財産である著作物を利用していることを忘れるわけにはいかない。一方で、新聞社は、自らが著作権者ともなり、逆に自らの著作権を侵害から防御する立場でもある。この自らが著作権を持つ著作権者であることを各新聞社はホームページ等で明らかにしている。

毎日新聞の毎日.jp、朝日新聞の朝日新聞デジタル、読売新聞のヨミウリ・オンライン、産経新聞の産経デジタル、最後に東京新聞のウェブサイト東京新聞に当たってみたが、そのうち毎日新聞のホームページから著作権をクリックしてみると以下のように掲出されている。(二〇一四年八月現在記載内容に変更は見られるものの趣旨に変更なし)

著作権　毎日.jpに掲載されているコンテンツの著作権は毎日新聞社またはその情報提供者に帰属しています。ホームページ上の記事、写真、図表などを無断で転載することは「著作権法違反」になります。

毎日.jpのコンテンツを、著作権法上で認められている「私的使用」や「引用」の範囲を超えて利用する際は、毎日新聞社の承諾が必要となります。

なお、毎日.jpの著作権に関する見解は日本新聞協会の「ネットワーク上の著作権について」に準じています。

●日本新聞協会「ネットワーク上の著作権について」(一九九七年一一月)

(筆者注：内容については、本章第6節2参照)

●「新聞著作権に関する日本新聞協会編集委員会の見解」(一九七八年五月)

（筆者注：内容については、本章第3節1参照）

そして、このホームページの最下段には以下のとおりの記載がある。このような最下段への記載は多くの新聞社がこの形態をとっている。ここでは、新聞社が著作権者であること、新聞紙上の記事等を利用する場合は新聞社の許諾が必要であることなどが示されている。

Copyright THE MAINICHI NEWSPAPERS. All rights reserved.
毎日.jp掲載の記事・写真・図表など無断転載を禁止します。著作権は毎日新聞社またはその情報提供者に属します。

(2) 著作物にならない記事

(1) 著作権法の規定と解釈

このタイトルが示すように、著作物にならない記事もある。著作権法第一〇条第二項を見よう。

2　事実の伝達にすぎない雑報及び時事の報道は、前項第一号に掲げる著作物に該当しない。

新聞社として、記者としてしっかりと記事にしても著作物に該当しない場合があり、著作物に該当しなければ、著作権法によって保護されることもなく、記者が一生懸命書いた記事とはいえ、誰でもこの記事を利用することができてしまうことになる。このことについて、前掲加戸『逐条講義』（一二六頁）は以下のとおり解説している。

事実の伝達にすぎない雑報及び時事の報道とは、いつ、どこで、誰が、何を、どのようにして、したかを伝えるにすぎない短いニュースとか、あるいは人事異動とか、死亡記事のように、誰が書いてもこうなると思われる事実を忠実・簡潔に伝達するような報道記事は著作物ではないということを明らかにしただけです。

またこうも続けて解説している。

一般の新聞記事は、盛り込む事項の選択、記事の展開の仕方、文章表現の方法等に創作性があると認められるので、著作物たり得るものが多いということができましょう。

一方報道写真については、「報道写真の著作物性というと、記録性の問題が大きいウエートを占めようかと思いますが、事件現場でシャッター・チャンスをうまく捉えたという観点からすれば、相当な知的活動が行われていると評価すべき場合が多いでしょうから、報道写真はほとんどが写真の著作物たり得ると考えられます。」

これらの解説を読む限り、ほとんどの記事は言語の著作物として、また報道写真の多くは写真の著作物として著作権法で保護されるということになる。逆にいえば、これらの記事や報道写真を他人が複製したり、転載したりする場合は、その著作権者である新聞社の許諾を得る必要があることになる。

(2) 著作物にならない記事

著作権法の解釈にそって、朝日新聞朝刊を見ることにする。二〇一二(平成二四)年九月一二日付朝日新聞朝刊と夕刊から引用する。

【朝刊4面1】

米中韓大使決まる

野田内閣は11日の閣議で、米中韓の新大使などの人事を決めた。11日付。

[外務事務次官]

顔写真

河相周夫氏(かわい・ちかお)一橋大卒、75年外務省に入り、総合外交政策局長などを経て10年1月から内閣官房副長官補。59歳。

[米国大使]

顔写真

佐々江　賢一郎氏(ささえ・けんいちろう)東大卒、74年外務省に入り、外務審議官(政務)を経て10年8月から外務事務次官。60歳。

【朝刊4面2】

首相動静11日　[午前] 8時57分、官邸。9時6分閣議。27分、木寺官房副長官補に辞令交付。

59分、東京・市谷本村町の防衛省。10時、栄誉礼、儀仗（ぎじょう）。13分、自衛隊高級幹部会同で訓示。46分、官邸。11時16分、東京・赤坂の復興庁を視察し、職員を激励。34分、官邸。

［午後］（略）

【朝刊32面】

サッカーコーナー　東京ヴ監督に高橋コーチ　J2東京ヴは11日、辞任した川勝良一前監督の後任に、高橋真一郎コーチ（54）が昇格すると発表した。高橋氏は広島、横浜マなどでコーチを歴任し、2009年には柏の監督を務めたことがある。

【夕刊12面】

■イラク戦は28・9％　11日にテレビ朝日系で放送されたサッカーW杯アジア最終予選の日本対イラク戦の視聴率は、関東地区で28・9％だった。ビデオリサーチが12日発表した。

以上の記事を著作権法の前掲加戸『逐条講義』に沿って検証して見るに、著作権が認められるか否かの判断になれば、第一〇条第二項の事実の伝達にすぎない雑報及び時事の報道は、著作物に該当しない、と考えてよいだろう。

第2節　記事の見出しは著作物か

（1）見出しと題号

それでは、記事の見出しはどうであろう。記事の見出しは、簡潔明瞭に付けられ、その見出しを見るだけでその記事の内容まで推測させてしまうほどである。特にスポーツ紙などには、非常にインパクトのある見出しがある。これらの見出しには、記者や編集者の創意工夫が施され、その新聞紙や雑誌を読者が思わず手にしたくなる吸引力を持っている。

著作物とは、「思想又は感情を創作的に表現したもの」（第二条）とあったが、記事見出しは著作物とはいえないのであろうか。

記事を書籍の文章と考え、見出しを書籍の題号として比較して考えてみると、書籍の題号はかなり工夫して付けられていることがわかるが、前掲加戸『逐条講義』（二一頁）では、例えば俳句に類する性格の題号程度にならないと著作物として認められない、フランスでは独創性のある題号を著作物として保護しているが、極めて例外的であるとしている。またキャッチ・フレーズ、スローガン等も創作的な表現ではなく著作物としては認められないとしている。

記事の見出しについても、争いが生じることがある。以下に見よう。

（2）記事見出しに関する事件

YOMIURI　ONLINE 記事見出し事件〔知財高裁平成一七年一〇月六日判決：平成一七年（ネ）第

一〇〇四九号）を見ておこう。

この事案は、読売新聞社（原告・控訴人）がインターネット上に、YOMIURI ONLINEを掲出しているが、ここに掲載された「見出し」を有限会社デジタルアライアンス社（被告・被控訴人）が無断で利用したとして、原告が訴えた事案である。

読売新聞社の主張は、「見出し」は著作物であり無断で利用すれば著作権侵害にあたり、また「見出し」の無断利用は、新聞社の取材や編集努力を無視しているというものであった。

この訴訟は控訴審まで行くが、この「見出し」に著作権があるか否かの判断では、「見出し」には著作権はないとの判断で終わっている。すなわち、「見出し」の創作性を否定し、不正な利益を図るなどの目的がない限り、被告が利用することは自由であるとの判断である。

しかし、知財高裁は、判決文で、次のように述べて、被告・被控訴人が原告・控訴人読売新聞社の「見出し」や本文を勝手に使ったことは、不法行為を構成するとしている。

一方、前認定の事実によれば、被控訴人は、控訴人に無断で、営利目的をもって、かつ、反復継続して、しかも、YOMIURI ONLINE見出しが作成されて間もないいわば情報の鮮度が高い時期に、YOMIURI ONLINE見出し及びYOMIURI ONLINE記事に依拠して、特段の労力を要することもなくこれらをデッドコピーないし実質的にデッドコピーしてLT（ライントピックスサービス）リンク見出しを作成し、これらを自らのホームページ上のLT表示部分のみならず、二万サイト程度にも及ぶ設置登録ユーザのホームページ上のLT表示部分に表示させるなど、実質的にLTリンク見出しを配信しているものであって、このようなライントピックスサービスが控訴人のYOMIURI ONLINE見出しに関する業務と競合する面があることも否定できないものである。

そうすると、被控訴人のライントピックスサービスとしての一連の行為は、社会的に許容された限度を越えたものであって、控訴人の法的保護に値する利益を違法に侵害したものとして不法行為を構成するものというべきである。

このように、記事「見出し」に著作権が認められなくとも、「見出し」や本文のデッドコピーは不法行為を構成し許されないとしている。

著作物の題号（タイトル）には原則著作物性はなく、著作権として認められていないが、記事「見出し」については、裁判所はこれと同様な判断をして、著作権が無い以上、第三者がこれを利用することは本来自由であるが、デッドコピーは不法行為として許されないとしているのである。

この事件について、別冊ジュリスト『著作権法判例百選第四版』（一一頁　前田哲男）は以下のように解説している。

本判決は、記事見出しの著作物性が肯定されることは容易ではないと指摘した上、X（原告）が挙げた具体的なYOMIURI ONLINE記事「見出し」について、「ありふれた表現の域をでない」、「客観的な事実関係をそのまま記載したもの」、「ふつうに用いられる極めて凡俗な表現にすぎない」等として著作物性を否定した。

このように、記事見出しは新聞社の企業努力によるもので、そのデッドコピー等は不法行為に該当し許されないとしつつも、著作権法上においては、記事「見出し」にも著作権があると主張する新聞社としての気持ちは良く分かるにしても、判決は原告読売新聞社の主張を受け入れていない。

このように、記事の「見出し」に著作権があるか否かの争点の中で触れられているように「ありふれた表現」や「ありふれた表現の域をでない」表現は、著作物性が否定され、著作権が認められないことがあることを理解しておくことは重要である。

第3節　新聞と著作権制限

本節では新聞社の社会的役割と著作権等の関係について述べることになる。新聞社は紙面を作成するに当たって他人の著作物を多く利用するとともに、作成した後ではそれら記事や紙面が著作物として保護され著作権者にもなっていることは既に述べたところである。新聞報道のために、もともとの著作権者がその著作権を制限される場合や新聞社が著作権者となった場合、その著作権につき他人の利用を制限することもある。

また、記事として書いても著作物にならないものもあり、著作物ではあるが、権利の目的となっていないために、自由に利用できるものも存在する。少し整理しながら見ておくこととしよう。

時事問題に関する論説の転載等（第三九条）、政治上の演説等の利用（第四〇条）、権利の目的とならない著作物（第一三条）、時事の事件の報道のための利用（第四一条）である。

（1）時事問題に関する論説の転載等

著作権法第三九条は、新聞に特有な条文といってもいいだろう。新聞社の持つ著作権を公共性や公益性のために、法律が制限し、出所の明示を条件として、自由に利用できることを定めているが、ただし書きで例外を設けて新聞社を保護している。

第三九条　新聞紙又は雑誌に掲載して発行された政治上、経済上又は社会上の時事問題に関する論説（学術的な性質を有するものを除く。）は、他の新聞紙若しくは雑誌に転載し、又は放送し、若しくは有線放送することができる（中略）。ただし、これらの利用を禁止する旨の表示がある場合は、この限りでない。

この条文について、「新聞著作権に関する日本新聞協会編集委員会の見解」（一九七八〔昭和五三〕年五月一一日）がある。この条文の適用範囲を左記のように解釈して、これを今後新聞界の慣行として確立したい、としている。

（一）「政治上、経済上、社会上の時事問題に関する論説」とは政治上、経済上、社会上の時事問題に関する社説ならびに社説とみなされる論評記事を指す。

（二）署名入りの時事に関する評論、解説記事は利用できる範囲から除かれる。ここにいう署名入りとは、必ずしも氏名を明示したものにとどまらない。姓のみ表記した記事（例えば○○ニューヨーク特派員、本誌○○記者など）についてもこれを署名入りとみなす。また、〝署名入りの時事に関する評論、解説〟のなかには、社外の評論家の記事はもちろん、海外特派員、国内特派記者、論説委員、解説委員、編集委員等の評論、解説も含まれる。

(三)　社内、社外の筆者を問わず、署名の有無を問わず、「コラム」は同条項の利用の範囲から除かれる。

ここでいう「コラム」とは、一般的に政治、経済、社会、文化などの各分野の問題を特に筆者の思想、感情からとらえて論評した囲み記事もしくはこれに準ずる記事をさす。

新聞協会編集委員会による新聞界の慣行として確立したいとする一九七八(昭和五三)年の見解であり、現在から三五年も前のものではあるが、新聞界の見解の趣旨はよく理解される。

著作権法第三九条のただし書きには、「ただし、これらの利用を禁止する旨の表示がある場合は、この限りでない」とあるように、新聞社が利用されたくないのであれば、利用を禁止する表示をすれば済むことかも知れない。

このように法律は、新聞紙又は雑誌に掲載して発行された政治上、経済上又は社会上の時事問題に関する論説(学術的な性質を有するものを除く)は、他の新聞紙若しくは雑誌に転載し、又は放送し、若しくは有線放送することができる、としているにも関わらず、ただし、これらの利用を禁止する旨の表示がある場合は、この限りでない、ともしているため、権利者としての新聞社は、他人の利用に制限をかけ、利用させないようにしている。

条文には、「政治上、経済上又は社会上の時事問題に関する論説」とあるが、政治、経済、社会上の時事問題とは、幅広く解釈できる。よくよく考えればほとんどすべての時事問題が包含される。

国際、財政、教育、文化などは当然に含まれてくる。
これらの利用を禁止する旨の表示とは、「禁転載」という表示が一般的であるが、この禁転載という表示に代えて、署名することにより禁転載と解釈するという昔からの社会的慣行になっている。また論説や社説に署名がされていることはよく見かける。この条文に則って行われる禁転載であり、転載等が禁止されていて利用できないと理解できるが、署名も、禁転載の表示もなければ前出の「コラム」を除き、条文に則って利用できなければならない。そのように解釈できなければこの条文の趣旨が意味をなさなくなる。

(2) 政治上の演説等の利用

制限する記事のもうひとつの事例として「政治上の演説等の利用」について触れよう。第四〇条にその定めはある。

第四〇条　公開して行われた政治上の演説又は陳述及び裁判手続（行政庁の行う審判その他裁判に準ずる手続を含む。第四二条第一項において同じ。）における公開の陳述は、同一の著作者のものを編集して利用する場合を除き、いずれの方法によるかを問わず、利用することができる。
2　国若しくは地方公共団体の機関、独立行政法人又は地方独立行政法人において行われた公開の演説又は陳述は、前項の規定によるものを除き、報道の目的上正当と認められる場合には、新聞紙若しくは雑誌に掲載し、又は放送し、若しくは有線放送し、若しくは当該放送を受信して同時に専ら当該放送に係る放送対象地域において受信されることを目的として自動公衆送信

（送信可能化のうち、公衆の用に供されている電気通信回線に接続している自動公衆送信装置に情報を入力することによるものを含む。）を行うことができる。

ただし、この場合においても出所の明示は必要である。

時の首相、知事、市長等が演説したことを報道するに当たって、いちいち時の首相等に、あなたの今の演説は間違いなく著作物であるので、報道のため許諾をして欲しいなどとやっていたのでは、国民の知る権利が侵害されてしまうことになる。このような場合には、著作権の権利者といえども、著作権が制限され、報道においては自由に利用できると定めている。首相、知事、市長などの演説や発言は議事録化される公的なものである。公共的な観点からいっても当然の内容である。

（3）権利の目的とならない著作物

右記第四〇条に関連する忘れがちな条文を見ておこう。第一三条の「権利の目的とならない著作物」である。本章第一節では、著作権法第一〇条（著作物の例示）第二項「事実の伝達にすぎない雑報及び時事の報道は、前項第一号に掲げる著作物に該当しない」に触れたが、ここでは著作物ではあるが権利の目的とならないものについて見ておく。

第一三条　次の各号のいずれかに該当する著作物は、この章の規定による権利の目的となることができない。

一　憲法その他の法令
二　国若しくは地方公共団体の機関、独立行政法人又は地方独立行政法人が発する告示、訓令、通達その他これらに類するもの
三　裁判所の判決、決定、命令及び審判並びに行政庁の裁決及び決定で裁判に準ずる手続により行われるもの
四　前三号に掲げるものの翻訳物及び編集物で、国若しくは地方公共団体の機関、独立行政法人又は地方独立行政法人が作成するもの

憲法、民法、刑法など基本法をはじめとして、すべての法律や条例、各省庁の発する通達文書、判決文やその翻訳物や編集物は、著作物ではあるが、権利の目的にはならないので、広く自由に利用することができる。著作権だけでなく著作者人格権も権利の目的とならない。法律、条例、通達、判決文などは、その性質上広く国民に知らしめるものであり、このようなものにいちいち著作権や著作者人格権の許諾を得るようなことをしていては時間や労力がかかるだけ実益もなく、公共性や公益性を確保できない。

本書でも、判決文をそのまま引いて利用しているが、これはこの条文によって許されていることになる。判決文の中に例えば、鑑定人の意見書などが収録されている場合があるが、判決文そのものとして利用する限りは許されるが、鑑定人の意見書だけを取り出して利用することは著作権が働くこととなる。

（4）時事の事件の報道のための利用

新聞社は、時事の事件を毎日報道するが、例えば、有名絵画が美術館から盗まれた事件を報道する場合、その有名絵画を報道のために複製して利用することは認められる。

新聞社はそのように報道の目的上正当な範囲内であれば、他人の著作物を自由に利用できると著作権法は定めている。著作権が未だ存続している著作物であっても、時事の事件の報道のためなら、その著作権者に著作権の行使を制限している。ここでは、新聞社が他人の著作物を自由に利用できるのである。

著作権法は、時事の事件の報道のための利用として第四一条を定めている。

第四一条　写真、映画、放送その他の方法によって時事の事件を報道する場合には、当該事件を構成し、又は当該事件の過程において見られ、若しくは聞かれる著作物は、報道の目的上正当な範囲内において、複製し、及び当該事件の報道に伴って利用することができる。

ただし、「慣行があるときは、出所の明示が必要である」（第四八条）。

毎日起こる時事の事件を報道する場合、例えばカメラマンが時事の事件の内容をカメラに収め、それに解説記事を添えて掲載したり、テレビ放送し、ネット上に動画を含めてアップロードする場合、そこに写し出された対象物としての他人の著作物が入り込むことは当然にあり得るが、そのような場合は、報道の目的上正当な範囲内であれば、許されると規定されている。それでも、慣行があるなら、それに従い、報道対象の著作物について著作者名や作品タイトルを掲載する必要もあるとしている。

(5) バーンズコレクション事件

著作権法に、時事の事件の報道のための利用について、明確に規定されていても事件が起こることがある。バーンズコレクション事件〔東京地裁平成一〇年二月二〇日判決：平成六年(ワ)第一八五九一号〕がそれである。

読売新聞社(被告)は、一九九四(平成六)年一月二二日から四月三日まで、アメリカのバーンズ財団所蔵の約八〇点の印象派絵画による「バーンズ・コレクション展」を国立西洋美術館と共同で開催した。

これに関連して、同展に出品されるピカソの絵画七点について、被告読売新聞社は、

①ピカソ絵画七点を含む同展全出品作のカラー複製画を印刷した観覧者向け書籍(解説書)を製作して、会場で販売した。
②同展の入場券・割引引換券面にピカソ絵画一点のカラー複製画を印刷して配布した。
③一九九二(平成四)年一二月から開催直前まで読売新聞紙上に合計五回毎回ピカソ絵画一点のカラー複製画を含む同展に関連する記事を掲載した。
④ピカソ絵画一点を額縁入り複製絵画として二種類(定価一五万円のものを五点、定価四万五〇〇〇円のものを一五点)製作販売した。

これを受けて、ピカソの相続人代表者（原告）は、複製権侵害を理由に差止、損害賠償を求める本案訴訟を提起した。

被告読売新聞社は、原告ピカソの相続人代表者の全主張に対して無権利＝第三者への信託譲渡による権利喪失であるとの反論を行うとともに、①の主に観覧者向け書籍（解説書）に関しては著作権法第四七条（美術の著作物等の展示に伴う複製）の「展示に伴う小冊子」の抗弁を行い、②の入場券等に関して第三二条の「引用」の抗弁を行い、③の五回の新聞記事については第三二条の「引用」の抗弁と第四一条の「時事の事件の報道」の抗弁を行い、④の額縁入り複製絵画については著作権者から許諾を得た旨主張した。

裁判所は、以下の判決を下している。

（一）記事二に関する時事の事件の抗弁について
（筆者注：「幻のバーンズコレクション日本へ」との大見出しを付け、同展が開催されるに至った経緯などをピカソの絵とともに紹介した記事である）

右事実によれば、右記事は、優れた作品が所蔵されているが、画集でも見ることができないバーンズコレクションからよりすぐった作品を公開する本件展覧会が平成六年一月から東京の国立西洋美術館で開催されることが前日までに決まったことを中心に、コレクションが公開されるに至ったいきさつ、ワシントン、パリでも公開されること、出品される主な作品とその作家を報道するものであるから、著作権法第四一条の「時事の事件」の報道に当たるというべきである。

そして、本件記事中で、本件展覧会に出品される八〇点中に含まれる有名画家の作品七点が作品名を挙げて紹介されている中の一つとして本件絵画三が挙げられているから、本件絵画三は、同条の「当該事件を構成する著作物」に当たるというべきである。

また、複製された本件絵画三の大きさが前記の程度であること、右記事全体の大きさとの比較、カラー印刷とはいえ通常の新聞紙という紙質等を考慮すれば、右複製は、同条の「報道の目的上正当な範囲において」されたものと認められる。

以上のように、ここでは、記事二に関して裁判所は被告読売新聞社の主張を一部認めている。

（二）記事三に関する時事の事件の報道の抗弁について

（筆者注：同展の名称、会場、期間、入場料、前売券の取扱の場所や主催者挨拶文などがピカソの絵画とともに掲載されている記事である）

右記事の内容は、本件展覧会の主催者が前売り券を今日から発売することを告知するもので、当日の出来事の予告ではあるが客観的な報道ではなく、むしろ、好意的に見て主催者からの告知又は挨拶文、とりようによっては被告読売新聞社が主催する本件展覧会の入場券前売り開始の宣伝記事と認められるから、いずれにしても、著作権法第四一条の「時事の事件を報道する場合」に当たるということはできないし、本件絵画三の複製が、当該事件を構成し、当該事件の過程において見られ若しくは聞かれる著作物に当たるとも認めることはできない。

①の観覧者向け解説書に関する著作権法第四七条の「展示に伴う小冊子」の抗弁については東京地裁平成元年一〇月六日判決〔レオナール・フジタ展事件／昭和六二年（ワ）一七四四号〕と東京地裁平成九年九月五日判決〔ダリ事件／平成三年（ワ）第三六八二号〕と同様の基準により被告読売新聞社の主張を退け、②入場券等に著作物性がないことを理由に原告（ピカソ側）の主張を退け、③新聞記事については、右に見たように、「記事二」についてのみ著作権法第四一条（時事の事件の報道のための利用）の抗弁を認め、その他の記事について第三二条（引用）と第四一条（時事の事件の報道のための利用）に関する抗弁はすべて退けている。④減額するも損害賠償を認めている。

この事件には、さまざまな争点があるが、それらを全部見ていくことは事件の全体を理解する上では必要だが、ここでは第四一条（時事の事件の報道のための利用）に関して述べていることから、事件の概要を理解することが大切であるのでこれ以上述べることはしない。

右記の事件の概要や裁判所の判決を見てわかることは、読売新聞社に限らず、新聞社が文化芸術に関するイベントを実施することは、よくあることだが、その時に利用するさまざまな著作物の著作権処理を事前にしっかりと済ましておくことが必要であることを示唆している。

この事件では、被告が読売新聞社で、原告が美術の著作物の著作権者である。判決の中でも、裁判所は読売新聞社の主張を一部認めてはいる。読売新聞社はメディアの代表であり、著作権対策は十分でなければならない。

第4節　記事抄訳は翻案か

（1）記事抄訳は翻案か

英字新聞等外国語で書かれた記事を抄訳することは、著作権侵害行為に当たるか否かについて検証する。抄訳とは外国語で書かれた原文の所々を抜き出して翻訳することである。著作権法は、小説をシナリオや脚本に変えたり、交響曲を編曲してブラスバンドの曲に編曲することなどについて著作者の翻案権（第二七条）として定め、著作者に事前の許諾を求めなければならない旨定めている。もちろん英語の著作物を日本語に訳して勝手に公表することも翻案権の侵害行為に当たる。

（2）THE WALL STREET JOURNAL 事件〔東京高裁平成六年一〇月二七日判決：平成五年（ネ）三五二八号〕

債権者（本案訴訟における原告と同じ立場）THE WALL STREET JOURNAL 社は、米国において日刊新聞「THE WALL STREET JOURNAL」を発行する新聞社である。債務者（被告と同じ立場）「アメリカを読む研究会」は、日本において「THE WALL STREET JOURNAL」のほとんどすべての記事を訳し、それを「THE WALL STREET JOURNAL」とほぼ同じようなレイアウトで配列した日本語の文書を作成し、郵便又はファクシミリにより会員に送付する「全記事抄訳サービス」を行っていた。

そこで、債権者 THE WALL STREET JOURNAL 社は、債務者（「アメリカを読む研究会」）

の行為が債権者の編集著作権を侵害すると主張し、債務者の文書の作成と頒布の差止の仮処分の申立をしたところ、これを認める仮処分の決定が下された。これに対して債務者が異議を申立てたのがこの事案である。

裁判所は、第一審、控訴審ともに債権者の主張を認めた。しかし債務者は最高裁判所に上告したが、最高裁は、本件において仮処分異議事件における特別上告理由に該当しないとして、上告を棄却した〔最高裁平成七年六月八日判決〕。

裁判所は、新聞という編集著作物においても、翻案権が認められていることを判示したわけである。勝手に翻訳してはならないというのが、著作権法の第二七条の定めであるわけだから当然のことである。同様な事件として、日経コムライン事件〔東京地裁平成六年二月一八日判決：平成四年（ワ）二〇八五号〕がある。この事案は、日本経済新聞の誌面が英訳されたことを訴え、同新聞社が勝訴した事件である。今では、不十分ながら著作権の考え方が行きわたり、アメリカの新聞記事（編集著作物）を日本語に無断で翻訳、販売するなどということは通常では考えられないことである。

第5節　紙面は保護される

（1）編集著作物

新聞は編集著作物である。著作権法第一二条は、編集著作物について以下のとおり定めている。

第一二条　編集物（データベースに該当するものを除く。以下同じ。）でその素材の選択又は配列によって創作性を有するものは、著作物として保護する。

2　前項の規定は、同項の編集物の部分を構成する著作物の著作者の権利に影響を及ぼさない。

複数の著作物を適法に編集した者は著作者としてみなし、その編集物全体について著作権を認めている。新聞は紙面全体が編集著作物に当たるほか、政治面、経済面、社会面なども同様に編集著作物に当たることになる。第二項は編集著作物を構成する個々の著作物の著作者の権利は、個々に保護すると規定している。

よって、新聞の紙面をコピーすることは、全体であっても、一部分であっても、原則的に新聞社の許諾が必要であり、無許諾でコピー（複製）すれば、言語の著作物、写真の著作物等の複製権の侵害となる可能性が高い。

(2) 法人著作（職務著作）

編集著作物と編集著作権の帰属、あるいは、法人著作（職務著作）との関係について述べることになるが、まず第一五条を見よう。

第一五条　法人その他使用者（以下この条において「法人等」という。）の発意に基づきその法人等の業務に従事する者が職務上作成する著作物（プログラムの著作物を除く。）で、その法人等が自己の著作の名義の下に公表するものの著作者は、その作成の時における契約、勤務規則その他に別段の定めがない限り、その法人等とする。

2　法人等の発意に基づきその法人等の業務に従事する者が職務上作成するプログラムの著作物の著作者は、その作成の時における契約、勤務規則その他に別段の定めがない限り、その法人等とする。

著作者になり得るのは、実際の創作活動を行う自然人である個人であるが、自然人たる個人以外が著作者となる場合が著作権法で定められている。新聞記者によって書かれた新聞記事や、公務員によって作成された各種の報告書などのように、会社の従業員や国等の職員などによって著作物が創作された場合などは、その従業員や職員等が著作者となるのではなく、原則的には会社や国等が著作者となる。

しかし、会社の従業員や国等の職員などが創作した著作物のすべてについて、会社や国等が著作者になるわけではない。

次に掲げる法人著作の要件をすべて満たす場合に限り、会社や国等が著作者になる（なお、プログラムの著作物については、公表されない場合も多いため、以下の④の要件を満たす必要はない）。

①その著作物をつくる「企画」を立てるのが法人その他の「使用者」（例えば会社や国など。以下「法人等」という）であること
②法人等の「業務に従事する者」が創作すること
③「職務上」の行為として創作されること
④「公表」する場合に「法人等の著作名義」で公表されるものであること

⑤「契約や就業規則」に「従業員や職員を著作者とする」という定めがないこと

以上から見るに、報道記事と著作権、新聞社による記者著作権の買い取り、特派員と著作権、契約外国人記者と著作権、社説、論説等署名入り記事の著作権の帰属等については、右記の著作権法の定めに従うか、個人と会社等との契約内容や就業規則などによって定められることになる。

(3) 新聞のコピー(複製)

新聞記事の切抜きをコピー(複製)して社内の会議の資料として使用する場合も、権利者である新聞社の許諾を得る必要がある。しかし、会議などのたびに新聞社に連絡して許諾を得たり、使用料を支払うことは、双方に手間がかかり、あまり実際的ではない。そこで「新聞著作権協議会」の加盟社(六七社七〇新聞紙。但し日本経済新聞を除く。二〇一二〔平成二四〕年二月一〇日現在)は、利用者が簡便に新聞記事を利用できるよう、この協議会を通じて、小部数のコピーを認める権利を著作権等管理事業者である公益社団法人日本複製権センターに委託している。

新聞著作権協議会は、社団法人日本新聞協会に加盟する新聞社・通信社の有志社で構成されている。新聞記事の利用者は、日本複製権センターと包括的な年間利用契約を結べば、その都度個々の新聞社の許諾を得ることなく、新聞記事のコピー(複製)に関する著作権法上の問題をクリアーすることができる。

日本経済新聞については、右述のとおり、その都度日本経済新聞社にその許諾を求めなければならない。また、新聞記事の利用者(多くは会社等法人)が、日本複製権センターと年間の包括許諾契約を結んでも以下の利用範囲の制約があることに注意を要する。

①一回につき二〇部以内のコピー
②会議用など、企業・団体の内部で使用するもの
③コピーの対象は、新聞著作権協議会加盟の新聞

この範囲を越えるコピーについての権利や、新聞記事を電子的に利用することに関する権利は、個々の新聞社に属するので、各新聞社へ照会しなければならない。記事のコピー（複製）利用は、適正なルールに従って行うことが必要である。

第6節　新聞協会——ネット利用の見解

(1) インターネットでの利用

まず著作権法第二三条（公衆送信権等）に当たって見よう。

第二三条　著作者は、その著作物について、公衆送信（自動公衆送信の場合にあっては、送信可能化を含む。）を行う権利を専有する。
2　著作者は、公衆送信されるその著作物を受信装置を用いて公に伝達する権利を専有する。

右にみたように条文上にはインターネットという用語はない。公衆送信権や自動公衆送信権、あ

るいは送信可能化という用語が示されているのみであるが、これがインターネットに関する規定である。

　インターネットは、この一〇数年のうちに急速に発展し、だれでもがパソコンや携帯端末でそれを楽しみながら利用するようになった。電子メールは日常的に必要なものとなり、また、ネット上でニュースを見たり、調べものをする。昔と較べれば何でもすぐに調べることができる。インターネットは世界中につながっているので、語学力に不足が無ければ、世界中の情報が入手できるし、逆に世界中へニュースを発信することができる。

　そして、インターネットによる情報は、新聞社や通信社というプロ集団だけでなく、世界中の誰でもが入手でき、その情報にコメントを付けて世界中に発信することもできる。インターネット上の情報は、信頼性が必ずしも高いものとは限らないが、情報を入手するためには、従来の新聞社や通信社の手を借りるまでもないような状況になっている。

　このように、インターネットの発展は、新聞、ラジオ、TVなどといった従来のメディアの世界を一変させてしまい、パソコンや携帯端末を四六時中手離せない状況を生み出し、情報のほとんどをパソコンや携帯端末から得る人も急速に増えている。

　従来のメディアはこのインターネット社会に対応するため、文字通り生き残れるか否かの闘いを強いられているように見える。新聞社もインターネット上に記事を流さねばならない。そして新聞紙の購読料の請求・領収に相当する課金システムも、既に構築され機能している。だが、言語の著作物にしても写真の著作物にしても、すぐにコピーされ、ネット上に流され、世界中に拡散されてしまうことも起こり、その対応は十分とはいえない。

著作権問題はその中でしっかりと解決が望まれる事項である。言語の著作物にしても写真の著作物にしても、映像の著作物にしても、勝手にアップロードされ、世界中でダウンロードされれば、著作権者の失われる利益は膨大なものになる。経済的利益を失うだけでなく、著作者人格権の保護も覚束なくなる状態であることを忘れるわけにはいかない。

(2) ネットワーク上の著作権に関する新聞協会の見解

「新聞・通信社が発信する情報をご利用の皆様に」とする一九九七(平成九)年一一月六日付の日本新聞協会の見解(要約版)を見ておこう。

①記事や写真を無断でホームページに転載すれば、著作権侵害になります

ホームページは、広く世間に向けて発信しているもので、世界中で見ることが可能です。個人的なページだからといって、私的使用にはなりません。

②LANやイントラネットの上で利用するには、著作権者の承諾が必要です

企業や学校などのネットワークの中で新聞・通信社が発信する情報をニュース・クリップなどとして無断で利用することはできません。

③ニュース記事には、著作権が働いています

著作権法で「著作物に当たらない」とされている「事実の伝達にすぎない雑報及び時事の報道」とは、死亡記事、交通事故、人事往来など、単純な事実を伝える記事だけであり、ほとんどの記事には著作権が働いています。

④引用して利用する場合には、いろいろな条件を守る必要があります

カギかっこを付け、出所を明示すれば引用になる、と安易に考えていませんか。引用の必然性があることや、質・量とも「主従の関係」でなければならないなどの条件を満たさないと、正しい引用とは言えません。

⑤要約紹介であっても、無断で行えば著作権を侵害することになります

原作品を読まなくても内容が分かるような要約は、著作権法上の「翻案」に当たり、著作権者の承諾が必要です。利用が認められるのは、作品自体の存在だけを紹介するごく短い要旨程度のものに限られます。

⑥インターネット時代に合わせ、著作権法が改正されました

大勢の人を対象とする双方向の送信（インタラクティブ送信）が「自動公衆送信」と定義され、著作権者の権利が「公衆送信権」として明確になりました。

そして最後に、新聞・通信社が発信する情報を利用する場合は、必ず発信元に連絡することや転載だけでなく、インターネット上のリンクについても連絡することを求めている。

第7節　新聞と広告

新聞にはさまざまな報道記事の他にたくさんの広告が掲載されている。この広告は、読者にとって役立つものもあれば煩わしく感ずるものもある。だが新聞社にとって広告の掲載を止めるわけに

はいかない。新聞は読者の購読料を基礎に発行されるが、この購読料とは別に、広告主（スポンサー）からの広告掲載料もまた新聞社の大きな収入源となっているからだ。

新聞紙上の広告は、題字下広告、突き出し広告、記事中広告そして記事下広告などの他、見開き二頁の広告や一面全体を利用した広告もある。本来の記事と比較しても広告が占めるスペースは非常に広い。記事下広告は、ほとんどの頁で下三段程度に掲載されている。中には広告でありながら、取材記事のようなものもある。

これら新聞の大きなスペースに利用される広告と著作権との関係を見ておこう。

広告は、言語の著作物や写真の著作物によって占められるが、中にはイラストやデザインが施されているものもある。また広告枠のレイアウトも重要な要素になっている。だが広告はひとつひとつの広告が著作物と考えられる場合と著作物として考えられないものがある。広告である以上その広告には創意工夫が施され見るものの目を引くものもあるが、その内容が必ずしも著作物といえるほど思想・感情が創作的に表現されているものとは限らない。

だが、創意工夫され、インパクトある広告紙面があるのも事実であり、その広告紙面は著作物として保護されるに相応しいものもある。このインパクトのある他社の広告を無断で自社製品やサービスの広告に転用してしまうようなことは、現在では余り見受けられない。

紙面広告の考えられる権利者とは、スポンサーである広告主、広告代理店、場合によっては広告代理店から依頼された広告制作会社等である（この点については第7章放送と著作権でも触れる）。そして紙面広告の権利者は、その都度この三者の契約関係で決定されることになるだろう。

商業広告事件〔大阪地裁昭和六〇年三月二九日判決：昭和五八年（ワ）一三六七号〕を見ておこう。新聞紙面上の広告ではないが、原告が、広告代理店に委託して、大阪商工会議所が発行する海外向けの業界誌に海洋、石油その他関連産業用のクレーンや部品に関する広告を掲載したところ、その広告代理店は、原告の競業他社の広告を受注し、非常に似通った広告を制作し、競業他社に納品し、競業他社はそれを広告として複数の業界紙等に掲出した。原告はその広告代理店と競業他社を訴えた事案である。

裁判所は、原告の広告は、美術の著作物性があり、それは原告とデザイナーとの共同著作物として認めるも、競業他社の広告は、原告の広告の著作権も著作者人格権も侵害するものではないと判示している。その表現形式上の本質的な特徴が相当異なるため、原告の広告の表現形式上の特徴は、被告の広告では直接感得できなくなっており、被告の広告は、複製でもなく、翻案でもないとし、さらに原告やデザイナーがもつ著作者人格権を侵害するものではないとしている。

その広告代理店の信義則上の付随義務の違反や背信行為も考えられるが、判決は、この事件においては、裁判所は被告広告代理店の債務不履行や競業他社の不法行為責任を問うことはなかった。

この原告の担当部長はこの広告図面を作成するに当たって、細かに自分のアイデアを広告代理店やデザイナーに伝えている。さらに、この原告広告には誤植（「LORD　BINDERS」とあるのは「LOAD　BINDERS」の誤植）もあったが、被告広告にも誤植のまま使用されていることが認められる。このようなものであっても、本質的特徴が感得できない以上複製権の侵害でも翻案権の侵害でもなく人格権の侵害でもないと判示しているのである。

この事案は、著作権法ではアイデアは保護できないこと、その広告の著作物性を判断する必要もあり、また本質的特徴が感得できるか否かの線引きは非常に難しいことから、広告とはいえ、公表された著作物を利用することは慎重であるべきことを示唆している。

第5章　映画と著作権

第1節　映画の著作物

（1）映画の中で利用される著作物（著作物の利用者としての立場）

映画を製作する者は、多くの場合既存の著作物の利用者である。

その映画が、原作を小説に求めたものであれば、原作者である小説家に映画化する旨の許諾（翻案権、同一性保持権等）をまずは得なければならない。映画用の脚本を作成するため、脚本家にそれを依頼することになる。脚本家が脚本を書けば、その脚本の著作権は脚本家に帰属する。映画の著作物に関する映画監督等の著作者と映画製作者との関係では、その映画に参加する旨の約束があれば、その映画の著作権は映画製作者に移転する。

映画音楽には、主題歌・テーマ音楽もあれば、背景音楽もある。作曲家に依頼することになる。だがその音楽作品の著作権の帰属は、契約によって定まる。もちろん既成曲をその映画に挿入する場合もあるが、その既成曲を管理しているＪＡＳＲＡＣなどの著作権管理事業者の許諾を得る必要もある。

映画の中で、絵画が利用されたり、その他の美術品が利用されたりする場合もある。さらには、著作隣接権者としての実演家、すなわち俳優に対しての出演交渉やその後の著作隣接権処理も行われなくてはならない。

映画に利用される著作物に係る著作権者の権利をあげれば、複製権（録画権）、翻案権、上映権、頒布権、二次利用権（放送、ＣＡＴＶ、ビデオ等）などがある。

(1) 映画の著作物の定義

それでは、映画の著作物とはなんであろう。著作権法の定義を見ておこう。著作権法第二条第三項は、映画の著作物につき、次のように定義する。

３　この法律にいう「映画の著作物」には、映画の効果に類似する視覚的又は視聴覚的効果を生じさせる方法で表現され、かつ、物に固定されている著作物を含むものとする。

例示すれば、劇場用映画、アニメ、ビデオ、ゲームソフトなど「録画されている動く映像」となる。このように、映画の著作物といっても、劇場用映画だけではなく、ビデオもゲームソフトも映画の著作物に入ることが定められている。

映画の著作物を理解するため、録画と上映及び上映権の定義についても見ておこう。

(2) 録画の定義

第二条第一項第一四号

録画　映像を連続して物に固定し、又はその固定物を増製することをいう。

前掲加戸『逐条講義』（五一頁）によれば「影像の再生を目的としてフィルムあるいはテープという連続した有体物につながった形で影像を記録するのが録画」であり、「その固定物を増製することは、ネガフィルムからのプリント行為を含む意」である。

(3) 上映の定義

次に、上映の定義を見ておこう。

第二条第一項第一七号

上映　著作物（公衆送信されるものを除く。）を映写幕その他の物に映写することをいい、これに伴って映画の著作物において固定されている音を再生することを含むものとする。

(4) 上映権の定義

映画は上映されなければ、私たちは鑑賞することはできない。著作権法は、上映権につき、以下に定義している。

第二二条の二　著作者は、その著作物を公に上映する権利を専有する。

この権利は、映画の著作物に限らず、すべての著作物が対象となるが、テレビカメラなどの機器を用いた場合に限定されているので、「現物を直接見せる」という場合は含まれない。なお、インターネットを通じて入手し、いったんパソコン内に固定されている「動画」や「静止画」を、ディスプレイ上に映しだして公衆に見せる行為も、上映に当たる。

映画の中で利用される著作物は、さまざまな分野の著作物があり、映画を製作するに当たっては、これらさまざまな著作物の著作者や著作権者の許諾を得る必要があることを述べてきた。また、映画に関わる用語の定義として、映画の著作物、録画、上映、上映権について簡単に触れた。

当初は映画館で上映される劇場用映画だけを想定したこともあって、テレビゲームのようなものまで映画の著作物であるとは多くの人々が考えることはなかった。科学・技術の発展によって現在では、映画の著作物にはさまざまな形態のものが現れている。

(2) パックマン事件〔東京地裁昭和五九年九月二八日判決：昭和五六年（ワ）第八三七一号〕

原告は、ビデオゲーム「パックマン」の著作権を有する。このゲームは、記憶装置にプログラムとデータが格納されており、コンピュータの中央処理装置（CPU）がプログラムとデータを読み出して、ディスプレイに映像を表示し、スピーカーからは音楽及びその効果音を発するものである。

被告（三社）は、それぞれの経営する喫茶店において、原告に断りなく複製された「パックマン」が格納されたビデオゲーム機を設置し、「パックマン」の映像を客に表示させていた。

原告は、「パックマン」が「映画の著作物」（著作権法第二条第三項）に該当し、被告らの行為は、「パックマン」について原告の有する「上映権」（第二二条）を侵害する、そして被告らには故意又は過失があると主張して、被告らに対して、損害賠償を求めた。被告らは、「パックマン」は、「映画の著作物」には該当しないから、「上映権」を侵害することはない、として争った。

裁判所は、「この『映画の著作物』には、本来的意味における『映画』の他に、『映画の効果に類似する視覚的又は視聴覚的効果を生じさせる方法で表現され、かつ、物に固定されている著作物』を含むものとされている（第二条第三項）、これから見るに『パックマン』は本来的意味における『映画』ではないことは明らかであるが、上記第二条第三項に該当する『映画の著作物』である」旨判示している。

著作権法は「上映」について、「映写幕その他の物」に映写することをいう（第二条第一項第一七号）からスクリーン以外の物、ディスプレイ上に映像が現れるものも含むことになる。

判決は、映画鑑賞ということではなく、遊戯の用に供されるものであっても、また物語のない記録的映画、実用的映画などであっても、映画としての表現方法の要件を欠くことにはならない。「パックマン」は「映画の著作物」に該当するとし、原告の上映権侵害の主張及び損害賠償請求を認容した。

また、判決は、本来的意味における映画の著作物が劇場用映画であることを明らかにし、「映画の効果に類似する視覚的又は視聴覚的効果を生じさせる方法」及び「物に固定されていること」の意味を劇場用映画との対比をしたうえで、「パックマン」は「映画の著作物」であることを結論付けている。

この事案は、一九八一（昭和五六）年と、まだゲームソフトが出てからまだ間もない頃のものであり、多くの人にとって「映画の著作物」からは、劇場用映画しか想定されないような時代であり、争いが起こるのもいたし方ないことであった。だが、ゲームソフトは鑑賞用とはいえなく、あくまでも遊戯用のものであるとはいえ、その内容は、思想、感情が創作的に表現されているのであって、著作権法上保護の対象になる。

第2節　映画の著作物の著作者と映画製作者

(1) 映画の著作物の著作者

映画の著作物の著作者について著作権法は具体的にどのように定めているかを見よう。

第一六条　映画の著作物の著作者は、その映画の著作物において翻案され、又は複製された小説、脚本、音楽その他の著作物の著作者を除き、制作、監督、演出、撮影、美術等を担当してその映画の著作物の全体的形成に創作的に寄与したものとする。ただし、前条の規定の適用がある場合は、この限りではない。

(筆者注：前条の規定とは第一五条（職務上作成する著作物の著作者）を指す)

プロデューサー、映画監督、撮影監督、美術監督など、映画の著作物の全体的形成に創作的に寄与したものが著作者となる。全体的形成に創作的に寄与したものは、多数存在することになるから、代表して映画監督が著作者となっている場合が多いとされている。

（2）映画の著作物の著作権の帰属

映画の著作物の著作権の帰属について、著作権法は次のように定める。

第二九条　映画の著作物（第一五条第一項、次項又は第三項の規定の適用を受けるものを除く。）の著作権は、その著作者が映画製作者に対し当該映画の著作物の製作に参加することを約束しているときは、当該映画製作者に帰属する。

このように、著作権は財産権であるから、右記の規定は、財産権の部分が映画監督等の著作者から映画製作者（多くは映画会社）に移転することを示している。一方著作者人格権（公表権、氏名表示権及び同一性保持権）は著作者に残されている。

個人が製作した映画は、その人が著作者となり著作権も著作者人格権も併せもつことになるが、映画会社が社員だけで映画を製作した場合、法人著作となる。個人と同様に著作権も著作者人格権も映画会社が持つことになる。そして映画会社が、例えば有名な映画監督等に依頼して映画を製作すれば、著作権は映画会社に移転し、映画監督等には著作者人格権だけが残ることになる。

（3）映画製作者の権利（映画の著作権者としての立場）

映画製作者について、著作権法第二条第一項第一〇号は、次のように定める。

映画製作者　映画の著作物の製作に発意と責任を有する者をいう。

製作された映画の財産権としての著作権は映画製作者に帰属する。よって、映画製作者が、その映画を管理することになり、その映画を利用したい第三者は、その映画を管理する映画製作者に許諾を求める必要がある。

例えば、劇場用映画として製作された映画を放送会社の番組やＣＡＴＶの番組の中で放送したいのであるなら、利用者としての放送会社等はその権利者である映画製作会社の許諾を得なければならない。映画製作会社以外がＤＶＤにしたいのであれば、そのＤＶＤ制作会社が、映画製作会社の許諾を得なければならない。

私たちが映画館やシネコン（シネマコンプレックス）で鑑賞する映画は、多くは劇場用映画として製作されたものである。完成した映画は、映画館やシネコンに配給され初めてその映画が上映されることになるが、上映する映画館やシネコンは、著作権のうちの上映権に基づき上映使用料を映画製作者や映画に利用された音楽等の権利者に支払わなければならない。

このように映画を製作する過程でも、上映するにあたっても、著作権及び著作者人格権（公表権、氏名表示権、同一性保持権）と俳優（実演家）の権利である著作隣接権（第6節で詳しく述べる）が複雑に絡んでいることがわかる。そしてその権利をひとつひとつをしっかりと確実に処理していくことが必要となる。

第3節　映画製作会社と映画監督との対立

(1) 映画監督協会の主張

映画を具体的に制作しているのは映画監督ではないか、というのが一般的な理解であるかもしれない。映画監督の団体である協同組合日本映画監督協会のホームページを見ると以下の記載がある。「監督と著作権」とのタイトルの下に、「監督は〝著作権者〟ではない?!」というサブタイトルが付され説明されている。

一九七一年に著作権法が改正され、「映画の著作権は映画製作会社に帰属する」ということになりました。従って、現状では監督には著作権がありません。ただし著作者として「著作者人格権」(同一性保持権、氏名表示権、公表権)があります。つまり著作権者としての「財産権」はありませんが、著作者としての「著作者人格権」は持っているのです。監督協会では、著作権を獲得する為に著作権法改正運動をすすめていますが、当面は映画製作会社との団体協約の形で権利の拡大・擁護に努めています。

映画監督には著作権が認められていないが、映画製作会社と話し合いのなかで、映画監督の権利拡大を目指している、とあるように、映画監督としては、不満であるが、上に見てきたように、現行の著作権法では、映画監督に著作権はないことに留意しておく必要がある。

(2) 映画の二次利用

文部科学省のホームページに以下の記載がある。映画の二次利用について、著作権法の管理を所管する文部科学省・文化庁著作権課が整理したものであり、当時の状況をよく整理していると思われる。

二〇〇七(平成一九)年一〇月一二日に開催された著作権分科会(第二三回)の配付資料、資料六 著作権等の管理業務に関する実態調査報告である。

一〇.その他

以下の事業者は、著作権等の管理業務を実施しているとは言えないが、有益な情報と考えられるため、事業者の業務の概要を記載することとする。

○映画の二次利用関係

現行著作権法では、映画の著作物の著作権については、映画製作者に法定帰属されることとなっており、映画監督には法律上の権利は与えられていない。

しかし、映画の二次利用の際には、実務上、映画監督に追加の報酬が支払われており、映画監督を会員とする日本映画監督協会(筆者注:原文はN事業者、以下同)が追加報酬の受領分配に関する業務を実施している。

【日本映画監督協会】

(一) 業務の概要

劇場用映画については、劇場上映の後、一般的に、ビデオ化、有料放送（BS、CS、CATV）として二次利用されており、その後、地上波による無料放送として二次利用されている。日本映画の場合、劇場用映画の二次利用については、当初（昭和三〇年代頃）は地上波無料放送のみであったが、その後（昭和六〇年代頃から）、ビデオ化や有料放送への利用が増えていった。

映画を劇場で上映する際、映画製作会社と監督との間において、劇場上映に関する契約がなされているが、映画の二次利用については、映画監督を会員とする日本映画監督協会が、団体間の協約の締結、二次利用の際の追加報酬の受領と各監督への分配、トラブルの際の相談等の業務を行っている。

日本映画監督協会は、映画の二次利用の際の追加報酬の受領分配業務について、各映画監督と委任契約書を交わしているわけではないが、日本映画監督協会の内部規則に基づき、日本映画監督協会の会員になった時点で、各映画監督から二次利用の追加報酬の受領分配業務に関する委任を得たことになっている。

なお、日本映画監督協会の会員は、フリーの監督や映画制作プロダクションに所属する専属監督など様々であり、劇場用映画だけでなく、放送番組、アニメ、CM、業務用ビデオなどの映像の監督を業として行っている者が会員である。平成一九年三月末現在、日本映画監督協会の会員は約六〇〇名、物故会員は約一五〇名である。

（二）利用手続の流れと報酬等の決定方法

映画の二次利用の際の追加報酬については、日本映画監督協会と社団法人日本映画製作者連盟との間でビデオ化、放送に係る覚書を締結しており、この覚書に従って追加報酬が支払われている。覚書では、報酬額は脚本家の使用料と同率となっている。

また、劇場用映画とは別に、テレビ用映画のビデオ複製についても社団法人日本映画製作者連盟会員社と覚書を締結しており、この覚書はテレビ制作会社の団体である社団法人全日本テレビ番組製作者連盟との間についても準用され覚書が締結されている。

放送等における部分利用については、日本映画監督協会とNHK及び民放各社との間で、利用手続や料金についての確認書を交わしている。

映画の部分利用については、著作者人格権の問題が生じることを避けるため、日本映画監督協会では、全て監督本人（物故者の場合は遺族）の承諾を得た後、料金の受領分配を行っている。

なお、会員である映画監督から著作者人格権侵害の訴えが日本映画監督協会に寄せられた場合は、利用者との間で協議の場を持ち、解決を図ることとしている。

劇場用映画の画面を監督の承諾を得て放送用の縦横比に変更して収録し放送したが、その後、ビデオ制作会社が劇場用映画の画面を用いず、放送用のテープを使用したため、監督からクレームが付いたことがあったと聞いている。

また、実演家が行った昔の実演については、昔の実演を二次利用されては困るだろうと配慮して監督が利用を許可しないケースがあったとのことである。

（三）利用者とのトラブルについて

①事業者の意見

映画の部分利用に関する利用者とのトラブルは年間一〇件程度ある。放送局から日本映画監督協会と締結している確認書のペナルティ料金を免除してほしいと言われることがあるが、ペナルティ料金の支払いを厳格に実施することでルールの徹底を図りたいと考えているため、このような措置を講じている。

②利用者の意見

映画の部分利用の際、日本映画監督協会への申請漏れと画面上の氏名表示を怠ったとしてペナルティ料金を要求された。

以上のように「劇場用映画については、劇場上映の後、一般的に、ビデオ化、有料放送（BS、CS、CATV）として二次利用されており、その後、地上波による無料放送として二次利用されている」とあるように、さまざまに有効利用されていることがわかる。二〇〇七（平成一九）年の報告書であるが、インターネットでの映画の利用については残念ながら触れられていない。違法利用が多いなど報告できるほど正確な実態が把握できていなかったのかもしれない。

いずれにせよ、特に劇場用映画は多額な費用を投入して完成された総合芸術作品といわれるように、その扱いについては、二次利用についても著作者、著作権者、著作隣接権者の権利保護の観点から慎重に行われなければならない。

(3) スィートホーム事件〔原審東京地裁平成七年七月三一日判決：平成四年（ワ）五一九四号〕〔東京高裁平成一〇年七月一三日判決：平成七年（ネ）三五二九号〕

この事案は、映画の著作権の帰属、映画の著作物の二次利用等を争う事案であり、原告（控訴人）は映画監督及び当該映画の脚本家でもある。被告（被控訴人）は、映画製作者（伊丹プロ）である。当該映画を製作するに当たって、監督契約、脚本家契約などの契約を取り交わすことになるが、当然に想定される映画の二次利用、すなわちビデオ化、ビデオテープやビデオディスクの製作やその販売、レンタル、テレビ放送などの扱いにつき、監督と製作会社伊丹プロとの契約内容が争われたものである。

契約というが、かつては、契約書が存在しない口頭による約束や、契約書は存在するものの詳しい内容の定めがないものが多いとされる映画業界であり、口頭による契約、書面による契約と慣行によるものがある。

原告の映画監督兼脚本家は、ビデオ化やテレビ放送等に伴う追加報酬を支払うことを映画製作者伊丹プロに請求するも、伊丹プロは、監督契約や脚本家契約の中にそれら報酬は含まれていると主張する。

裁判所（原審）の判断は、「これら契約に至る経緯によれば、被告伊丹プロと原告とは、被告伊丹プロが製作する本件映画を、被告伊丹プロが劇場上映のみならず、ビデオ化、テレビ放送等の二次的利用するものと明確に位置づけして、この映画の脚本作成及び監督業務に対する対価として、前記のとおり原告の報酬を合意したものと認められ、二次的利用についてこれとは別個の合意を要すると当事者が認識していたような事情は何ら見受けられないものであり、前記プロフィットを含めた脚本報酬や監督報酬の合意はそのような趣旨のものとして十分首肯することができるものである」としている。

原告は請求を拡張して控訴するも、東京高裁は控訴を棄却している。

第4節　頒布権

(1) 頒布権

完成された映画の著作物の著作権のうち、映画特有の権利である頒布権については、著作権法第二六条に定められている。

第二六条　著作者は、その映画の著作物をその複製物により頒布する権利を専有する。
2　著作者は、映画の著作物において複製されているその著作物を当該映画の著作物の複製物により頒布する権利を専有する。

ところで、「頒布」そのものの意味を確認しておきたい。著作権法による頒布の定義は以下のとおりである。

第二条第一項第一九号
頒布　有償であるか又は無償であるかを問わず、複製物を公衆に譲渡し、又は貸与することをいい、映画の著作物又は映画の著作物において複製されている著作物にあっては、これらの著作物を公衆に提示することを目的として当該映画の著作物の複製物を譲渡し、又は貸与することを含むものとする。

文化庁編著『著作権法入門二〇一〇―二〇一一』（著作権情報センター二七頁）の解説を見ておこう。

「頒布」とは、公衆向けに「譲渡」したり「貸与」したりすることであるが、「映画の著作物」の「頒布権」は、譲渡・貸与する相手が公衆でない場合（特定少数である場合）であっても、公衆向けの上映を目的としている場合には、権利が及ぶ「頒布」に該当する。

この「頒布権」のうち譲渡に関する部分については、「譲渡権」の場合とは異なり、「いったん適法に譲渡された後には消滅する」という明文上の規定がないので、適法に譲渡された後の再譲渡にも権利が及ぶことになる。

しかし、この強力な権利は、市販用のビデオなどが出現する前の「劇場用映画」の配給形態を前提としたものであり、「劇場用映画」以外のそれ自体を使って「公衆に提示することを目的としない」映画の著作物のコピー（市販用ビデオ・DVDやゲームソフトなど）については、いったん適法に譲渡された後には、この「頒布権」も（「譲渡」については）消滅するという判断が示されている（平成一四〔二〇〇二〕年四月二五日の最高裁判決「中古ゲームソフト差止請求事件」参照）。

では、さっそく、この重要な事件を次に見ておこう。

（2）中古ゲームソフト差止請求事件〔最高裁平成一四年四月二五日判決：平成一三年（受）第九五二号〕

家庭用テレビゲーム機に用いられる映画の著作物の複製物を、公衆に譲渡する権利と複製物の再譲渡について争われた事案である。

著作権法の「映画の著作物」には、「映画の効果に類似する視覚的又は視聴覚的効果を生じさせる方法で表現され、かつ、物に固定されている著作物を含む」（第二条第三項）こととされている。「ゲームソフト」は、コンピュータ・プログラムでもあるが、その多くは映画に似た動きのある映像がその中に包含されているため、プログラムの著作物であると同時に映画の著作物にも該当する。

映画の著作物を除く著作物については、著作者に譲渡権（著作物の複製物等の公衆への譲渡すること）があるが、この譲渡権は権利者またはその許諾を得た者が複製物等を譲渡した場合には、その複製物等のそれ以降の譲渡には権利が及ばない（第二六条の二）。

一方、映画の著作物については、著作者に頒布権（著作物の複製物を公衆に譲渡又は貸与すること）がある（第二六条）が、頒布権には再譲渡が自由との規定は設けられていない。

そのため、中古ゲームソフトを権利者に無断で販売してよいかどうかが争いになった。

裁判所は「家庭用テレビゲーム機に用いられる映画の著作物の複製物を公衆に譲渡する権利は、いったん適法に譲渡された複製物について消尽し、その効力は、当該複製物を公衆に提示することを目的としないで再譲渡する行為には及ばない」として、中古ゲームソフトの販売を認める判断を示した。

デジタルコンテンツは中古販売されても、中身は何ら劣化することはない。消費者は、同じものであるなら安い方が良いということで中古を購入する。市場には初期の新製品しか出回らず、その分新製品のための開発費や広告費がメーカー側に回収されない。ゲームクリエイターに対する、業界の中での過酷な労働の割には安価な労働対価という報酬システムにも根本的な問題があるにしても、重要なことは、著作物を生み出す人たちには対価が支払われて、再び著作物が生み出されることである。

判決文の中に、非常に気になる箇所がある。それは「特許権者又は特許権者から許諾を受けた実施権者が我が国の国内において当該特許に係る製品を譲渡した場合には、当該特許製品については特許権はその目的を達成したものとして消尽し、もはや特許権の効力は、当該特許製品を再譲渡する行為等には及ばないことは、当審の判例とするところであり（最高裁平成七年（オ）第一九八八号同九年七月一日第三小法廷判決・民集五一巻六号二二九九頁）、この理は、著作物又はその複製物を譲渡する場合にも、原則として妥当するというべきである」という箇所である。特許製品の事例がそのまま著作物であるゲームソフトに当てはめられることになっている。

著作権法では、無形複製によって著作物が公衆に伝わる場合は「提示」、有形複製によって著作物が公衆の手に渡る場合には「提供」という使い分けをしているが、「公衆に提示することを目的としない家庭用テレビゲーム機」とあるが、本当に公衆に提示しないことを目的としていないのか、説明が足りないようにも感ずるところである。

第5節　映画の著作物の保護期間

（1）映画の著作物の保護期間

映画の著作物の保護期間については、第五四条に定めがある。

第五四条　映画の著作物の著作権は、その著作物の公表後七〇年（その著作物がその創作後七〇年以内に公表されなかったときは、その創作後七〇年）を経過するまでの間、存続する。
2　映画の著作物の著作権がその存続期間の満了により消滅したときは、当該映画の著作物の利用に関するその原著作物の著作権は、当該映画の著作物の著作権とともに消滅したものとする。
3　前二条の規定（筆者注：第五二条無名又は変名の著作物の保護期間、第五三条団体名義の著作物の保護期間）は、映画の著作物の著作権については、適用しない。

映画の著作物は、映画監督・カメラマン・美術監督その他多数の著作者が参加して製作されているが、第一六条（映画の著作物の著作者）に「その映画の著作物の全体的形成に創作的に寄与したものとする」とあるように、この条文からは著作者が誰であるかは明確ではない。そういった点も考慮すると、保護期間については団体名義の著作物と同様に、映画の著作物についても公表後五〇年主義をとっていた。

一方で、著作物の保護期間は、原則として「著作物の創作の時」に始まり、「著作者の死後五〇年を経過するまで」の間存続することとされているため、他の著作物の保護期間と比較すると、「著作者の生存期間」の分だけ実質的に短いという状況にあった。

また国際的な観点からすると、「映画の著作物」の保護期間は、ベルヌ条約第七条の（二）の規定により、原則として、「公衆に提供されたときから……五〇年で満了する」ことを各同盟国が定められることとされており、日本は当然この義務を果たしているが、他の先進国では、著作物の保護期間全体について、条約上の義務を越えた延長（五〇年→七〇年）を行っている。この結果、ベルヌ条約において、「内国民待遇」の例外として、保護期間について、原則として「本国において定められる保護期間を超えることはない」という相互主義が規定されていることから、日本の映画の著作物が、ヨーロッパ等既に公表後七〇年に延長されている国々において、保護期間の面で不利に扱われる、すなわち公表後五〇年までしか管理されないという問題が指摘されていた。

二〇〇三（平成一五）年の著作権法の改正においては、「映画の著作物」に限って保護期間を延長することとなった（第二章参照）。前掲加戸『逐条講義』（三四五頁）によれば、これは、アニメーションの『千と千尋の神隠し』や『ポケットモンスター』など、日本発のいわゆる「映像コンテンツ」が国際的にも高い評価を受け、将来の日本にとって重要な産業分野になると期待されることから、こうしたコンテンツ業界を選択的・戦略的に優遇するという産業戦略に基づき経済産業省から正式に要望が提出され、「映画の著作物」に限定して保護期間を延長することとしたものであり、この改正を望んでいた日本映画製作者連盟、日本映像ソフト協会、日本経済団体連合会、日本民間放送連盟、ＮＨＫ等との間で合意形成がなされ、さらに、当面「映画の著作物」に限定して、保護期間の延長について政府の審議会においても合意形成されていた、ということである。

(2) 映画の保護期間延長問題

右記のとおり、日本においては、著作権の保護期間は著作者の「死後五〇年間」であるが、これに先駆けて、映画の著作物の保護期間は、「公表後七〇年間」に延長されている。

映画の著作物の著作者は、第一六条で「制作、監督、演出、撮影、美術等を担当してその映画の著作物の全体的形成に創作的に寄与した者」と規定されているが、映画が著作権者や著作隣接権者の寄与によって創作される総合芸術であり、著作者や著作権者等を実際に確定するのは困難であるため、映画の著作物の保護期間を定めるに当たっては、ベルヌ条約七条(二)に従い、公表時起算主義を採用したとされている。

現行著作権法の制定時には、映画の著作物の保護期間は「公表時から五〇年間」であった。しかし、旧著作権法では、独創性のある個人名義の映画の著作物については著作者の「死亡時から起算して三八年間」存続することになっていたため、保護期間を計算するに当たって、死亡時起算か公表時起算かで、保護期間が実質的に短くなる場合も生じた。このため、二〇〇三(平成一五)年の法改正により、保護期間が「公表後五〇年間」から「公表後七〇年間」に延長されたわけである。

また、新著作権法が制定・施行された一九七一(昭和四六)年より前に製作された映画の保護期間は、旧著作権法の規定と比べ長い方の期間になるので注意が必要である。

また視点を変えると一九五三年問題という提起もある。一九五三年問題とは、一九五三(昭和二八)年に公表された団体名義の独創性を有する映画の著作物について、日本の著作権法に基づく著作権の保護期間が、二〇〇三年一二月三一日をもって満了しているか、あるいは二〇二三年一二月三一日まで存続するかという、対立する二つの見解が存在した問題である。

一九五三年は『ローマの休日』や『シェーン』などの名作とされる映画が公開された年でもあること、これらの映画の著作権が二〇二三年まで存続するという文化庁の見解が司法判断によって覆されたこともあり、注目されることとなった。二〇〇七（平成一九）年一二月一八日に最高裁判所は、一九五三年公表の団体名義の独創性を有する映画の保護期間について二〇〇三年一二月三一日をもって満了したと判断した。これにより、著作権を主張する原告側の見解が退けられ、この訴訟は終結している。以下に詳しく見る。

(3) 映画の保護期間に関する事件

(1) シェーン事件〔最高裁平成一九年一二月一八日判決：平成一九年（受）第一一〇五号〕

「シェーン」事件は、一九五三（昭和二八）年に公開された映画『シェーン』の著作権を侵害されたとして、米国の映画会社と日本国内で同作品に関する権利を譲り受けた会社（原告）が『シェーン』の廉価版ＤＶＤを製造・販売した会社（被告）に対し、その製造・販売の差し止めと損害賠償の請求等を行った事案である。

この事案では、映画『シェーン』の著作権の保護期間は、二〇〇三（平成一五）年の著作権法改正（翌年一月一日施行）により公表後七〇年間に延長され、二〇二三（平成三五）年まで存続するのか、それとも同法改正の規定は適用されず、改正前の公表後五〇年間の保護期間のまま、二〇〇三年一二月三一日をもって終了するのか、という点について争われた。

具体的には、改正法附則第二条が、改正後の著作権法第五四条第一項の規定を「この法律の施行の際現に改正前の著作権法による著作権が存する映画の著作物」について適用すると定めているため、『シェーン』がこれに含まれるか否かが問題となった。

最高裁は、映画『シェーン』は一九五三年に団体の著作名義をもって公表された〝独創性を有する〟映画であるとの認定の下、そのような映画の著作物は、二〇〇三年改正による保護期間の延長措置の対象とはならず、その著作権は二〇〇三年一二月三一日で消滅した、という旨の判断を下し、原告の請求は認められなかった。

シェーン事件に先立ち映画『ローマの休日』に関する仮処分決定（東京地裁平成一八年七月一一日決定：平成一八年（ヨ）第二二〇四四号）で明確に否定され、またシェーン事件の第一審も第二審（原審）でも同様に否定されている。これらの決定や判決では、著作権法の保護期間が「時間によって期間を定めた」（民法第一三九条）ものではなく、「年によって期間を定めた」（民法第一四〇条）ものであり、その場合は、「期間は、その末日の終了をもって満了する」（民法第一四一条）から、保護期間の満了を把握する基本的な単位は「日」であり、一九五三年映画の保護期間は二〇〇三年一二月三一日の終了をもって満了する、と判示している。そして、時間の概念として、前日の午後一二時と翌日の午前零時が同時であっても、そのことによって二〇〇三年一二月三一日の午後一二時に期間の満了した著作権が改正法の施行された翌日零時に存続していると解釈されることにはならないとしている。

旧著作権法時代における映画の著作物の保護期間がどの時点で満了し、公有に帰するかという問題である。公有とは、その著作物をだれでも無許諾、無償で利用できるということであり、被告D

VD会社は『シェーン』の映画の著作権は二〇〇三年一二月三一日をもって消滅しているから、自由に利用できると判断していた。ところが、原告は、著作権法の改正により、映画の著作権は七〇年に延長されているから、まだ著作権は消滅していないと主張したのだが、結果は認められなかった。

判示された民法上の期間の定めの解釈は、肯首せざるを得ない。二〇〇三年一二月三一日午後一二時と翌年一月一日の零時が同時であるから、保護期間は延長されると解釈してきた文化庁の解説等が問題を複雑にしてしまった。文化政策上、社会的に多くの人々に感動を与え続けてきた総合芸術である映画の保護期間を延長させたいという思いは残る。

(2) チャップリン作品事件〔知財高裁平成二〇年二月二八日判決：平成一九年（ネ）第一〇〇七三号〕

「チャップリン作品事件」は、故チャップリンが監督した映画のいわゆる廉価版DVDを、複製・販売している会社（被告）を相手に、チャップリンの著作権管理会社（原告）が、著作権侵害を理由として、その複製・販売の差し止め等を求めたものである。

この事案では、一九一九（大正八）年から一九五二（昭和二七）年に公開されたチャップリンの映画九作品の著作権がすでに消滅しているか否かが問題となったため、①それらの映画の著作者は誰か、②団体名義の公表か、著作者の実名の公表か、という点がまず争われた。

知財高裁は、①映画の著作物の著作者は、旧法下においても、現行著作権法第一六条と同様、「映画著作物の全体的形成に創作的に寄与した者」がその著作者に当たるものと解すべきであり、各映画の著作者は、（団体ではなく）チャップリンであると判示した。

また、②各映画の著作権の保護期間については、チャップリンが監督である旨映画中に表示されていることなどから、各映画の公表は団体名義ではなく著作者の実名により行われたものであり、旧法第三条に定められる「著作者の死後三八年間」の保護期間の適用がある旨判断した。各映画の著作権の保護期間は満了していないとの判断がなされたのである。

これらの判断を不服として廉価版ＤＶＤ販売会社が上告したが、最高裁は、知財高裁の判決を支持して上告を棄却し、原告（チャップリンの著作権管理会社）の請求が認められている。

本件チャップリン映画は、チャップリンが監督であり、またチャップリンの個人名義の著作物であり、団体名義の著作物ではない。すなわち保護期間は個人名義であれば、著作者の死後から存続期間の計算が始まる。団体名義であれば、映画の公表（公開）時から始まる。このことが保護期間を判断するうえで大きな違いとなる事案である。

チャップリンが死亡したのは、一九七七（昭和五二）年である。保護期間の計算はその翌年から始まるが、旧法時代の保護期間（法改正により延長されている）は、著作者の死後三八年間（団体名義は公表後三三年間）であること。一九七一（昭和四六）年施行の新著作権法では、映画の著作物の保護期間は公表後五〇年間。そして二〇〇三（平成一五）年の改正法によって、公表後七〇年間に落ち着くところから、チャップリンの映画の著作物の著作権は未だ満了していないということになる。

判決を表にして整理する。

チャップリン映画の著作権保護期間

映画作品タイトル	公表（公開）年	適用法（旧法／新法）	保護期間
サニーサイド	一九一九	旧法 死後三八年	二〇一五年（平成二七年）まで
偽牧師	一九二三	同右	同右
巴里の女性	一九二三	〃	〃
黄金狂時代	一九二五	〃	〃
街の灯	一九三一	〃	〃
モダン・タイムス	一九三六	〃	〃
独裁者	一九四〇	〃	〃
殺人狂時代	一九四七	新法（改正 二〇〇四年一月施行） 公表後七〇年	二〇一七（平成二九）年末まで
ライムライト	一九五二	同右	二〇二二（平成三四）年末まで

（著作者はチャップリン個人：一九七七年没）

第6節　映画俳優の権利

(1) 実演家の権利とその保護

まずは、第二条第一項第三号の実演の定義と、同四号の実演家の定義を見ておこう。

三号　実演　著作物を、演劇的に演じ、舞い、演奏し、歌い、口演し、朗詠し、又はその他の方法により演ずること（これらに類する行為で、著作物を演じないが芸能的な性質を有するものを含む。）をいう。

四号　実演家　俳優、舞踊家、演奏家、歌手その他実演を行う者及び実演を指揮し、又は演出する者をいう。

このように映画俳優は、実演家として著作権法で保護される。だが、これらの定義をみれば、実演家には俳優の他にさまざまな実演家が存在することがわかる。「映画と著作権」という本章で取り上げるのは映画俳優の権利についてではあるが、著作権法には、俳優の定義さえもなく、実演家の中に俳優が含まれているだけである。

本書では著作隣接権について章を設けていないことから、俳優について理解を深めるためにも実演家全体について触れておこう。

どのような実演が保護されるかについては、著作権法第七条に規定されているが代表的なものは次のとおりである。

一　日本国内で行われる実演
二　保護を受けるレコードに固定された実演
三　保護を受ける放送で送信される実演
四　保護を受ける有線放送で送信される実演
五　「実演家等保護条約」「実演・レコード条約」「TRIPS協定」によりわが国が保護の義務を負う実演

実演家の権利について理解するため、文化庁編著『著作権法入門二〇一〇―二〇一一』（著作権情報センター、六頁）を基に、**【実演家の権利】**として図表化し全体を見つつ先に進もう。

(2) 実演家人格権と財産権

実演家には、実演家の人格的利益、言い換えれば精神的に傷つけられない権利として、氏名表示権と同一性保持権がある。また財産権については、許諾権と報酬請求権がある。

財産権については、「生の実演」と「レコードに録音された実演」と映画、放送番組、ビデオなどの「映画の著作物に録音・録画された実演」とがある。

例えば、「映画の著作物に録音・録画された実演」の場合、俳優などの実演家の了解を得て録音・録画された実演は、原則として、実演家には権利がない（第九一条第二項、第九二条第二項、第

【実演家の権利】

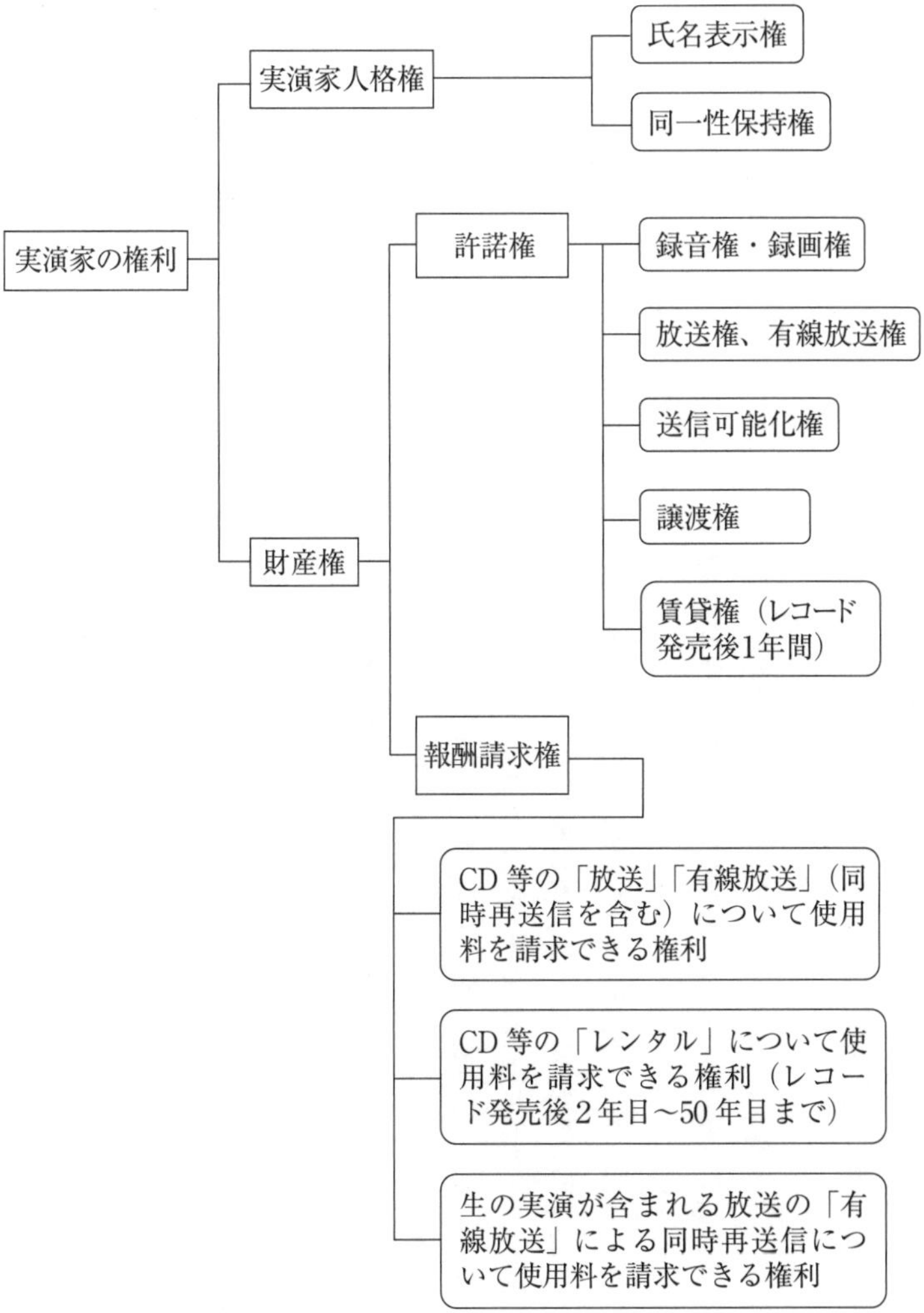
実演家の権利
実演家人格権
氏名表示権
同一性保持権
財産権
許諾権
録音権・録画権
放送権、有線放送権
送信可能化権
譲渡権
賃貸権（レコード発売後1年間）
報酬請求権
CD 等の「放送」「有線放送」（同時再送信を含む）について使用料を請求できる権利
CD 等の「レンタル」について使用料を請求できる権利（レコード発売後 2 年目〜50 年目まで）
生の実演が含まれる放送の「有線放送」による同時再送信について使用料を請求できる権利

九二条の二第二項)。

この点は重要であることから、少し詳しく見ておこう。

第九一条第二項の規定により、実演家の許諾の下に、その実演が固定された映画の複製物を、映画として増製することについては、映画製作者の著作権は働くものの、実演家の著作隣接権は働かないこととされている(ワンチャンス主義と呼ばれることがある)。この第九一条第二項の「同項に規定する権利を有する者」とは、実演の録音・録画権者で、通常は実演家であるが、録音・録画権が映画製作者等に譲渡されている場合があり得るため、このような規定になっている。

ここでは、「これを録音物に録音する場合」は権利が働くこととされており、例えば、映像・映画のサウンド・トラックに入っている演奏や歌唱の音声だけの実演を抜き出して、サントラ盤レコード、CDを作成する場合については、実演家の権利が働く。ただし、録音物の中でも、サウンド・トラックの中に録音するように、「音をもっぱら映像とともに再生することを目的とするもの」は除かれており、このような場合には権利は働かない。なお、実演家がテレビ放送番組に出演することを承諾しただけでは、テレビ放送用映画として録音・録画について許諾したことにはならない(第一〇三条で第六三条第四項を準用)。

別の角度から見ると、映像が伴わない音楽CDなどを複製(コピー)するような場合には、「作詞者・作曲者」、「レコード製作者」だけでなく、「歌手」や「演奏家」などの「実演家」の許諾を得ることも必要になる。

これに対して映像が伴うビデオテープやDVDを複製(コピー)する場合には、映画製作者や脚本家等の許諾を得ることは必要であるが、ワンチャンス主義として既に契約により、その権利は映画製作者に移転しているため、出演している「俳優」などの「実演家」の許諾を得る必要はないということになる。

(3) 実演家の財産権

著作者の財産権はすべて許諾権であるが、先の図表(二一九頁)に見たとおり、実演家の財産権には許諾権と報酬請求権がある。

許諾権とは、他人が無断で利用できない権利であり、他人の著作物を利用するには、原則、事前に許諾を得る必要がある。すなわち使用料の支払いなどの条件を付けて他人が利用することを認めることができる権利である。

これに対して、報酬請求権は、他人が利用することを止めることはできないが、利用(特に放送、有線放送、貸与)した際に、二次使用料や報酬を請求できる権利である。以下『著作権入門二〇一〇―二〇一一』(文化庁編著)を参照しながら進める。

(1) 実演家の録音権・録画権(複製権)

①実演家の「生の実演」

実演家の生の実演を、ディスク、テープ、フィルムなどに録音したり録画したりすることに関する権利である(第九一条第一項)。

②実演家の「レコードに録音された実演」

この権利は、実演家の実演が録音されたCDなどをコピー(複製)することにも及ぶ(第九一条第一項)。したがって、音楽CDなどをコピー(複製)する場合には、著作者である作詞家、作曲家だけでなく、歌手や演奏家などの実演家の許諾も必要になる。

③実演家の「映画の著作物に録音・録画された実演」

「映画の著作物に録音・録画された実演」には、注意しておかなければならない点がある。

既に述べたように、いったん実演家の許諾を得て、映画の著作物に録音・録画された実演には、原則的に、実演家の権利はない(第九一条第二項)。

ただし、サントラ盤のように映画の著作物から録音物を作成する場合は、例外的に権利が働くことに留意しておく必要がある。

劇場用映画、Vシネマ(筆者注:東映ビデオ株式会社が一九八九〔昭和六四〕年より制作・発売を開始した劇場公開を前提としないレンタルビデオ専用の映画の総称。「V CINEMA(ブイシネマ)」は、東映ビデオ株式会社の登録商標とされている)その他の映像作品については、おおむねこれに該当するが、放送番組については、反対に、権利がある場合が多いので、注意が必要である。

これは、実演を放送することについて実演家の許諾を得た放送事業者等は、その実演を放送等するために技術的に必要である場合、録音・録画についての了解を得なくとも、その実演を固定(録音・録画)することができるという例外があるからである(第四四条　放送事業者等による一時的固定)。

すなわち、この例外規定を用いて放送局等が放送番組に「録音・録画」した実演については、その後の利用(例えば放送事業者がその番組をDVDにして販売しようとするような場合)

について、改めて実演家の許諾を得ることが必要となる。

このため日本では、「映画」については、放送・ビデオ化等の二次利用が簡単にできるが、「放送番組」については、改めてすべての俳優等の許諾を得なければならないため、二次利用が難しいという指摘がある。

これは、番組製作時点の契約の問題であり、先進諸国の中では日本のみ、かつ、放送番組のみについての問題といわれている。

(2) 実演家の放送権・有線放送権

①実演家の「生の実演」
実演家の生の実演をテレビやラジオなどにより放送・有線放送することに関する権利である(第九二条)。
②実演家の「レコードに録音された実演」
実演家の許諾を得ないで作成されたレコードを用いて放送・有線放送する場合に権利が働くことになる(第九二条第一項)。
③実演家の「映画の著作物に録音・録画された実演」
実演家の許諾を得ないで映画の著作物に録音・録画された実演を用いて放送・有線放送する場合に権利が働く(第九二条第一項)。なお、サントラ盤等を用いて放送・有線放送する場合についても、例外的に権利が働く。

(3) 実演家の送信可能化権

①実演家の「生の実演」

実演家の「生の実演」をサーバー等の自動公衆送信装置に記録（蓄積）、入力することにより、受信者からのアクセスがあり次第送信され得る状態に置くことに関する権利である（第九二条の二第一項）。入力による送信可能化とは、自動公衆送信装置への記録（蓄積）を伴わない場合であり、「生の実演」について、いわゆるウェブキャスト、インターネット放送などによって、サーバー等を通じてそのまま流す場合である。

②実演家の「レコードに録音された実演」

実演家の許諾を得ないで作成されたレコードを用いて送信可能化する場合に権利が働くことになる（第九二条の二）。この権利は、実演家の実演が録音されたCDなどを使って、送信可能化することにも及ぶ（第九二条の二第一項）。

③実演家の「映画の著作物に録音・録画された実演」

実演家の許諾を得ないで映画の著作物に録音・録画された実演を用いて送信可能化する場合に権利が働く（第九二条第一項）。なお、サントラ盤等を用いて送信可能化する場合についても、例外的に権利が働く（第九二条の二第二項第二号）。

(4) 実演家の譲渡権

①実演家の「レコードに録音された実演」

実演家の実演が録音されたCDなどを公衆向けに譲渡することに関する権利である（第九五

条の二第一項）。この権利は、著作者の譲渡権の場合と同様に、いったん適法に譲渡されたCDなどについては譲渡権が消尽することから、購入したCDなどの転売は自由である。

②実演家の「映画の著作物に録音・録画された実演」

実演家の許諾を得ないで映画の著作物に録音・録画された実演の複製物を譲渡する場合は、権利が働く（第九五条の二第一項）。なお、サントラ盤等を用いて譲渡する場合についても例外的に権利が働く（第九五条の二第二項第二号）。

(5) 実演家の貸与権

①実演家の「レコードに録音された実演」

実演家の実演が一般市販用に録音されたCDなどを公衆向けに貸与することに関する権利である（第九五条の三）。この権利については、発売後「一年間は許諾権」、「残りの四九年間は報酬請求権」とされている。

(6) 実演家の報酬請求権

この権利は、レコードに録音された実演のみが対象である。

①CD等の放送、有線放送（同時再送信を含む）について二次使用料を請求できる権利

実演家の実演が録音された「市販用CD」などが、放送や有線放送（同時再送信を含む）で利用された場合、非営利・無料で放送を受信して同時に有線放送をする場合を除き、放送事業者や有線放送事業者に対して二次使用料や報酬を請求できる権利である（第九五条）。

著作者の場合には、公衆への送信（放送、有線放送、インターネットでの送信（送信可能化を含む）など）は、すべて許諾権の対象とされているが、実演家の著作隣接権の場合は、生の実演については許諾権の対象であるが、録音された実演については送信可能化権だけが許諾権の対象で、放送、有線放送については、報酬請求権とされていることに留意しなければならない。

②ＣＤ等のレンタル（貸与）について使用料を請求できる権利
実演家の実演が録音された市販用ＣＤなどの公衆向けレンタル（貸与）については、発売後一年間は許諾権が付与されているが、二年目から五〇年目までの四九年間については報酬請求権とされている。このため実演家はレンタル店に対して、相当な額の報酬を請求できることとなる（第九五条の三第三項）。

③生の実演が含まれる放送の有線放送による同時再送信について使用料を請求できる権利
生の実演が含まれる放送を受信して、同時に有線放送する場合については、報酬請求権が認められている。ただし、非営利・無料で行われる場合は、この権利は及ばない（第九四条の二）。

（4）日本芸能実演家団体協議会・実演家著作隣接権センターの役割

公益社団法人日本芸能実演家団体協議会（芸団協）とは、俳優、歌手、演奏家、舞踊家、演芸家、演出家、舞台監督などの実演家等の団体が集まり運営する公益法人である。芸術文化の発展に寄与することを目的として一九六五（昭和四〇）年に設立され、現在七〇団体が正会員となっている。

傘下の実演家は約九万人である。

その主な業務のひとつを行う組織として芸団協の中に実演家の著作隣接権に関わる実演家著作隣接権センター（CPRA：クプラ）がある。CPRAは、芸団協、一般社団法人日本音楽事業者協会、一般社団法人音楽制作者連盟の協力関係に基づいて運営されている。この協力関係を見ると音楽に関わる実演家著作隣接権だけを管理しているように見えるかも知れないが、そうではない。

芸団協の管理委託契約約款（一部変更平成二六年三月一八日届出）の第三章には報酬請求権の管理があり、第六条商業用レコード二次使用料、第七条期間経過商業用レコードの貸与報酬に続き、第八条放送実演の有線放送報酬の定めがある。また第四章には私的録音録画補償金の管理を定め、第五章の許諾権の管理には第一〇条レコード実演の管理、第一一条放送実演の管理を行っていることがわかる。

第八条は録音又は録画された放送実演においては、委託者は、実演家の録音又は録画の許諾を得ないで制作され放送されたものに限るが、実演が放送と同時に有線放送された場合の報酬を受ける権利（著作権法第九四条の二）の行使を委任し、受託者はこれを引き受けるとある。

また、第一一条は次のように定めている。

委託者は、放送実演を録音又は録画したテレビ放送用番組（実演家の録音又は録画の許諾を得ないで制作され放送されたものに限る。以下「テレビ番組」という。）に係る次に定める利用方法で、委任契約において指定したものに関する管理（使用料に関する交渉及び利用許諾契約の締結、使用料の収受及び分配その他これに附帯する業務）を委任し、受託者はこれを引き受けるものと

する。（筆者注：以下（一）から（八）まで項目のみ列挙）
（一）国内における放送（ＢＳ）
（二）国内における放送（ＣＳ）
（三）国内における有線放送
（四）海外における放送又は有線放送
（五）航空機等の交通機関内での上映用ビデオグラムへの録音又は録画
（六）市販用又は貸与用ビデオグラムへの録音又は録画
（七）ＩＰマルチキャスト送信
（八）ＩＰマルチキャスト送信以外の送信可能化

また、ＣＰＲＡはホームページにおいて、放送番組二次利用と一任型集中管理事業について、以下のとおり説明している。

ＣＰＲＡは、昨今の放送番組二次利用ビジネスの拡大に対応し、出演者実演家の権利の一任型集中管理事業を行っています。

一任型集中管理事業とは、多数の権利者から委任を受け、権利者に代わって利用につき権利行使を行い、利用の対価である使用料を受領し、権利者に分配する事業です。

放送番組は、原作者、脚本家、作詞作曲家、実演家（俳優、演奏家）などの権利者全員の許諾がなければ二次利用できません。原作者、脚本家、作詞作曲家の権利処理は既に集中管理事業者が行っており、二次利用ビジネスの発展に貢献するとともに、権利者の利益が確保されております。

第7節　映画の盗撮の防止に関する法律

今日のデジタル技術の進歩によって高性能化したビデオカメラを使用して、映画館で映画の盗撮を行い、これによって作成された映画の海賊版がインターネット上で流通したり、販売されたりしている。このことによって、映画館の観客数やビデオソフトの販売・レンタルの売上げが減少し、映画業界は多大な損害を受けているといわれている。

このため、海賊版流通の大きな原因となっている映画館での映画の盗撮を防止するために必要な法律を定めることによって、映画文化の振興及び映画産業の健全な発展を図ることが必要とされていた。

この映画の盗撮の防止に関する法律は、映画の盗撮によって作成された映画の複製物が多数流通し、映画産業に多大な被害が発生している実態があることから、映画の盗撮を防止するために必要な事項を定め、映画文化の振興及び映画産業の健全な発展に寄与することを目的としている。

著作権者の許諾を得ないで、著作権のある映画の録画・録音を行うことは、特に著作権法で定められた例外の場合を除いて著作権侵害となる。ただ、著作権法には、個人的又は家庭内等の限られた範囲内で使用するために複製を行う、いわゆる私的使用目的による複製については、著作権者の許諾を得ることなく行うことができるという例外規定が設けられている（著作権法第三〇条第一項）。

このため、映画館で映画の盗撮が行われた場合であっても行為者が私的使用目的の複製であることを主張したときは、著作権法ではこれを直ちに著作権侵害と認めることが難しく、効果的な対応が十分でなかった。

そこで、この法律によって、映画の盗撮について、私的使用の目的で行われるものであってもこれを違法とすることで、海賊版の流通防止を効果的に行うとしている。

文化庁や警察庁等のホームページを見ることにより以下のように整理できよう。

この法律は、議員立法により第一六六回国会において成立し、二〇〇七（平成一九）年八月三〇日から施行され、映画館等で映画の録音・録画を行うことは、私的使用のためであっても、著作権法第三〇条に定められた例外の適用対象外となった。

この法律は、四条だけで構成されている。以下（一）から（四）に説明する。

（一）目的

この法律は、映画の盗撮によって作成された映画の複製物が多数流通し、映画産業に多大な被害が発生していることから、映画の盗撮を防止するために必要な事項を定めることにより、映画文化の振興と映画産業の健全な発展への寄与を図ることを目的としている。

（二）定義

映画の盗撮の定義は、映画館等において有料上映中の映画や無料試写会で上映中の映画について、著作権者の許諾を得ずにその映画の映像の録画又は音声の録音をすることをいう。また、試写会のように有料での上映に先立って無料で上映が行われる映画の場合も、同じく「映画の盗撮」に当たる。

また映画館とは、映画館やその他不特定又は多数の者に対して映画の上映を行う会場で、当該映画の上映を主催する者によってその入場が管理されているものをいう。

映画を上映するための施設である映画館が典型例だが、多目的ホールなど、必ずしも映画の上映を目的とした施設ではなくても、映画が不特定又は多数の者に対して上映される施設であれば「映画館等」に該当する。ただし、その施設において、その上映を主催する者によって観衆の入場が管理されているものに限られる。

（三）映画産業の関係事業者による映画の盗撮の防止措置

映画の上映の主催者やその他映画産業の関係事業者は、映画の盗撮を防止するための措置を講ずるよう努めなければならない。

二〇〇七（平成一九）年八月六日付警察庁生活安全局を中心に、各都道府県警察宛に映画の盗撮事案に適切に対処を求める「映画の盗撮の防止に関する法律の施行について」の通達が発せられているが、関係事業者の努力義務について、次のように記している。

「映画産業の関係事業者」には、映画の製作事業者、配給事業者、上映事業者等のほか、それらの事業者団体が含まれる。「映画の盗撮を防止するための措置」としては、映画の盗撮が違法であることを各種メディアによる広告、映画館内への掲示等の方法により社会一般及び映画館等来場者に周知すること、映画館等において録画録音機器の持込み禁止、手荷物の検査及び預かり等の対策をとること、観衆に映画の盗撮の発見及び防止のための協力を求めること、映画の盗撮を発見した際の対応マニュアルを作成し、映画館従業員等に対する指導及び訓練を行うこと、上映を行う対象映画の日本国内における最初の上映日及び著作権に関する情報を上映主催者に確実に伝達すること、巡回の実施、防犯システムの構築等により映画館内の監視を強化すること等が想定される。

また、日本映画製作者連盟の事業計画（二〇一二年度）には「映画の盗撮の防止に関する法律」の実効性を確保するために、映画産業関係事業者による盗撮防止措置への取組みを推進する、とある。具体的内容は示されていないが、実際に映画館へ出向くと対象映画の上映の前に、以下のＣＭ（「No more 映画泥棒」）が上映されている。シネコン等で映画を鑑賞する人々にはすぐにわかるＣＭである。

劇場内での映画の撮影、録音は犯罪です。法律により一〇年以下の懲役、もしくは一〇〇〇万円以下の罰金、またはその両方が課せられます。不審な行為を見かけたら、直ちに劇場スタッフまでお知らせ下さい。直ちに警察へ通報します。

（四）映画の盗撮に関する著作権法の特例

著作権法第三〇条第一項では、私的使用を目的とするときは、例外的に著作権者の許諾なく著作物の複製ができることとされているが、この法律では、「映画の盗撮」が私的使用の目的による場合であっても、第四条第一項によって、著作権法第三〇条第一項が適用されないこととなり、著作権法に基づき、損害賠償請求、差止請求のほか、著作権侵害の罪による処罰の対象となり得る。なお、著作権侵害の罪についての刑罰は、一〇年以下の懲役若しくは一〇〇〇万円以下の罰金又はこれらの併科がされ得る。

なお、この特例は、日本国内における最初の有料上映後八か月を経過した映画については適用しない。これは、「映画の盗撮」が特に問題となるのは日本国内の映画館等において最初に有料で上映された際の上映期間であると考えられるが、日本で上映される映画のいわゆる劇場公開期間は、多くは八か月以内となっている。このため、この法律の第四条第一項によって、著作権法第三〇条第一項の私的使用目的の複製の規定の特例を設けるのは、過度の規制とならないよう、映画の盗撮の防止を図るための合理的な期間に限定をして、日本国内の映画館等で有料で上映が行われた日から八か月としたものである。

なお、八か月を経過した後であっても、著作権者の許諾を得ないで、著作権のある映画の録画・録音を行うことが、特に著作権法で定められた例外の場合を除いて著作権侵害となることは、この法律の第四条第一項の規定の適用の有無にかかわらず変わりはない。

第6章　インターネットと著作権

第1節　インターネットへの著作権法による対応

(1) インターネットの普及と発展

デジタル化、ネットワーク化が急速に進みなどというフレーズをよく見かけるが、デジタル技術の発展とインターネット技術の発展とはパラレルな関係にあり、相互に影響し合いながら発展してきた。

インターネットは一九九〇年代後半に世界で急速に普及、発展し始めた。そこで、知的財産権、著作権の世界では、インターネット条約の必要性が叫ばれＷＩＰＯ（世界知的所有権機関）が中心となってＷＩＰＯ著作権条約とＷＩＰＯ実演・レコード条約が一九九六（平成八）年に採択され、日本においては、一九九七（平成九）年にこれに対応した法改正が行われた。ここで新たに整理され制定されたのが公衆送信権等を規定する第二三条である。公衆送信権等については、先に述べたとおり、「放送」も「有線放送」もインターネットの「自動公衆送信権」も含まれている。とくにインターネットの自動公衆送信権や著作隣接権者にあたえられた送信可能化権がこの法改正の中心であった。

「ＷＩＰＯが中心となって」と書いたが、実は日本の提案によって実現されたものである。前掲加戸『逐条講義』（一八七頁）によれば「インターネットが構想される前から、『アクセスに応じたサーバーからの送信』という利用形態の普及を予測して、日本が世界で初めてこのような改正を行ったことは、今日国際的な評価を得ています。この権利を条約にも規定すべきだという日本の主張は、一〇年後の一九九六（平成八）年にようやくＷＩＰＯ著作権条約として結実しています」としている。

このデジタル化、ネットワーク化の進展は、著作権の分野に大きな影響を与えることになるが、まず、デジタル化についていえば、カセットテープのことを考えればわかるように、アナログの場合は、複製（コピー）すると品質が劣化するが、デジタルの場合は、いくら複製（コピー）を重ねても劣化しないとされている。例えば違法に複製（コピー）した音楽カセットテープもそのうち劣化がひどくなり、聴くに耐えなくなるのは事実だが、デジタル化された音楽ＣＤは基本的にそのようなことはないといわれている。このようにデジタル化は素晴らしいことだが、だがこれも悪用されると困ることになる。

次にネットワーク化だが、だれでも簡単に大量の情報を世界中に発信でき、また受信できるようになったが、例えば音楽ＣＤを権利者に無断で違法にホームページなどにアップロードすると、瞬時に世界中に送信され、無数の複製物（コピー）が作成されてしまうことになる。本来なら、音楽作品一曲ごとに権利者の許諾を得てＣＤに収録されていれば、権利者にはその著作物使用料が入って、少しでも経済的に潤う。デジタル化でいくら複製（コピー）しても劣化しない音楽作品がインターネットを通じて世界中に拡散するのである。権利者の被害は甚大なものになる。現在は間違いなくこのような実態にある。このためにも著作権法は法改正を重ねてきているのであるが、その効果は十分ではない。

（2）法改正

デジタル方式で行う私的録音・録画（家庭内、個人で行う録音・録画）については、そのエンドユーザーが著作権者や著作隣接権者に補償金を支払うこととなっているが、補償金は録音・録画用の機器やCD、DVDなどの媒体の価格に上乗せされているので、私たちエンドユーザーは、自分がこの補償金を支払っていることにあまり自覚がない。支払われた補償金は補償金管理協会を通じて権利者に分配され、さらに一部は共通目的事業を行うことによって、結果的に、権利者ばかりでなく多くの人に還元されている。

技術的にインターネット上のホームページなどのサイトに音楽をアップロードして、リクエストに応じて送信できるが、このインターネットでの音楽利用に対して、著作者や著作隣接権者の許諾が必要になっている。それが先に触れた著作権者に与えられた公衆送信権（自動公衆送信権）や著作隣接権者に与えられた送信可能化権である。

そのほかにも、複製（コピー）が繰り返されても劣化しない高品質のCDが大量に作成されないようにするため、例えばCDから他の媒体に複製（コピー）することを回数制限するような技術的保護手段を設けることもできるようになったが、この技術的保護手段を回避する装置を製造し販売することを禁止する法改正もなされている。

さらに音楽に加えて、著作権などの管理や違法な利用を監視するための情報を電子的に埋め込んでおき、追跡管理する方法がある。電子的に埋め込まれた情報（権利管理情報）を勝手に変えてはいけないとする法改正も行われたが、これらのことを知ってか知らずか、違法行為は後を絶たない。これでは、著作権者や著作隣接権者は大いに困ることになり、また、日本の文化の衰退を招くことになりかねない。現状は大変便利になった反面、このような違法状態も増大している状況にある。

(3) インターネットに関わる著作権法上の定義

インターネット上では、プロバイダを中心とする電気通信事業者や何千万という一般ユーザーが、ポータルサイトやホームページ等を開設する中で、音楽をはじめとするさまざまな著作物をそれぞれのポータルサイトやホームページ等にアップロードしている。だが、インターネットに簡単にアップロードできるからといって、なんでも無償で他人の著作物を利用できるわけではない。

一方で、ユーザーがオリジナルのネット小説を書き上げ、インターネットにアップロードするのも自由である。もちろん他の著作物である音楽、俳句、詩歌、写真、漫画などをアップロードするかもしれないが、それらがユーザーのオリジナルでその著作権が譲渡などされていなければ何の問題もない。もちろんプロのプロバイダが自分のポータルサイトに自社が著作権をもつオリジナルの音楽をアップロードすることも問題はない。

すなわちここでは、オリジナルの著作物を創作したユーザーも場合によってはプロバイダも著作権法上は権利者となり、保護を受けることになることにも留意しておく必要がある。インターネットラジオ、インターネットテレビの事業者が自社の独自番組を製作したのであるなら、それも法人著作物等として保護される。

インターネットに関係する著作権法上の定義から入っておこう。著作権法上にはインターネットという用語はない。この用語は著作権法上では公衆送信権という用語に包摂されている。

(1) 公衆送信

公衆送信権の前に、まず公衆送信の定義がある。公衆送信については、著作権法第二条第一項第七号の二に定義されている。

公衆送信　公衆によって直接受信されることを目的として無線通信又は有線電気通信の送信（有線電気通信設備で、その一の部分の設置の場所が他の部分の設置の場所と同一の構内（その構内が二以上の者の占有に属している場合には、同一の者の占有に属する区域内）にあるものによる送信（プログラムの著作物の送信を除く。）を除く。）を行うことをいう。

ひとつの文章の中に括弧がふたつもあって読みにくい規定になっているが、公衆送信とは、インターネット以外にも、放送、有線放送もあればファックスも含まれているという解釈になる。

(2) 公衆送信権等

著作権の支分権のひとつとして公衆送信権が第二三条に定められている。

第二三条　著作者は、その著作物について、公衆送信（自動公衆送信の場合にあっては、送信可能化を含む。）を行う権利を専有する。

2　著作者は、公衆送信されるその著作物を受信装置を用いて公に伝達する権利を専有する。

ここでもやっかいなことに、自動公衆送信という用語と送信可能化という用語と伝達する権利などという用語があり複雑であるが、その意味は以下のとおりである。

(3) 自動公衆送信

受信者がアクセス（選択）した著作物だけが、手元に送信されるような送信形態。受信者が選択した著作物を送信する装置（自動公衆送信装置＝サーバー等）の内部に著作物が記録（蓄積）されるホームページのような場合と、記録（蓄積）されないウェブキャストなどの場合がある。

(4) 送信可能化

この権利は、サーバー等の自動公衆送信装置からの送信ではなく、その前段階の行為である、自動公衆送信装置への「記録」（いわゆるアップロード）や「入力」（ウェブキャストなど記録を伴わない場合）などに及ぶ。こうした行為により、「記録」、「入力」された著作物は、受信者からのアクセス（選択）があり次第送信され得るという状態に置かれるため、これらの行為は送信可能化と総称されている。すなわち無断で送信可能化すると、まだ受信者への送信が行われていなくとも、権利侵害となるわけである。

(5) 伝達権

さらに、伝達する権利とあるのは、公の伝達権といわれる権利で、無許諾で受信機による公の伝達をされない権利で、公衆送信された著作物を、テレビなどの受信装置を使って公衆向けに伝達する、すなわち、公衆に見せたり聞かせたりすることに関する権利である。この権利については、第三八条第三項で大幅な例外が定められ、超大型スクリーンなどを除き、通常のテレビ受信機などによって番組をそのまま公衆に見せる行為は、原則として自由とされている。

(6) 送信可能化権

右記(2)の公衆送信権等（第二三条）の規定は、「著作者は」という主語で始まっているが、このインターネット上の権利については、著作者に限らず著作隣接権者である実演家、レコード製作者、放送事業者、有線放送事業者にも与えられ、送信可能化権（第九二条の二）と呼ばれている。

公衆送信権等の条文のなかに送信可能化という用語があったが、それは先にみたとおりアクセス（選択）があり次第送信され得るという状態を指していたことを思い出して欲しい。

著作権の支分権には公衆送信権があるが、著作隣接権の中には公衆送信権と同様な概念として送信可能化権という権利があるということになる。

このように送信可能化権は著作隣接権者に認められた権利であるが、その権利については既に著作隣接権者の権利で説明したが、念のため以下に整理しておく。

実演等をサーバー等の自動公衆送信装置に「記録」、「入力」することにより、受信者からのアクセスがあり次第送信され得る状態に置くことに関する権利で、「入力」による送信可能化とは自動公衆送信装置への「記録」（蓄積）を伴わない場合であり、ウェブキャスト、インターネット放送などによって、サーバー等を通じてそのまま流す場合が該当する。送信可能化権の対象は以下のとおりである。

①実演家の送信可能化権（第九二条の二第一項）
(i)生の実演
(ii)レコードに録音された実演
(iii)映画の著作物に録音・録画された著作物
②レコード製作者の送信可能化権（第九六条の二）
③放送事業者の送信可能化権（第九九条の二）
④有線放送事業者の送信可能化権（第一〇〇条の四）

第2節　違法複製の急増

(1) 複製互助組織性

インターネットの世界ではさまざまな情報を入手することができるし、また様々な情報を発信することができる。私たちは調べものをする際すぐパソコンに向かい、ヤフーやグーグルの検索機能に頼り、関心のあるホームページ等に接続して内容を確認するようになっている。

このような場合、例えばまずヤフーに行き、ヤフーの検索窓に「ＩＰアドレスとは」と入力すれば、さまざまな団体や個人がそれに応えてくれる。しかも答えは複数用意されている。私たちのパソコンやケータイにもＩＰアドレスが付与され、私たちは意識しないが、ヤフーで検索している。ヤフーにもＩＰアドレスやＵＲＬが付与され、ヤフーに回答を出してくれた団体や個人もＩＰアドレス等を持った人たちである。このヤフーはサービスプロバイダー（ＩＳＰ）であり、この質問者のＩＰアドレスも回答者のＩＰアドレスも管理、把握している。

ヤフーはこの質問者と回答者の情報（ＩＰアドレスや質問、回答内容）をサーバーに蓄積していて、質問者、回答者以外の人も、同様にその内容が、いつでもどこでも読めるわけである。その回答に不満があれば、より正しい回答を行うこともできる。このように、ヤフーが運営するサーバーが中央に存在して、情報のやり取りがされていることがわかる。ある人がある人の誹謗中傷をおこなったとき、一方のある人はその削除を求めることになる。ある人は、その人に削除を求めるのは当然でもあるが、ヤフーに求めることもできる。中央サーバーがあることは、削除については、比較的容易にできるという意味にもなる。

ところが、中央サーバーを必要としない、情報のやり取りが可能な通信技術が開発されている。多数のパソコンやケータイどうしが、中央サーバーを必要としないまま情報のやり取りを行っている。一般ユーザーの名もない端末装置に対して、他のユーザーの端末装置が直接アクセスするというのである。

このように、技術的には大きく分けて中央サーバー型と中央サーバーがない型のものの二種類があり、前者は、接続しているユーザーの情報やファイルのリストを中央サーバーが管理し、ファイルの転送のみを利用者間で直接行う形態であり、ファイル共有ソフトのさきがけとなったナップスター（Napster）はこの形態をとっていた。これに対し後者は、情報を管理するサーバーがなく、すべての情報がバケツリレー式にユーザー間を流通する形態である。日本では、中央サーバー型としてはＷｉｎＭＸが、中央サーバーがない型としてはＷｉｎｎｙが使われており、ＷｉｎＭＸでは二〇〇一（平成一三）年一一月に、Ｗｉｎｎｙでは二〇〇三（平成一五）年一一月に著作権侵害の疑いで逮捕者が出ている。

いずれにしても、すなわち中央サーバーがあるにしても無いにしても、自分が持っている音楽ファイルや動画ファイルを他人とやり取りできるのであり、複製互助組織性ともいうべき内容であり、中央サーバーが存在すれば、著作権侵害行為者は特定し易いものの、中央サーバーが存在しないＷｉｎｎｙやＳｈａｒｅなどによる著作権侵害行為に対して未だ有効な解決策は見いだせていない。

(2) インターネット上の事件

インターネット上の著作物に関わる事件は既に多数あるが、別冊ジュリストの『メディア判例百選』や『著作権判例百選第四版』にも数多くのインターネット上での事件が掲載されているので、参考にして欲しい。これらを見ると、インターネット上の訴訟事例は、法改正が行われた一九九六（平成八）年以降であることがわかる。

その中から訴訟事例として以下を取り上げておこう。

(1) ファイルローグ（日本ＭＭＯ）事件〔東京高裁平成一七年三月三一日判決：平成一六年（ネ）第四〇五号〕

法律専門誌や書籍でも取り上げられるインターネット上での有名な事件である。日本におけるファイルローグ（日本MMO）事件の前に、既に同様な事件がアメリカ（米国）で起こっている。米ナップスター（Napster）事件である。この日本のファイルローグ事件と米ナップスター事件は、世界中に拡散した網の目のようなインターネットの世界における同質な事件として日本国内ではよく同時に解説されてきた。まずは先行する米ナップスター事件を見ておこう。

①米国ナップスター事件　ナップスター社は、米国において、インターネットでのピアツーピア（Peer to Peer）技術を用いてユーザー間で直接音楽の電子ファイルを交換することを可能にするサービスを始めた。ナップスター社が始めたサービスは、ユーザーに電子ファイルの交換を可能にするソフトウェアを配布し、そのソフトウェアを受け入れたユーザーを会員として、会員のパソコンに蔵置されている音楽ファイル情報のインデックスを自らの中央サーバーを経由して提供するというものであった。

米国のレコード会社や音楽出版社がナップスター社に対し、音楽著作権侵害差止の仮処分の申立を行ったのがこの事件である。

米国第九巡回区連邦控訴裁判所は、二〇〇一（平成一三）年二月一二日に次の判決を出している。

(i)著作権の対象である音楽ファイルを無料で交換するユーザーの行為は、複製権と頒布権の直接侵害行為であって、フェアユースに当たらない。

(ii)ナップスター社は、音楽ファイルの無料交換を可能にするサイトを提供しているから、ユーザーが行う直接侵害について実質的に寄与している。寄与侵害である。しかも、侵害物である音楽ファイルの提供を現実に認識しているから故意の寄与侵害者である。

ナップスター社には、侵害物を探索する能力があり、システムに対するユーザーのアクセスを停止する権限もあるから、代位責任の管理・支配の要件を充足する。ナップスター社の将来の収入は登録ユーザーが増えることに依存しているから経済的利益の要件も充足するとして、代位責任も認めた。

このように、事件は米ナップスター社の敗訴となっている。既に同様なサービスを提供していた会社やこれから行おうとしていたサービス会社は、この決定からサービスを取り止めることになる。ところが、米国でこのような決定がなされて、それなりの社会的影響もあり、サービスを自粛しようとした風潮の中、日本で同様な事件が起こる。これがファイルローグ（日本MMO）事件である。

②ファイルローグ（日本MMO）事件　原告である音楽の著作権管理事業者JASRACもまず、予想される被害の大きさや緊急を要することから、ファイル交換サービス差止の仮処分申請を東京地裁に行った。また、直後に差止請求と損害賠償請求の本案訴訟を提起している。

結果は、ファイルローグ社が一審敗訴後控訴し、中間判決や終局判決といった経過をたどったが、当然にJASRACの勝訴である。米国法と日本法の表現は異なるが、米国のナップスター事件の決定内容とその主旨において大幅に異なることはなかった。

(2) Ｗｉｎｎｙ事件〔京都地裁平成一六年一一月三〇日判決：平成一五年（わ）第二〇一八号。原審：大阪高裁平成二一年一〇月八日判決：平成一九年（う）第四六一号。最高裁平成二三年一二月一九日決定：平成二一年（あ）第一九〇〇号〕

これから、Ｗｉｎｎｙ事件を、著作権法違反幇助被告事件として取り上げるが、このＷｉｎｎｙ事件の前に、また米国の事件を検討する。

①米国グロクスター事件　ナップスター事件におけるナップスター社は、Ｐ２Ｐの技術によって、ユーザー間で直接電子ファイルの交換をすることができるようにするソフトウェアをユーザーに配布するのみならず、ユーザーを会員として、会員の有する電子ファイル情報のインデックスを作成し、中央サーバーを経由して提供するという継続的な関与をしていた。この中央サーバーがあることが重要になる。

ナップスター社のサービスが違法との決定がなされるや、グロクスター社らは、ユーザー間の電子ファイルの交換のためにインデックスを作成するといったことはしないで、ユーザーに対して電子ファイル交換用のソフトウェアを配布するだけのサービスを始めたのである。すなわち、ナップスター社では中央サーバーを使っていたが、グログスター社らは、中央サーバーを利用しないで、直接ユーザーに対して電子ファイル交換用のソフトウェアを配布するだけのサービスを始めたわけである。そうすれば、ナップスター社のような著作権法上の責任を問われなくなると考えたのであろう。

著作権者は、グロクスター社らのソフトウェアの配布差止と損害賠償とを求めてナップスター事件の決定を下したのと同じ第九巡回区連邦控訴裁判所に訴えたが同控訴裁判所は、それぞれのソフトウェアが実質的に必ずしも著作権を侵害するとは限らない商品であることを前提として、グロクスター社らは、寄与侵害と代位侵害のいずれの責任を負うこともないとの結論を下したのである。

ここでは、中央サーバーがなくグロクスター社らの責任が十分問えないということと、電子ファイル交換用のソフトウェアを配布したとしても、そのソフトウェアは必ずしも著作権を侵害するための商品とはいえないとした。

しかし、連邦最高裁判所は、ファイル交換システムの提供者がユーザーによる直接侵害を助長、誘因したことに責任を求め、グロクスター社に違法行為を誘発する意図があった旨の控訴審とは異なる判断を下すことになる。以下その評価について『JASRAC概論』（日本評論社一九一頁　田中豊）から引用する。

> ある装置を配布した者が著作権侵害を推奨することに向けた言動をしたことを証明する証拠がある場合は、ソニー事件判決の採用した主要商品ルールによって、免責が認められることはなく、第三者のした権利侵害行為の責任を負うと判断し、推奨ルールを採用することを宣明した。

連邦最高裁判所判決は、分散型P2Pソフトウェアの配布者の責任を完全に免責するという結果になる第九巡回区連邦控訴裁判所の判決の落ち着きの悪さを正面から問題にし、技術の構造を変えることによって、著作権侵害の二次的責任を免れることを許さないとすることによって、著作権の実効的保障という価値と技術革新という価値とのバランスをとるべく腐心したものと評価することができる。しかし、推奨ルールの適用場面が広いとはいえないこともあり、ある技術を用いた商品を配布したことを理由に著作権侵害の二次的責任を負うかどうかを明確に予測しえない状況が続いている。

②Ｗｉｎｎｙ事件　次に日本における事案を取り上げるが、中央サーバーがある米国のナップスター事件、日本のファイルローグ事件、中央サーバーがない米国のグロクスター事件に続けて、中央サーバーがない日本のＷｉｎｎｙ事件を考察する。ウィニー事件は最高裁で審理されていたが、二〇一一（平成二三）年一二月一九日決定が下され、終結している。

この事案は、Ｐ２Ｐを用いたファイル共有ソフト「Ｗｉｎｎｙ」を開発し、ホームページ上に公開して、不特定多数の者に提供していた者を著作権法違反幇助被告人として、刑事責任を問う事案である。

Ｗｉｎｎｙとは中央サーバーを必要としないＰ２Ｐ型ファイル共有ソフトである。

一審は有罪（罰金一五〇万円）であったが、控訴したところ、無罪であった。最高裁で審理されたが、結果は無罪であった。

検察は、被告人のホームページからダウンロードしたＷｉｎｎｙを使って自分のパソコンからゲームソフトなどの著作物をインターネット上にアップロードして送信可能な状態にし、著作権侵害行為をおこなっていたユーザー二人を正犯として、さらに被告人がＷｉｎｎｙを提供したことはこれら正犯二人の著作権侵害行為を幇助したものであるとして、被告人を著作権法違反の幇助犯として起訴したものである。正犯の二人と被告人の関係はない。

Ｗｉｎｎｙというファイル交換ソフトは、すぐれた技術の結晶である。技術は中立的な価値を持つものであり、良くも使われるし、悪くも使われるものである。この事案で多くの人が引き合いに出す包丁と同じである。包丁は、肉や野菜を切るものであるが、ときには殺人事件の凶器としても使われてしまう。殺人事件を起こしたものは正犯である。ところが、包丁を売った金物屋は殺人犯を手助けしたから幇助犯だとして刑事責任を問われるのかということになる。

これも状況によることにならないであろうか。Ｗｉｎｎｙを使って音楽やゲームや映画が勝手に、違法にアップロードされダウンロードされているのである。その被害額、損害額は甚大なものである。このような状況の中でも、技術＝Ｗｉｎｎｙは中立的なものであるから、幇助犯などとするわけにはいかないと高裁は判断して無罪としたのである。

上告され、最高裁で二年にわたり審理されてきたが、最高裁の判断は無罪であった。最高裁判所の判例検索システム検索結果詳細画面の裁判要旨には以下の記載がある。

適法用途にも著作権侵害用途にも利用できるファイル共有ソフトＷｉｎｎｙをインターネットを通じて不特定多数の者に公開、提供し、正犯者がこれを利用して著作物の公衆送信権を侵害することを幇助したとして、著作権違反幇助に問われた事案につき、被告人において、（一）現に行われようとしている具体的な著作権侵害を認識、認容しながらＷｉｎｎｙの公開、提供を行ったものではないことは明らかである上、（二）その公開、提供に当たり、常時利用者に対しWinnyを著作権侵害のために利用することがないよう警告を発していたなどの本件事実関係（判文参照）の下では、例外的とはいえない範囲の者がそれを著作権侵害に利用する蓋然性が高いことを認識、認容していたとまで認めることも困難であり、被告人には著作権法違反の幇助犯の故意が欠ける。（反対意見がある）

これが、今回の最高裁決定のエッセンスではある。だが、この決定は、最高裁判所第三小法廷で裁判長裁判官を含め全五名の裁判官で審理され、裁判官全員一致の決定であると決定文には記載があるものの、決定文全二〇頁のうち、裁判官大谷剛彦の反対意見が一〇頁にも及んでいる。頁数は問題ではないにしても、この反対意見には見るべきものがある。

私（筆者注：大谷剛彦）は、本件において、被告人に侵害的利用の高度の蓋然性について認識と認容も認められると判断するものであり、多数意見に反対する理由もここに尽きるといえよう。（決定文一五頁）

通常は、このような侵害的利用の高度の蓋然性に関する客観的な状況についての認識を持ちながら、なお提供行為を継続すれば、侵害的利用の高度の蓋然性もまた認めるべきと思われる。（同上一六頁）

しかしながら、個々の侵害行為におけるソフトの果たす役割が大きくないにしても、前述のように、本件Ｗｉｎｎｙは、侵害的利用の容易性といったその性質、不特定多数の者への無限定の提供というその態様などから、大量の著作権侵害を発生させる素地を有しており、現にそのような侵害的な利用が前述のように多発もしていたのであって、法益侵害という観点からは社会的に見て看過し得ない危険性を持つという評価も成り立ち得よう。侵害される法益は、侵害に対しては懲役刑（本件当時長期三年以下の懲役）をもって保護される法益である。（同上一八頁）

本件において、権利者等からの被告人への警告、社会一般のファイル共有ソフト提供者に対する表立った警鐘もない段階で、法執行機関が捜査に着手し、告訴を得て強制捜査に臨み、著作権侵害をまん延させる目的での提供という前提での起訴に当たったことは、いささかこの点への配慮に欠け、性急に過ぎたとの感を否めない。（同上一九頁）

一方で、一定分野での技術の開発、提供が、その効用を追求する余り、効用の副作用としての他の法益の侵害が問題となれば、社会に広く無限定に技術を提供する以上、この面への相応の配慮をしつつ開発を進めることも、社会的な責任を持つ開発者の姿勢として望まれるところであろう。（同上二〇頁）

以上の大谷裁判官の反対意見は、技術の中立的価値と社会への影響の関係を深く洞察している。効用を追求する余り、効用の副作用への相応の配慮が欠けている旨指摘し、技術の開発者としての責任にも触れていることは非常に注目するところである。

第3節　違法複製への対応

(1) 著作権管理事業者の対応

(1) JASRACの対応

インターネット上で利用される著作物の中で音楽はその比重が非常に大きい。だが、先に見てきたように、インターネット上の著作物の違法利用が膨大なものであり、日本レコード協会ホームページには、「違法ファイル等の推定ダウンロード数は四三・六億ファイルであり、正規有料音楽配信の二〇一〇年ダウンロード数四・四億ファイルのおよそ一〇倍である。また、これを正規音楽配信の販売価格に換算すると六六八三億円となり、正規音楽配信の二〇一〇年間売上八六〇億円のおよそ八倍に相当する」とある。

すなわち、音楽の著作物はいとも簡単に関心ある音楽を自分のホームページ等にアップロードすることやダウンロードすることができる。そこでの意識は、既成の音楽のアップロードやダウンロードが著作権を侵害することを知らない場合も、知っていてわざと行う場合もある。だが、合法（適法）にあるいは非合法（違法）にアップロードしているサイトに、検索エンジン（クローラー）を利用し、チェックすることができる。

ＪＡＳＲＡＣでは早くからこのシステム（Ｊ－ＭＵＳＥ）を導入して対応してきた。具体的対応方法は、ネット上に検索エンジン（クローラー）を周回させ、違法なサイトをピックアップし、違法であれば、直ちに著作権の手続をとるように勧め、それに応じなければ、プロバイダ責任制限法に基づき、あるいは、プロバイダ責任制限法が定める信頼性確認団体の責務として、その違法サイトを運営するプロバイダに音楽著作物（ＪＡＳＲＡＣの管理著作物）の削除要請をしている。

いうまでもなく、ＪＡＳＲＡＣは、著作権法に定められた公衆送信権に基づき、インターネット上の管理著作物の利用につき、インタラクティブ配信の使用料規定を定め、これに従い使用料を徴収し、音楽の著作権者に分配している。

(2) コンピューターソフトウェア協会の対応

一般社団法人コンピュータソフトウェア著作権協会（ＡＣＣＳ）は、プロバイダ責任制限法が定める信頼性確認団体でもある。ホームページ上で二〇一一（平成二三）年度の著作権侵害対策支援活動の状況について報告している。

①刑事事件への支援について、刑事摘発が行われた件数が、捜査機関の体制強化によって、平成二二年度については四五件であったが、平成二三年度については八三件と大幅に増加している。

②著作権侵害を受けたコンテンツのジャンルは多岐にわたると同時に、ファイル共有ソフト「BitTorrent」や海外の動画配信サイトへの違法アップロードなど新たな形態の著作権侵害の初摘発を行った。

③刑事事件への支援を行った事案につき、著作権者であるＡＣＣＳ会員企業と加害者との間で

損害賠償の支払について合意した。

④組織内におけるソフトウェアの不正コピーに関する情報提供件数は一〇六件。ＡＣＣＳ会員企業からの報告によると、平成一〇年度以降の和解金総額は約九九億一千万円となった。

この①の八三件の内訳は、ファイル共有ソフト「Share」四二件、同「BitTorrent」四件、ストレージサーバー悪用、海賊版販売などが続いている。また、ジャンルについては、ビジネスソフト一四件、ゲームソフト一〇件、アニメーション三〇件などがある。

民事事件の支援案件は、次のようなものである。

①刑事事件後の損害賠償請求として、ファイル共有ソフト「Share」を通じてゲームソフトを著作権者であるゲームメーカーに無許諾でアップロードしていたことにより、著作権侵害で刑事罰の有罪判決を受けた者に対して、別途、ゲームメーカーが損害賠償を請求していた案件につき、損害賠償の支払いに合意している。

②飲食店におけるゲームソフトの無許諾上映が行われているとの情報に基づき、ＡＣＣＳから、全国のゲームバーに対し、著作権の遵守を要請する警告文書を送付している。

③組織内におけるソフトウェアの不正コピーの防止のため、ソフトウェア管理者養成講座を大阪、東京で行い、ウェブサイト上に「よくわかるソフトウェア管理」を掲載している。またソフトウェア管理の徹底を要請する文書を民間企業に六〇〇通、国公私立大学、専門学校宛一五〇〇通送付している。

ＡＣＣＳは、今後もセミナーやキャンペーンの実施等の啓発活動を行い、著作権侵害、あるいはそれを助長する行為に対しても積極的に対応し、豊かな文化社会の実現にむけ活動していく旨表明している。

(2) プロバイダの対応

(1) プロバイダとは何か

プロバイダとはインターネット接続事業者（電気通信事業者、特定電気通信役務提供者）のことである。インターネットという場に登場するためには、個々のパソコンやケータイをインターネットに接続する必要がある。第７章　放送と著作権でも触れているが、その接続を行う事業者を電気通信事業法で電気通信事業者と定めている。この電気通信事業者は、プロバイダ責任制限法（「特定電気通信役務提供者の賠償責任の制限及び発信者情報の開示に関する法律」〔二〇〇二〔平成一四〕年五月施行〕）や著作権法の規制も受けている。

電気通信事業者には、自社で通信設備を保有してサービスを提供している事業者（旧第一種通信事業者）と、自社では、通信設備を保有せずに、他の事業者から設備を借りることによってサービスを提供する事業者（旧第二種通信事業者）がある。現在では法改正によりこの第一種、第二種の区別はない。加入電話や携帯電話サービスを提供するＮＴＴ、ＫＤＤＩ、ソフトバンクは自社で通信設備を保有してサービスを行っている。旧第二種の通信事業者にはインターネットサービスプロバイダを専業とする事業者や情報サービス会社、警備会社などが該当する。

電気通信事業者は、インターネットサービスプロバイダ（ＩＳＰ）やインターネット接続事業者などと呼ばれることもあるが、基本的には、インターネットへの接続を希望する個人や団体に対し、一定の対価を徴収したうえで、接続サービスを提供している。そのほか電子メールアカウントの提供、ウェブページ公開用スペースの提供などを行い、ＩＳＰ独自のポータルサイトを運営、さらにはコンテンツサービスを提供しているのが一般的な業態である。

日本の主なプロバイダには、ＮＴＴグループ、ＫＤＤＩグループ、ソフトバンクグループ、鉄道会社グループ、電力会社グループ、電気メーカーグループ、ケーブルテレビ・有線ラジオ放送グループなどがあり、社団法人日本インターネットプロバイダー協会の正会員数は一七〇を数えている（二〇一二年四月現在）。

(2) プロバイダ責任制限法

プロバイダによる著作権侵害行為に対する対応は、プロバイダ責任制限法（「特定電気通信役務提供者の賠償責任の制限及び発信者情報の開示に関する法律」）の規制を受け、それを実施しているものである。

他人の著作物をインターネット上で送信することなどは、権利者に無許諾で行ってはならない行為である。放送などの場合は、誰が無許諾で放送しているかの確認は比較的容易であるが、インターネットで利用された場合は、誰がサーバー等への蓄積や入力をしているのかを確認することが極めて困難である。

このような場合、権利者は、侵害者の特定が可能なサーバー管理者（プロバイダ）に対して、権利侵害されていることや、その著作物をサーバーから削除することを請求することや、訴えを起こすためなどに、誰が、蓄積、入力しているかを開示請求することになる。

しかし、プロバイダは、利用者（蓄積、入力する人）との契約に基づいてサーバーを貸しているため、利用者に無断で削除すると、利用者から契約違反で訴えられる可能性がある。また、利用者の名前を開示すると、逆にプライバシーの侵害や通信の秘密の漏洩に問われる可能性が出てくる。

このような事態に対応するため、プロバイダの責任の範囲（どのような措置をとれば、利用者、権利者の双方から訴えられずにすむかということ）を定めたのが、プロバイダ責任制限法である。

インターネットを通じた権利侵害は、著作権侵害だけではなく、プライバシー侵害、肖像権侵害、名誉毀損など、さまざまな場合があるため、この法律は、これらすべてを対象とするものとして定められている。

その内容としては、第一に、サーバーからの削除請求が権利者からあった場合については、権利侵害が明らかである場合と明らかではない場合を分け、前者の場合には、プロバイダーは、その情報を直ちに削除しても利用者から訴えられることはなく、逆に削除しないと権利者から訴えられる立場に立つことになる。また後者の場合には、いったん利用者に通知するなどの手続きが定められている。

第二に、権利者による、誰が蓄積、入力しているかの開示請求については、この法律で新たに発信者情報開示請求権が権利者に与えられることになったが、実際に開示がなされるか否かは、裁判所の判断になる。インターネットという場である以上、侵害の範囲や損害額の大きさなどを考慮すれば、迅速な決定がなされる必要がある。

(3) 違法配信からの私的使用目的のダウンロードに関する第三〇条の改正

著作権法の一部を改正する法律が第一七一回国会において成立し、二〇一〇(平成二二)年一月一日から施行されている。

改正前の著作権法では、違法配信からのダウンロードを禁止する規定がなかったため、著作権を侵害して配信されている音楽や映像と知っていても、個人的な利用のためにダウンロードすることは違法とはされていなかった。

しかし、インターネットの高速化・大容量化を背景に、携帯電話向け違法音楽配信サイトやファイル交換ソフト等によって、違法に配信される音楽や映像がダウンロードされる数が、正規の配信市場を上回る膨大な規模となっているとの報告(前出レコード協会HP等)があるなど、アップロード側の取り締まりだけでは対処できない状況があった。

この問題に対処するために、インターネット上で著作権を侵害してアップロードされている音楽・映像等について、その事実を知りながらダウンロードを行うことは私的使用のためであっても、第三〇条に定められた例外の適用範囲から除外し、原則どおり権利者の許諾を要することになった。だが罰則を設けることは行わなかった。

だが、罰則がない以上、違法ダウンロードはあとを絶たなかったため、業界が動き、政府が二〇一二(平成二四)年三月に国会に提出した著作権法改正案には盛り込まれていない規定であったが、国会審議の中で修正し、この国会で改正された。

それまでの著作権法では、著作権者の許可がないインターネット上へのアップロードは処罰対象となっているが、ダウンロードについては刑事罰がなく、音楽業界などが罰則を設けるよう求めていた（第6節参照）。

第4節　フェアユース／日米の比較

（1）グーグル書籍検索問題

書籍一冊まるごとデジタルスキャンし、インターネット検索に対応できるように、その書籍に記載のあるさまざまな情報を、整理し、ユーザーに対するサービスを行う。これが既に稼働しているグーグルのブック検索である。グーグルは、英語、ドイツ語、フランス語、日本語など多くの言語の書籍を一〇〇〇万冊以上デジタルスキャンし終わっているといわれている。一般ユーザーはもちろんのこと、研究者や専門家にとっても非常に便利な検索ツールといってもいいのである。

しかし、グーグルは大学との契約により米国の大学図書館にある蔵書をデジタルスキャンする許可を得たものの、著者や出版者の許諾を得ないまま、無断で本のデジタルスキャンを繰り返していた。その中には、現在も書店で販売中のものまで、多数含まれていたとされている。

そして、二〇〇五（平成一七）年九月から一〇月にかけて、アメリカの作家組合と全米出版社協会が著作権侵害だとしてグーグルを訴えたのである。

一方訴えられたグーグルは、図書館資料をデジタル形式でコピーし、データベース化して、その一部を閲覧できるようにすることは、アメリカ著作権法上認められたフェアユース（公正利用）にあたると反論した。

そして、二〇〇八（平成二〇）年一〇月、両者は和解に進み、二〇〇九（平成二一）年二月、米国の裁判所が予備承認したという和解案なるものが、世界に向けて提示されたのである。

この訴訟にはさまざまな問題が残されている。まず、グーグルのこの問題に対する正当性やその根拠は、アメリカ著作権法に定めのある「フェアユース（公正利用）」規定にある。以下に見よう。

第一〇七条　排他的権利の制限：フェア・ユース

第一〇六条および第一〇六A条の規定にかかわらず、批評、解説、ニュース報道、教授（教室における使用のために複数のコピーを作成する行為を含む）、研究または調査等を目的とする著作権のある著作物のフェア・ユース（コピーまたはレコードへの複製その他第一〇六条に定める手段による使用を含む）は、著作権の侵害とならない。著作物の使用がフェア・ユースとなるか否かを判断する場合に考慮すべき要素は、以下のものを含む。

（一）使用の目的および性質（使用が商業性を有するかまたは非営利的教育目的かを含む）。

（二）著作権のある著作物の性質。

（三）著作権のある著作物全体との関連における使用された部分の量および実質性。

（四）著作権のある著作物の潜在的市場または価値に対する使用の影響。

上記のすべての要素を考慮してフェア・ユースが認定された場合、著作物が未発行であるという事実自体は、かかる認定を妨げない。（「外国著作権法令集（四二）アメリカ合衆国編」社団法人著作権情報センター　二七頁）。

日本の著作権法は、著作者の権利として著作者人格権と財産権としての著作権を認める。だがどの法律もそうであるように、著作権法も著作者等の権利として全て絶対的に認めているわけではない。公共の福祉や公益等の前に、著作者や著作権者の権利は制限される。日本の著作権法だけではなく、微妙な差はあるものの、世界でもそのように扱われる。日本の著作権法では第三〇条〜第五〇条までが、制限規定と呼ばれ、著作者は、我慢を強いられる構造になっている。

日本の著作権法は、第三〇条〜第五〇条まで非常に細かく分けて権利を制限しているのであるが、それも、例えばインターネット上での他人の著作物の利用など、著作物の新しい利用形態が現れたとき、従来の規定により、その新しい利用形態に対し、権利の対象とするか否か、権利制限するか否かをまず検討する。それが可能でなければ、従来の法律の第〇条に入れようとか、新設しようとかの判断になるのだろう。いずれにしても、まず法を制定し、その法にその利用実態を適合させる形をとってきた。

アメリカ著作権法を見てみると、第一〇七条にフェアユースの規定が四つの要素とともに定められている。さらに日本と同様に具体的な制限規定も列挙されている。もちろん判例法の国であり、具体的な判例も多数存在する。だが新しい利用形態が出現したとき、この四つの要素で対応が可能だろうかという疑問が残る。すなわちこのフェアユース規定は解釈の幅が非常に大きいように感ずるのである。

ここで問題とされているのは、グーグルの無許諾デジタルコピー行為に対してであり、グーグルはアメリカ著作権法上のフェア（公正）な利用であって何の問題もないと主張したわけであるが、アメリカ国内の著作権者も全世界の著作権者もグーグルの主張は誤っていると指摘している。訴訟の過程で、和解案が提示されるが、その方法は、私たち日本人にとっては非常に傲慢とも思えるものであった。

このグーグル問題の大きな特徴は、アメリカ国内で争われた裁判でありながら、国際的な著作権条約（ベルヌ条約）との絡みで、日本をはじめとした世界各国の著作権者までがグーグルに著作権を侵害された被害者（原告）と見なされたことだ。その上で、世界中の著作権者らは、和解案の定めた期限までに何らかの意思表示をするよう、一方的に求められたのである。しかも、著作権者が和解案の存在を知っていようがいまいが、期限がくれば自動的に和解に応じたことにされたのである。はっきりＮＯといわない限りＹＥＳと見なされるのである（オプトアウトと呼ばれる：拒否権、拒否、脱退の意思表示）。

さらにいえば、この和解案に異議があるなら、期限までにアメリカの裁判所に自費で異議申し立てをしなければならなかった。日本国内で裁判に比較的慣れていたとしても、アメリカの裁判所に異議を申立てるということは簡単ではない。そのような、日本をはじめとして世界中の著作権者にそんなことをいってしまうグーグルの対応には驚きを隠せないということになる。

このような日本にはない裁判制度「クラスアクション」（集団訴訟）は、公害事件や薬害事件、消費者事件などの被害者をまとめて救済しようという趣旨で設けられている。原告が被害者全員を代表する形で裁判を行い、判決で得た成果はすべての被害者が受けることができる。だが、アメリカの裁判制度であるクラスアクションが、どうして日本国内の権利者に適用されるのか。普通は、知る由もないアメリカの法律が日本に居て突然適用され、原告や被告にされたりすることは、許されることではない。

身に覚えがあることであるならともかく、日本に安全・安心して生活しているものが、ある日突然アメリカ法によればとか、フランス法によれば、ドイツ法によればなどとして原告や被告にされたりしたのでは、安心して生活できないのは当然である。

グーグルは、アメリカ以外の国々の著作権者にまで、クラスアクションを拡大して一気に解決してしまおうと判断したのであろう。

これだけ、世界のグローバル化が進めば、周知のとおり、世界の利害関係は対立したままになることも多い。そこで、世界は知恵を出し合ってさまざまな国際条約やそれに基づく国際機関等を設けて、諸問題を解決している。象徴的な機関が国際連合（国連）である。グーグルがとった行動理由は、著作権の国際ルールとしてのベルヌ条約による、とされている。

例えば音楽を例にとってみよう。音楽の著作物は、世界中で利用される。世界各国で利用されれば、世界各国の音楽著作権管理団体等が音楽著作物の使用料を徴収して、原権利者がいる本国へ使用料を送金する。著作権は国内だけの保護だけでなく、世界でも同様に保護される（このベルヌ条約の考え方を内国民待遇の原則という）。

アメリカの裁判所は、このベルヌ条約内国民待遇の原則に基づき、アメリカ国民を保護するのと同様に、アメリカ以外の国民の著作物の著作権者にもクラスアクションを広げたのである。

この訴訟には他にも疑問点はたくさんあるが、グローバル化が進むなかで、このような事件に、いつの間にか巻き込まれることがあるということを示している。著作権問題を考えるに当たっては、国際的視野が必要とされる理由である。

(2) グーグル書籍検索問題と電子書籍問題

(1) 日本の著作者の反応

グーグル問題に関する日本の著作者の反応を見ておこう。

二〇〇九（平成二一）年五月一日付の朝日新聞によれば、詩人の谷川俊太郎が記者会見をしてグーグルは一方的であり、日本ビジュアル著作権協会の会員一八〇人が和解集団から離脱することを通知したとある。また日本文藝家協会は、会員に意思確認の調査をしたところ「和解した上で、グーグルの書籍データベースからの著作物の削除を望む」と多くの会員が回答しているとある。

二〇〇九年一一月一六日のYOMIURI ONLINEでは、修正案が日本の書籍を除外する内容となったことに関し、日本ペンクラブは「我々の主張が一定程度、認められたが、細かい点についてはまだ検討が必要」とコメントしている。日本文藝家協会も「新しい和解案が出たとしても、グーグルが無断で日本の書籍のデジタル複製を行った事実が消えるわけではなく、その点は糾弾を続けたい」としている。

さらに、二〇一〇（平成二二）年一月二六日、日本ペンクラブはグーグルが無断でデジタル化した日本の書籍のデータを破棄するよう求める意見書をニューヨークの連邦地裁に提出すると発表し、また、データを破棄する前に日本側に無償で提供する意思があるかどうかも回答するように求めている（二〇一〇年一月二七日朝日新聞朝刊）。

(2) 日本の国会図書館の反応

二〇一〇年二月一三日付朝日新聞では、「グーグルの英語支配　無視される各国語文化　日本に危機感はあるか」、という記事見出しで、国立国会図書館長（長尾真）に対するインタビュー記事を掲載している。

はじめに、長尾館長をして、アメリカのグローバル企業グーグルが仕掛けた世界規模の書籍デジタル化事業に対抗して、日本語文化を守る独自の「デジタル図書館」を主張していると紹介している。長尾館長はインタビューに応え、以下のように発言している（要旨）。

> 資金力のある一企業が、世界中の知識を独占的に集めることへの危険性、知的財産の公開という公共性の高い仕事をある国のある企業に任せるという心配、アメリカの著作権法にはフェアユース規定があるが、全世界共通のルールではないし問題もある、グーグルは部分的には閲覧させるが最終的には商業目的である、国会図書館は、書籍という人類の知的遺産を何百年という視野で保存し、後世に伝え、広く一般に原則無償で提供するが、グーグルは今は巨大な企業かもしれないが一〇〇年続くかわからない。国立国会図書館なら半永久的に資料を保存し、サービスも続けられる。

出版社、作家と一緒に国立国会図書館所蔵のデジタル書籍を利用してインターネットで有料配信するシステムの仕組み作りを話し合う場として、二〇〇九年一一月に『日本書籍検索制度提言協議会』が設立された、書籍のデジタル化はもはや避けられない。作家や出版社、弁護士らと配信方法や著作権使用料の分配の仕方などを検討し、誰もが不利益を被らないビジネスモデルを作りたい、経済産業省や総務省、文部科学省も応援してくれている、著作権処理をする非営利の第三者機関の設立、国会図書館は蔵書データをそこに無償で貸し出す、第三者機関は著作権処理をしたうえ、利用者に有料で貸し出し、利用料金を徴収して著作権者に分配する、利用料金は図書館への交通費程度を想定している、日本の図書館のデジタル化の進展は遅れている、アメリカ、イギリス、フランス、ドイツ、韓国、中国は国が巨費を投じてデジタル化を進めている。すでに配信中の『近代デジタルライブラリー』は国内、海外の日本研究者から好評である。

(3) 日本の出版界の反応

この国立国会図書館長の発言について、出版界からの批判もある。

二〇一〇年四月二三日付産経新聞には、長尾国立国会図書館長インタビュー記事とともに、出版流通対策協議会の高須次郎会長がインタビューを受けているが、高須会長の発言を見ておこう。

長尾館長は、館外利用者がパソコンなどを通じて読む場合は、課金を考えており、『電子出版物流センター(仮称)』と名付けたNPO法人が料金を徴収して、著作者と出版社に利益配分するという。しかし、納本制度を利用して安く入手した本を税金でデジタルデータにすれば、本の原価とは関係のない値付けとなり、低料金になるだろう。図書館までの電車賃程度を想定しているようだ。それでは、出版社は大打撃を受ける。製作費が回収できない。コスト面で競争にならないから民業圧迫だといっている同業者は多い。配信サービスは出版社に任せるべきだろう。

この発言を裏付けるようなことが起こる。二〇一〇（平成二二）年五月二一日付朝日新聞には、「iPad元年　生き残り模索、出版界主導権確保狙う　書店衰退に危機感」、との見出しが躍っている。人気作家京極夏彦の『死ねばいいのに』の新刊本、すなわち紙の本で刊行されたものを、電子書籍としてiPadへ配信するとの講談社の記者会見である。紙の本は税別で一七〇〇円、電子版はキャンペーン期間中は七〇〇円、その後は九〇〇円である。

見出しにもあるとおり、書店は衰退に危機感をもっていることも確かだが、この講談社の戦略は、かなり実験的だ。評価は二分化されているようにも思える。

出版者を代表する講談社としては、紙の本にしがみ付いていたのでは、業績が悪化するばかりであり、電子書籍においてもしっかりした出版を継続していきたいと考えたのだろう。

先の出版流通対策協議会の高須次郎会長の発言は、国立国会図書館長の発言に対する批判であったわけだが、当然にグーグルのやり方に対する批判でもある。グーグルが作家を一本釣りしてしまえば、出版者はいらなくなる。しかし、出版者は出版者としての本づくりの役割は確実にあるように、講談社の今回のビジネスモデルが従来からの出版界の慣行を維持しつつ電子書籍という新たな利用媒体にもうまく乗っていく方法を示唆している。ただ、問題は解決しているわけではない。

(3) フェアユースという考え方

ここでは、権利制限規定について述べることになるが、国家間の話になる。

「フェアユース」とは何かということであるが、日本語に訳すと「公正な利用」となる。正しい日本語訳である。ただこの訳がちょっと厄介な訳になることがある。英語に慣れ親しんできた私たちにとって「フェアユース」は、「フェアプレー」と同様にきれいな、クリーンなイメージを感じとる。また「公正な利用」という日本語訳も悪いイメージを受けることはない。ところが、実際は、ダーティなことはないが、きれいな、クリーンなことでもないことから、内容についてはもちろんのこと、この「フェアユース」(公正な利用)の表現についても、違和感がある旨指摘する人が多い。

日本の著作権法は、権利制限規定を第三〇条から第五〇条まで細かに具体的に定めているが、それでも先にみてきたように、第三〇条(私的使用のための複製)、第三二条(引用)、第三八条(営利を目的としない上演等)ひとつとっても、解釈に幅が出てくる。解釈に幅が出てくるとは、権利者からの許諾を得るための手続きが必要であるか否か、著作物使用料を負担するか否かの違いとなる。手続き的な負担や経費負担の問題が出てくるということになる。

日本の著作権法の解釈やJASRACなど著作権等管理事業者による著作権管理の実務においては、著作物使用料を徴収すべきか否かの判断が分かれることがあることは事実である。ただ、そうであっても、大きな矛盾もなく順調に日本の著作権法や著作権等管理事業はその成果を上げてきたといえる。

ところが、デジタル技術やインターネット技術が高度に発達することによって、著作物の利用形態に大きな変化が次々に現れるようになったことは周知の事実である。デジタル技術やインターネット技術の粋を集めたようなパソコンや携帯端末がそれである。ひとことでパソコンとか携帯端末というが、何度も何度もバージョンアップされ進化をとげ、さらに進化を続けている。新たな利用形態の出現によって、著作物が従来とは異なった新たな利用媒体によって利用されることに対して著作権法は後追いせざるを得ない。法律の制定は経済、社会の変化に従い法改正を行うことが圧倒的に多いが、著作権法にも同様なことが起こっている。

　新しい利用形態に対して、従来の著作権法を適用して解釈できないかを検討するが、従来の枠組みに収まらないことが起きている以上新たな法律の制定や条文を改正する必要性に迫られる。原則を言えば、新たな利用形態によって著作物が大量に利用されていても、法律がない以上権利者が勝手に使用料を支払えとはいえなくなる。言葉で言えたにしても、権利者と利用者が裁判上で争うことになれば、著作権法違反である旨の主張の根拠となる条文がない以上訴えた側が負けてしまう可能性もある。また裁判の結論が確定するまで数年もかかるということになれば、その間の権利者の損害は甚大なものになる。だからこそ早く新しい法律の制定や新しい条文を追加するなどの法改正が必要になる。新しい利用形態の出現が以前からわかり、それに対処して、出現する前に法律ができあがっていれば問題はないが、技術の進歩や経済活動のスピードは圧倒的に早い。優れたパソコンや携帯端末はその現れである。新しい利用形態に法律が追いついて行かない状態を何とか克服しなければならない。

　日本では、著作権法の改正を重ねてそれらに対処してきた。不十分であるが、著作者保護を第一義においた著作権法の精神、その趣旨を何とか守ってきている。

　ところが、デジタル技術やインターネット技術は、世界中に行きわたり、情報は瞬時のうちに世界中を駆け廻っている。インターネットの世界には、国境はない。結局は、デジタル技術やインターネット技術を駆使した著作物の新しい利用形態の出現が市場経済を牽引し、そこに場合によっては巨万の富を生み出すようになっている。

　このデジタル技術やインターネット技術はアメリカ発のものであり、シリコンバレーの中から成長、発展してきたといわれている。インターネット技術はアメリカ国防省が民間に開放し発展してきたが、シリコンバレーのＩＴ企業が今や世界を席巻、リードしているが、それはアメリカ政府の世界経済戦略の一環として行われてきた。アメリカ政府の世界経済戦略を一口に説明することは簡単ではないが、ＩＴ産業はアメリカの得意分野であり、このＩＴ産業によって世界をリードし、アメリカへ利益を還元しようとするものである。これは著作権だけでなく、著作権を含む知的財産権全般にわたることである。

このＩＴ産業の発展のためには、新たな製品が生み出されれば、いち早くその製品を市場に提供し、経済効果を上げたいのが企業経営者の気持ちである。そこに立ちはだかるもののひとつが著作権であるとの指摘もある。確かに斬新な機器であるが、例えばｉＰｏｄなる製品は、これを売り出すことによって、著作権侵害にならないのかとの問いに遭遇することになる。しかしそれに一々応えていては、経済的な勝機を逸してしまい、みすみす巨万の富を放棄することに等しいとする主張もある。

このように、新技術に基づく新製品の開発と市場への展開を、経済的発展の至上命令としてしまえば、著作権の考え方などは否定されるに等しくなる。

ｉＰｏｄに入れるもの（コンテンツ）は、音楽が中心であるし、ｉＰａｄに入れるコンテンツは書籍や雑誌等である。このコンテンツの多くは著作権法で保護される著作物である。このことを軽視、無視して著作権問題が解決しないまま製品が流通し、併せてコンテンツも流通してしまうことになる。

このようなコンテンツの流通の仕方に著作権者がクレームするのは当然である。しかもインターネット上にひとたびコンテンツがアップロードされれば、無限にコピー（複製）され続けていく。これを利用者（メーカーや販売会社等）は著作権者に対して我慢しろと主張し、著作権者の権利が強すぎるから、それを制限するとして、権利制限規定（自由、無償等利用）の中に押し込めようとするのである。

科学・技術の発展によって、コンテンツの新しい利用形態がどのように現れるかは予測できないこと、またそれに著作権法が追いつくことは難しいこと、また即座に著作権法等を改正しようとしても法制化されるのには時間がかかり過ぎることから日本の著作権法の第三〇条〜第五〇条の制限規定を超えた、あるいは全てを網羅できる一般的な権利制限規定を設けることによって対処するという考え方が生まれる。さらに、権利者と利用者（メーカーや販売会社等）との争いが生じれば、裁判で決着を図るというものである。

少し雑駁の整理であるとの誹りを免れないが、これがアメリカ発の「フェアユース」の考え方である。フェアユース（公正な利用）という言い方には以上述べてきたように、著作権者を軽視したニュアンスが含まれているように感じている人も多いことだろう。日本の著作権法に慣れ親しんできた筆者にはそのように感ずる。

(4) 日米の比較

(1) アメリカ著作権法のフェアユース規定

既に見たように、アメリカ著作権法第一〇七条は著作権のある著作物に対する排他的権利の制限を定めている。また不十分との指摘はあるものの第一〇六A条は一定の著作者の氏名表示および同一性保持の権利を定めている。第一〇七条をもう一度振り返って見て欲しい。日本の著作権法にはこの第一〇七条に相当する権利制限する考え方をトータルに表した条文は見当たらない。

アメリカ著作権法は、この第一〇七条の他に権利制限規定を個々に定めている。山本隆司『アメリカ著作権法の基礎知識第二版』（太田出版、二〇〇八年）では、次の記述がある。

> 米国著作権法における権利制限規定としては、フェア・ユース（fair use）のみが知られているが、実は、日本法よりもはるかに詳細な権利制限規定が設けられている。（八二頁）

また、前掲同書は九章にフェアユースの章をわざわざ設けて論述しているように、このアメリカ著作権法のフェアユース規定も長い歴史とそれに伴う膨大な判例数を伴う奥深さがあり、軽々に否定できるものでもないことを指摘している。

だが、まずはアメリカ著作権法と日本の著作権法の考え方とは、その基本がかなり異なっていることを理解しておく必要がある。

(2) 一般制限規定（日本版フェアユース規定）導入の考え方

このインターネットの世界では経済的利益を上げられると思った人たちがたくさんいる。現に巨万の富を稼いでしまった会社も人もいる。インターネット上にある情報（コンテンツ、著作物）を流通させることによって、採算がとれる事業になることから、さらに利益が上がるコンテンツを流通させたいと考えるようになる。

今まで情報の入手は、TV、新聞、ラジオが中心であったが、いまやインターネットからの情報入手はそれ以上になり、広告もスポンサーが従来の媒体であるTV、新聞、ラジオの予算をインターネット上の広告に回すようになっている。たくさんの人がインターネット上の広告に関心をもち、商品やサービスの広告によって、ショッピングしてもらえばいいのである。そのためにネット上の経済競争が熾烈になり、ネット上で生き残るためには、当然に経済原則に従い、経費を押さえて最大限の利潤を生みだそうとする。しかも日進月歩のスピードで毎日が進むことから、スピード感がなければ同様な商品やサービスは他の業者が取って代わり先に収益を上げてしまう。

そのような状況下で、著作権法の法改正が必要とされるようになるが、法改正を何年もかかってやっていれば、結局、その事業は完全に外国資本に先を越されたり、時期を逸して使い物にならなくなり、大きな利益を逸してしまうことが懸念されることになる。

よって、日本版フェアユース導入論者は、著作権者に事前の許諾を得ないでも著作物を利用できることを目的とする条文を制定することにより、利益を逸失しない法体制を整備すべきである、それでも権利者が満足できないのなら、裁判所で決着を見ることが必要だと説くのである。それにはアメリカの著作権法が参考になるので、アメリカ著作権法が定めるフェアユース規定を日本版フェアユース規定として日本の著作権法に導入したらどうかという問題提起となる。

それに対して、日本の権利者は、著作物のどんな利用方法になるか分からないまま、また現にインターネット上では違法に著作物が利用されている状態を考えれば、いたずらに著作権の制限の範囲（著作権者に我慢を強いる範囲）を広げ、インターネット上に著作物を流通させ経済効果が上がりさえすればいいとすることには反対だとしている。また、何かあれば、裁判所の判断を仰ぐというのも日本という訴訟を嫌う国民感情にはなじまないと主張する。また些末なことであるかもしれないが、「日本版フェアユース」などという呼称は、非常に紛らわしいものであって、「一般制限規定」や「権利制限の一般規定」と呼ぶべきだとの指摘さえもある。

この論争は、学者も弁護士も巻き込み、また文化審議会でも、さらには法廷においても論争が続いている。

日本の著作権法の第三〇条〜第五〇条が制限規定であるが、その条文ひとつひとつを採ってみても、解釈に幅がある規定になっていることも見逃せない。そのような矛盾をひとつひとつ解消していくことが必要だとする意見もあれば、大雑把なフェアユース規定（「一般制限規定」）を導入しても、解決に当たっては、第三〇条〜第五〇条の個別制限規定を参考にせざるを得ないのであまり変わらないとする意見などもある。さらに、アメリカ著作権法を学んだ学者とドイツ著作権法を学んだ学者とでは考え方に相違がみられるように、問題の本質的な解決には時間がかかる。

このようにフェアユース法制をとり込み、著作権の制限を一般化するという考え方は極めて問題である。アメリカのフェアユースやイギリスのフエアディーリング法制は、日本が影響を受けた大陸法系にはない思想であり、そのまま日本の法制度にとり込むには体系的に無理がある上、フェアユースには長期にわたる多くの判例の積み重ねがあり、それなりの法的安定性がある。そのようなものと、判例の積み重ねもない日本の法制度とは相いれないものと考えざるを得ない。

したがって、著作物の保護、公正な利用を目指す著作権制度の目的に照らして、著作権の制限は一般的な規定によらず個別規定によって、慎重な審議のうえ定めていく現行の方式がより公正であり、文化立法としての趣旨に適うものである。

(3) 見いだせない差異の克服

大陸法と英米法、日本の著作権法とアメリカ著作権法、ベルヌ条約、WTO・TRIPS協定の差異を十分理解したうえで対処しなければ、日本の著作権制度はさらに混乱するのではないかという恐れを感ずる。

それは著作権の定義ひとつとっても大陸法と英米法とでは理解の仕方が異なるように、アメリカのフェアユース規定を無原則に日本法に導入すれば非常に混乱を招くということが既に周知のものとなっている。アメリカ著作権法の考え方を導入することに慎重でなければならない。それは、財産権としての著作権に重きを置き、著作者人格権や著作隣接権の保護が充分でないとされるアメリカ著作権法の考え方と日本の著作権法に馴れ親しんだ日本人の考え方では、未だに決着がつかない著作権の保護期間延長問題ひとつとっても不安になるほど差異を感ずるからである。

このように、著作権を含む知的財産権の国際関係を理解するうえで、極めて重要なことがある。それは、国際的にふたつのパラダイム（考える枠組み）があるということだ。大陸法と英米法、制定法と判例法との相違などと耳にするが、この相違が著作権法の世界にも深く浸透していて、解決に向けた議論、努力はされてはいるが、未だこの問題を根底から解決できないでいる。この点についても、斉藤博『著作権法第三版』（有斐閣、一七頁）を見る。

国際著作権界の動きの背景には、著作権に関する二つの大きな法律思潮がある。そこには著作権法制へのアプローチに違いを見る。ドイツやフランスなどのヨーロッパ大陸諸国をはじめ、いわゆる大陸法系諸国によるコンチネンタル・アプローチ（continental approach）がある一方、アメリカ、イギリスなどの英米法系諸国によるアングロ・アメリカン・アプローチ（Anglo-American approach）がある。コンチネンタル・アプローチは、創作者（creator）である著作者（author）に焦点を合わせて、「著作権」を〝author's right〟、〝Urheberrecht〟〝droit d'auteur〟と考える。これに対して、アングロ・アメリカン・アプローチは、コピー（copy）に焦点を合わせて、「著作権」を〝copyright〟と認識する。そういうことで、このアプローチはコピライト・アプローチともいう。わが国はコンチネンタル・アプローチを採ってきた。

以上について解説する必要もないが、このふたつの法律思潮、考え方の相違が国際関係を難しく、また複雑にしていることも確かである。一朝一夕に解決できる問題ではないが、国際関係の根底にはこのような難しい問題が横たわっていて何かあるとそれが頭をもたげてくると理解しておく必要がある。

アメリカは既に保護期間を延長し、それを日米年次改革要望書に記載し、日本に強く延長を求めている。アメリカ政府が保護期間を延長したことは、歓迎すべきことではあるが、この日米年次改革要望書の内容、その後のアメリカ政府による日本政府に対するフォローアップは、同書を読む限り厳しく、日本にとって屈辱的なものとなっている。このように経済的にも、法律的にもアメリカとの関係は慎重にならざるを得ない。

（5）日本におけるフェアユース関連の判例

本書第二章第二節で「ラストメッセージin最終号事件」（東京地裁平成七年一二月一八日判決：平成六年（ワ）第九五三二号）を、著作物性判断の難しさ「ありふれた表現」を論点のひとつとして取り上げているが、ここでは、被告がアメリカ著作権法のフェアユースの規定を抗弁に使っていることを簡単に取り上げる。

この事案を検証するに当たって、被告の弁護人が何故日本の著作権法にないアメリカのフェアユース規定を使って抗弁するのか理解に苦しむところであったが、裁判官もここは日本であり、次のように判示している。

被告は、「フェア・ユース」に関する一般的条項をもたない我が国においても、「フェア・ユース」の法理が適用されるべきである旨主張する。

しかしながら、我が国の著作権法は、一条において、「この法律は、著作物並びに実演、レコード、放送及び有線放送に関し著作権の権利及びこれに隣接する権利を定め、これらの文化的所産としての著作物の公正な利用に留意しつつ、著作者等の権利と保護を図り、もって文化の発展に寄与することを目的とする。」と定めていることからも明らかなように、文化の発展という最終目的を達成するためには、著作者等の権利の保護を図るのみではなく、著作物の公正利用に留意する必要があるという当然の事理を認識した上で、著作者等の権利という私権と社会、他人による著作物の公正な利用という公益との調整のため、三〇条ないし四九条に著作権が制限される場合やそのための要件を具体的かつ詳細に定め、それ以上に「フェア・ユース」の法理に相当する一般条項を定めなかったのであるから、著作物の公正な利用のために著作権が制限される場合を右各条所定の場合に限定するものであると認められる。そして、著作権法の成立後今日までの社会状況の変化を考慮しても、被告書籍における本件記事の利用について、実定法の根拠のないまま被告主張の「フェア・ユース」の法理を適用することこそが正当であるとするような事情は認められないから、本件において、著作権制限の一般法理としてその主張にかかる「フェア・ユース」を適用すべきであるとの被告の主張は採用できない。

以上の事案の他フェアユース関連の事案として鑑定証書事件を取り上げる。

鑑定証書事件〔東京地裁平成二二年五月一九日：平成二〇年（ワ）第三一六〇九号〕

本件は、画家である亡C（著名な女流画家）の相続人である原告（亡Aの長男でありまた亡Cの養子）及び亡A（亡Cの長男。ただし、本件訴訟係属中に死亡し、原告が訴訟手続きを受継した。）が、美術品の鑑定等を業とする被告（株式会社東京美術倶楽部）に対し、被告が、鑑定証書作製の際に亡Cの絵画を縮小カラーコピーしたとして、著作権（複製権）侵害に基づく損害賠償請求〔民法第七〇九条、著作権法第一一四条第二項又は第三項〕として、一二万円及びこれに対する本訴状送達日の翌日である平成二〇年一一月一五日から支払済みまで民法所定の年五分の割合による遅延損害金の支払を求める事案である。

鑑定証書は二枚（絵画一幅につき一枚）作製されているが、鑑定証書の裏面には絵画の縮小（絵画一の面積の約二三・八％、絵画二の面積の約一三・九％）カラーコピーが貼付され、表裏は、さらにパウチラミネート加工されている。

争点は、①複製権侵害の成否、②故意過失の有無、③損害の額、④権利の濫用、フェアユースとなっている。

裁判所は①につき、複製を認め、②につき、被告には少なくとも過失が認められ、③複製権を侵害しているのだから損害を賠償すべきとし、④損害賠償を求めているも少額であり権利の濫用には当たらないとし、さらに、フェアユースの法理については、わが国の現行著作権法には、同法理を定めた規定はなく、米国における同法理をわが国において直接適用すべき必然性もないから、同法理を適用することはできない、としている。

第一審はこれで終わっているが、一審で敗訴した株式会社東京美術倶楽部は、知的財産高等裁判所に控訴した。控訴人株式会社東京美術倶楽部は、第一審では米国法フェアユース規定を持ち出し、鑑定証書にこの絵画の縮小カラーコピーを利用することは、公正な利用にあたるとして主張したが、裁判所は右記のとおりいとも簡単に採用できないとしていることから、二審においては、フェアユース法理の持論に付加訂正を行うとともに、制限規定の引用規定を使う。知財高裁は、この引用の主張を認め、控訴人を勝訴させている。

この引用であるとする裁判所の判断は、旧法とは異なり、「現著作権法三二条一項は、引用者が自己の著作物中で他人の著作物を引用した場合を要件として規定していないだけでなく、報道、批評、研究等の目的で他人の著作物を引用する場合において、正当な範囲内で利用されるものである限り、社会的に意義のあるものとして保護するのが現著作権法の趣旨でもあると解されることに照らすと、同法三二条一項における引用として適法とされるためには、利用者が自己の著作物中で他人の著作物を利用した場合であることは要件でないと解されるべきものであって、本件各鑑定証書それ自体が著作物でないとしても、そのことから本件各鑑定証書に本件各コピーを添付してこれを利用したことが引用に当たるとした前記判断が妨げられるものではなく、被控訴人の主張を採用することはできない」（一五頁）としている。

ここでは、引用は、「引用者が自己の著作物中で他人の著作物を引用した場合を要件として規定していない」とあるように、言語の著作物だけ、すなわち文章等に限定して考えては本質を見誤ることになるかも知れないことが分かる。

それにしても、弁護人は、日本法にない、米国著作権法のフェアユース規定を何故持ち出すのかの理由がわからない。かつての「ラストメッセージｉｎ最終号事件」（東京地裁平成七年一二月一八日判決：平成六年（ワ）九五三二号）でも同様な判断を裁判所はしていることから、持ち出したところで、裁判所の判断は先のとおりになるであろうことは十分に予想されるところであるからだ。

控訴人は一審でフェアユースの法理は採用できないと判断されているにも関わらず、二審においてもフェアユースの持論にさらに付加訂正している。すなわち、「著作物を取り巻く環境の変化に適切・迅速に対応し、利用の円滑化を図るためには、立法による解決を待つだけでは足りず、裁判所による積極的な司法判断が期待されるところであり、また、我が国の著作権法においても、その個別の権利制限規定としてフェア・ユースの法理は既に内在しているのであるから、我が国の現行の著作権法に一般的な権利制限規定としてフェア・ユースの法理を定めた規定がないことが同法理を適用できないことの理由にはならない」（六頁～七頁）としているが、このような主張を繰り返すことが、現行著作権法の中に日本版フェアユース規定（一般制限規定）導入の法改正につながるとでも考えているのであろうかと疑念を生じさせる主張である。

(6) 一般権利制限規定(日本版フェアユース規定)に関する法改正

政府の知的財産戦略本部の「デジタル・ネット時代における知財制度専門調査会」が日本版フェアユース規定の導入の検討を開始し、日本版フェアユースを導入することが適当である旨報告書をまとめたのは二〇〇八(平成二〇)年一一月二七日のことであった。その後も知的財産推進計画二〇〇九において、二〇〇九(平成二一)年度中に結論を得て、早急に措置を講ずることを決定した。さらに、文化審議会著作権分科会の法制問題小委員会において「権利制限の一般規定に関する中間まとめ」を発表し、一般規定の立法措置を提言していた。

そして、二〇一二(平成二四)年三月に、著作権法改正法案が内閣から国会に提出されたが、日本版フェアユース(「一般権利制限規定」)として、アメリカ型の一定の包括的な要件を定めた上で、「公正」と考えられる著作物の利用に対して著作権を制限することを認め、これに該当するか否かについては裁判所の判断を待つという一般権利制限規定として国会に提出されたわけではなかった。ただまったく法改正がなかったというわけではなく、従来の個別制限規定を修正、または新たな条文を追加することとなった。

修正または新たな条文の追加とは、第三〇条の二(付随対象著作物の利用:「写り込み」に対する権利制限)、第三〇条の三(検討の過程における利用:利用許諾等を受けようとする者が、事前の検討のために複製等を行うことに対する権利制限)、第三〇条の四(技術開発又は実用化のための試験の用に供するための利用:技術開発や試験のために複製等を行うことに対する権利制限)、第四七条の九(情報通信技術を利用した情報提供の準備に必要な情報処理のための利用:ネット上での送信に伴う技術的なコンテンツ蓄積のほか、コンテンツのファイル形式変換などに対する権利制限）である。

長い年月をかけ検討を慎重に行ってきたが、結局のところ、「公正な利用」を包括的に許容するアメリカ型のフェアユース規定を日本法に導入することはなかった。だが、科学・技術の進展によって、著作物の新しい利用形態が出現してくることは予想されるが、今回のように、個別制限規定に新たに条文を追加して対処することを原則とするなら、日本版フェアユースすなわち包括的「一般権利制限規定」導入の動きは今後も同様に継続されるおそれが残る。

それでは、二〇一二（平成二四）年通常国会著作権法改正等について、法改正の具体的内容を見ることにする。この「著作権法の一部を改正する法律」は、第一八〇回通常国会において、二〇一二年六月二〇日に成立し、同年六月二七日に平成二四年法律第四三号として公布されている。本法律は、一部の規定を除いて、二〇一三（平成二五）年一月一日に施行される。

以下、文化庁のホームページを参照しながら詳しく見ておこう。

(1) 改正の趣旨等

今回の法律改正の主な項目は以下の五点であり、そのうち（一）〜（二）については、二〇一一（平成二三）年一月に文化審議会著作権分科会において取りまとめられた「文化審議会著作権分科会報告書」等を踏まえ、著作物等の公正な利用を図るとともに著作権等の適切な保護に資するために行ったものである。

また、（五）については、国会の審議の過程において、著作権法第三〇条第一項に定める私的使用の目的をもって、有償著作物等の著作権等を侵害する自動公衆送信を受信して行うデジタル方式の録音又は録画を、自らその事実を知りながら行うこと（以下「違法ダウンロード」という）により、著作権等を侵害した者に刑事罰を科すこと（以下「違法ダウンロードの刑事罰化」という）とするための規定の整備を内容とする修正案が提出され、可決、成立したものである（本章第三節三参照）。

なお、本法案審議中、参議院文教科学委員会で八項目にわたる附帯決議があり、この附帯決議は、以下の（五）に関するものが中心であるが、左記に示される著作権法附則の第七条から第九条に反映されている。

法律改正の主な五項目

（一）いわゆる「写り込み」（付随対象著作物の利用）等に係る規定の整備

（二）国立国会図書館による図書館資料の自動公衆送信等に係る規定の整備

（三）公文書等の管理に関する法律等に基づく利用に係る規定の整備

（四）著作権等の技術的保護手段に係る規定の整備

（五）違法ダウンロードの刑事罰化に係る規定の整備

(2) 改正の概要

①いわゆる「写り込み」（付随対象著作物の利用）等に係る規定の整備——いわゆる「写り込み」等に係る規定の整備については、著作権者の利益を不当に害しないような著作物等の利用であっても形式的には違法となるものについて、著作権等の侵害とならないことを明確にするため、利用目的や要件を一定程度包括的に定めた、以下の［一］～［四］の権利制限規定を設けている。

［一］付随対象著作物の利用（第三〇条の二）

写真の撮影等の方法によって著作物を創作するに当たって、当該著作物（写真等著作物）に係る撮影等の対象とする事物等から分離することが困難であるため付随して対象となる事物等に係る他の著作物（付随対象著作物）は、当該創作に伴って複製又は翻案することができることとされた（第一項）。

また、複製又は翻案された付随対象著作物は、写真等著作物の利用に伴って利用することができることとされた（第二項）。

具体的には、以下が例示できる。

同条第一項では、

(i)写真を撮影したところ、本来意図した撮影対象だけでなく、背景に小さく絵画が写り込む場合

(ii)街角の風景をビデオ収録したところ、本来意図した収録対象だけではなく、看板やポスター等に描かれている絵画等や流れていた音楽がたまたま録り込まれる場合

また、同条第二項では、複製又は翻案された付随対象著作物は、写真等著作物の利用に伴って利用することができることと規定されており、具体的には、以下が例示できる。

(iii)絵画が背景に小さく写り込んだ写真を、ブログに掲載すること

(iv)看板やポスター等に描かれている絵画等や流れていた音楽が録り込まれた映像を、放送やインターネット送信すること

［二］検討の過程における利用（第三〇条の三）

著作権者の許諾を得て、又は裁定を受けて著作物を利用しようとする者は、これらの利用についての検討の過程における利用に供することを目的とする場合には、その必要と認められる限度において、利用することができることとされた。

具体的には、以下が例示される。

(i)漫画のキャラクターの商品化を企画するに際し、著作権者から許諾を得る以前に、会議資料や企画書等にキャラクターを掲載する行為

(ii)映像にBGMを入れるに際し、著作権者から許諾を得る以前に、どの楽曲を用いるかを検討するために、実際に映像にあわせて楽曲を録音する行為

(iii)権利者不明の著作物に関し、裁定制度を利用するか否かを検討するに際し、会議資料や企画書等に著作物を掲載する行為

［三］技術の開発又は実用化のための試験の用に供するための利用（第三〇条の四）

公表された著作物を、著作物の録音・録画等の技術の開発又は実用化のための試験の用に供する場合には、その必要と認められる限度において、利用することができることとされた。

具体的には、以下が例示される。

(i)テレビ番組の録画に関する技術を開発する場合に、技術を検証するため、実際にテレビ番組を録画してみる行為

(ii)３Ｄ（三次元）映像の上映に関する技術を開発する場合に、技術を検証するため、３Ｄ映像

を上映してみる行為

(iii)ＯＣＲ（光学式文字読取装置）ソフトウェアを開発するに当たり、ソフトウェアの精度の向上を図ったり、性能を検証したりするため、小説や新聞をスキャン（複製）してみる行為

(iv)スピーカーを開発する場合に、性能を検証するため、有名な音楽を再生してみる行為

［四］情報通信技術を利用した情報提供の準備に必要な情報処理のための利用（第四七条の九）

著作物を、情報通信の技術を利用する方法により情報を提供する場合であって、当該提供を円滑かつ効率的に行うための準備に必要な電子計算機による情報処理を行うときは、その必要と認められる限度において、記録媒体への記録又は翻案ができることとされた。

具体的には、以下が例示される。

(i)動画共有サイトにおいて、様々なファイル形式で投稿された動画を提供する際に、統一化したファイル形式にするために必要な複製行為

(ii)ソーシャル・ネットワーク・サービスにおける、投稿コンテンツを整理等するために必要な複製行為

②国立国会図書館による図書館資料の自動公衆送信等に係る規定の整備（第三一条第三項）——

国立国会図書館は、絶版その他これに準ずる理由により一般に入手することが困難な図書館資料について、図書館等において公衆に提示することを目的とする場合には、記録媒体に記録された著作物の複製物を用いて自動公衆送信を行うことができることとされた。

また、当該図書館等においては、その営利を目的としない事業として、当該図書館等の利用者の求めに応じ、その調査研究の用に供するために、自動公衆送信される当該著作物の一部分の複製物を作成し、当該複製物を一人につき一部提供することができることとされた。

③公文書等の管理に関する法律等に基づく利用に係る規定の整備——（［一］、［二］につき説明略）

［一］永久保存のための規定の整備（第四二条の三第一項）

［二］利用請求に係る規定の整備（第四二条の三第二項）

［三］著作者人格権に係る規定の整備（第一八条第三項等）

第一八条第三項において、著作者が行政機関等に提供した未公表著作物に係る歴史公文書等が「国立公文書館等」等に移管された場合、又は著作者が未公表著作物を国立公文書館等に提供した場合には、国立公文書館等の長等が、当該著作物を公衆に提供し、又は提示することについて著作者は同意したものとみなすこととされた。

④著作権等の技術的保護手段に係る規定の整備（第二条第一項第二〇号等関係）——第二条第一項第二〇号において、技術的保護手段の対象に、著作物等の利用に用いられる機器が特定の変換を必要とするよう著作物、実演、レコード又は放送若しくは有線放送に係る音若しくは影像を変換して記録媒体に記録し、又は送信する方式（暗号方式）を加えることとされた。

また、第三〇条第一項第二号において、技術的保護手段の回避に係る定義に、特定の変換を必要とするよう変換された著作物、実演、レコード又は放送若しくは有線放送に係る音若しくは影像の復元を加えることとされた。

このことにより、私的使用目的であっても、暗号方式による技術的保護手段の回避により可能となった複製を、その事実を知りながら行う場合には、民事上違法となることとされた。

この他、暗号方式が技術的保護手段の対象に加わることにより、第一二〇条の二第一号において、暗号方式による技術的保護手段の回避を可能とする装置又はプログラムの譲渡等を行った者は、三年以下の懲役若しくは三〇〇万円以下の罰金に処し、又はこれを併科することとされた。

なお、暗号方式による技術的保護手段は、具体的には、現在DVDに用いられているCSSやBlu-rayに用いられているAACS等が該当する。

⑤違法ダウンロードの刑事罰化に係る規定の整備――

［一］違法ダウンロードの刑事罰化（第一一九条第三項）

私的使用の目的をもって、有償著作物等（＊）の著作権又は著作隣接権を侵害する自動公衆送信を受信して行うデジタル方式の録音又は録画を、自らその事実を知りながら行って著作権又は著作隣接権を侵害した者は、二年以下の懲役若しくは二〇〇万円以下の罰金に処し、又はこれを併科することとされた。

（＊「有償著作物等」とは、録音され、又は録画された著作物、実演、レコード又は放送若しくは有線放送に係る音若しくは影像であって、有償で公衆に提供され、又は提示されているもの〔その提供又は提示が著作権又は著作隣接権を侵害しないものに限る〕をいう。

また、「その事実」とは、「有償著作物等」であること及び「著作権又は著作隣接権を侵害する自動公衆送信」であることを指し、「その事実を知りながら」という要件を満たさない場合には、著作権又は著作隣接権の侵害に問われることはない。

なお、第一一九条第三項は親告罪であり、著作権者からの告訴がなければ公訴は提起されない）

〔二〕国民に対する啓発等（附則第七条）

国及び地方公共団体は、国民が違法ダウンロードを行うことにより著作権又は著作隣接権を侵害する行為の防止の重要性に対する理解を深めることができるよう、当該行為の防止に関する啓発その他の必要な措置を講じなければならないこととされた。

また、国及び地方公共団体は、未成年者があらゆる機会を通じて違法ダウンロードを行うことにより著作権又は著作隣接権を侵害する行為の防止の重要性に対する理解を深めることができるよう、学校その他の様々な場を通じて当該行為の防止に関する教育の充実を図らなければならないこととされた。

〔三〕関係事業者の措置（附則第八条）

有償著作物等を公衆に提供し、又は提示する事業者は、違法ダウンロードを行うことにより著作権又は著作隣接権を侵害する行為を防止するための措置を講じるよう努めなければならないこととされた。

〔四〕運用上の配慮（附則第九条）

第一一九条第三項の規定の運用に当たっては、インターネットによる情報の収集その他のインターネットを利用して行う行為が不当に制限されることのないよう配慮しなければならないこととされた。

⑥施行期日——この法律は、二〇一三（平成二五）年一月一日から施行することとされた。ただし、［一］違法ダウンロードの刑事罰化に係る規定の整備のうち、国民に対する啓発等及び関係事業者の措置については公布の日（平成二四年六月二七日）から、［二］公文書管理法等に基づく利用に係る規定の整備、技術的保護手段に係る規定の整備並びに違法ダウンロードの刑事罰化に係る規定の整備（国民に対する啓発等及び関係事業者の措置に係る規定を除く）については平成二四年一〇月一日から施行することとされた。

以上、文化庁のホームページを参照しながら、今回の法改正の内容を詳しくみてきたが、冒頭の米国法のフェアユース規定を「日本版フェアユース」、「一般制限規定」、「権利制限の一般規定」などの名のもとに導入されることはなかった。日本の著作権法は第三〇条から第五〇条までを権利制限規定として、個別に定めているが、今回の法改正は、これら個別規定を更に細分化して、権利を制限して見せた。大陸法・制定法を継受した日本の著作権法の性格を考えたとき米国法・判例法のフェアユース規定を導入することによる法的な混乱の可能性を回避したようにも受け止めることができる。

念のため言い添えれば、違法ダウンロードによる著作権、著作隣接権侵害には、二年以下の懲役若しくは二〇〇万円以下の罰金、又はその併科が科されることとなってデジタル化、ネット化が急速に進む現代社会における著作権保護に大きな効果があると思われるが、慎重な運用も望まれる。さらに国際的な規制や判例を研究することが必要である。

第7章　放送と著作権

第1節　放送開始と音楽／プラーゲ旋風

（1）NHKとプラーゲ

日本がベルヌ条約に加入し、旧著作権法が制定されたのが一八九九（明治三二）年であったが、一九二八（昭和三）年には、ベルヌ条約のローマ会議が行われ、ラジオという新たなメディアの出現に対して、「放送権」がテーマとして取り上げられている。

日本においてラジオ放送がNHKによって開始されるのは、一九二五（大正一四）年三月であった。この事実からすれば、NHKのラジオ放送が開始された時点においては、「放送権」については、国際会議の場においても十分議論されていないことがわかる。このローマ改正条約に対応して、一九三一（昭和六）年六月に著作権法が改正され、同年八月に施行された。この結果、日本でも音楽の著作権について、ヨーロッパ諸国と同じく、演奏をラジオで放送することにも著作権が及ぶことになった。

このように日本でもヨーロッパの音楽家の著作権が全面的に保護されることになったことから、イギリス、フランス、ドイツ、イタリア、オーストリアの五か国からなる音楽著作権管理団体が日本に代理人を置くことを検討し、その結果ドイツ人ウィルヘルム・プラーゲがその代理人に就任することになる。

本書第1章でも触れたが、このような状況の中、一九三二（昭和七）年七月にプラーゲは、NHKに姿を現し、今後ヨーロッパの音楽家の作品を放送するにあたっては著作物使用料をプラーゲに支払うよう求めた。プラーゲは、さまざまな音楽の利用者に対して、厳しく著作物使用料の請求、徴収を行ったが、NHKに対し、音楽の生演奏、レコード演奏の放送使用料を請求したのである。NHKは、このプラーゲ旋風の中で、その対処法を迫られ、一年間にわたり、ヨーロッパ著作権団体の管理する音楽を放送しない状態を強いられることもあった。

プラーゲの提示する著作物使用料は高額なものではあったが、NHKは、一九三二（昭和七）年八月一日から一年間については、月額六〇〇円、一九三二（昭和七）年以前に遡る一年分として一括して二〇〇〇円を支払うことで合意した。

(2) 著作権管理団体の設立

NHKは、日本人の作品（著作物）を放送する場合は、著作者に往復はがきを送って許諾を求めていたが、その後著作者が所属する団体、大日本作曲家協会、作詞家団体の日本作歌者協会、文芸作品については、日本文藝家協会と包括的な契約を結ぶようになる。

プラーゲは、厳しく著作物使用料を徴収したため、プラーゲ旋風などとその活動は評されたが、日本において独自の著作権管理団体を設立する動きが加速し、一九三九（昭和一四）年に大日本音楽著作権協会（JASRAC）と大日本文芸著作権保護同盟が設立されるのである。もちろんプラーゲはここからは排除されている。

(3) 民放開始と音楽

民間のラジオ放送局は、一九五一(昭和二六)年九月一日に中部日本放送(名古屋)と新日本放送(大阪)が開局されている。

『東海の虹 中部日本放送十年史』には、中部日本放送の開局前日八月三一日夕方にJASRACの職員が契約書を片手に中部日本放送に現れたとある。「その日の夕方、放送部に思いがけない訪問客があった。東京の音楽著作権協会のM氏で契約書を片手に『CBCは明日、放送開始だとのことですが、いま契約をされないと、協会加盟の作詩者、作曲者の音楽は一切放送をお断りします』と寝耳に水の申し入れであったが、言葉通りとすれば明日からの放送はできない」(七一頁)との記述である。放送使用料はNHKの使用料を基準に考えられているが、その多寡は別として、結局、民放も音楽の放送使用料をJASRACに支払うことになる。

『東海の虹 中部日本放送十年史』には、次の記載もある。

> 音楽に致しましても、邦楽から洋楽まで多種多様、しかも各々の好みがありますので甘美なメロディから渋いものまで、その日その時間ごとに趣向をこらしております。邦楽では常磐津から清元、長唄、義太夫、新内などの名人芸を鑑賞するとか、あるいは、おさらいの時間を設けて邦楽ファンへのサービスとし、洋楽ファンにはアメリカ直輸入のヒットミュージックをはじめ、ダンスタイム、オペラハウス等々多彩な番組によりましてメロディの花束を贈ることに致しております。(開局時に社長が各方面に発したステートメント、六九頁)。

これらの記載は、日本のベルヌ条約への加入、旧著作権法の制定、プラーゲ旋風、著作権管理団体の設立、音楽著作物の利用者NHKの著作権理解などを前提として成立ち、民放が安心して音楽を利用できる状態を示している。著作権制度が日本においても根付こうとしている表現にも受け止めることができる。

第2節　放送事業者の二面性

放送事業者は、他人の著作物を放送の中で利用する、利用の責任主体としての放送事業者であるとともに、放送番組を製作し、著作隣接権者として複製権、再放送権及び有線放送権、送信可能化権、テレビジョン放送の伝達権を請求できる権利者でもある。

著作権法第二条第一項第九号は、放送事業者を定義し、放送を業として行う者をいう、としている。NHKや民放各社のことをいう。放送事業者は、自社の放送番組の中でさまざまな他人の著作物を利用し放送するが、そのときの放送使用料の支払い義務者、すなわち著作物の利用主体である。

一方、放送事業者は、著作権法における権利者（著作隣接権者）にもなり得る。放送番組は、テレビ局、ラジオ局、ケーブルテレビ局（有線放送事業者）等々が、独自に作成した番組を放送することがある。独自の番組として、放送事業者内部で製作した番組もあれば、外部の製作会社に依頼して製作した番組もある。このようにして製作された番組の著作権の帰属は、契約によりさまざまな形態があることにも留意しておく必要がある。

（1）著作隣接権者としての放送事業者の権利

著作隣接権者としての放送事業者の権利を、以下にまとめておこう。

⑴ 複製権

第九八条　放送事業者は、その放送又はこれを受信して行う有線放送を受信して、その放送に係る音又は映像を録音し、録画し、又は写真その他これに類似する方法により複製する権利を専有する。

テレビ・ラジオの放送（放送を受信して行われた有線放送の場合を含む）を、録音、録画したり、テレビの画像などを写真などの方法によりコピーすることに関する権利である。録音、録画したものをさらにコピーすることにも権利が及ぶ。

⑵ 再放送権及び有線放送権

第九九条　放送事業者は、その放送を受信してこれを再放送し、又は有線放送する権利を専有する。

2　前項の規定は、放送を受信して有線放送を行う者が法令の規定により行わなければならない有線放送については、適用しない。

放送を受信して、それをさらに放送や有線放送することに関する権利である。著作権法では、放送を受信してそのまま直ぐに放送することを再放送という。

⑶ 送信可能化権

第九九条の二　放送事業者は、その放送又はこれを受信して行う有線放送を受信して、その放送を送信可能化する権利を専有する。

２　前項の規定は、放送を受信して自動公衆送信を行う者が法令の規定により行わなければならない自動公衆送信に係る送信可能化については、適用しない。

放送（放送を受信して行う有線放送の場合を含む）を送信して、インターネット等で送信するために、サーバー等の自動公衆送信装置に記録（蓄積）、入力することにより、受信者からのアクセスがあり次第送信され得る状態に置くことに関する権利である。

この権利は、ウェブキャストのように、受信した番組を録音、録画せず、サーバー等を通じてそのまま流す場合が対象となる。

⑷ テレビジョン放送の公の伝達権

第一〇〇条　放送事業者は、そのテレビジョン放送又はこれを受信して行う有線放送を受信して、映像を拡大する特別の装置を用いてその放送を公に伝達する権利を専有する。

テレビ放送を受信して、超大型テレビやディスプレイなど画面を拡大する特別な装置（大型映像装置）を用いて、公衆向けに見せ、伝達する権利である。

(2) 保護を受ける放送

著作権法は第一章第二節で「適用範囲」を定めているが、第六条（保護を受ける著作物）、第七条（保護を受ける実演）、第八条（保護を受けるレコード）、第九条（保護を受ける放送）、第九条の二（保護を受ける有線放送）となっている。

第六条を見ても日本国民の著作物をまずは保護するとしているように、第九条において保護を受ける放送について定めている。

第九条　放送は、次の各号のいずれかに該当するものに限り、この法律による保護を受ける。
一　日本国民である放送事業者の放送
二　国内にある放送設備から行われる放送
三　前二号に掲げるもののほか、次のいずれかに掲げる放送
イ　実演家等保護条約の締約国の国民である放送事業者の放送
ロ　実演家等保護条約の締約国にある放送設備から行われる放送
四　前三号に掲げるもののほか、次のいずれかに掲げる放送
イ　世界貿易機関の加盟国の国民である放送事業者の放送
ロ　世界貿易機関の加盟国にある放送設備から行われる放送

(3) 放送の保護期間

第一〇一条は、著作隣接権(実演、レコード、放送又は有線放送)の存続期間を定めている。放送に関する部分だけ抜き出せば以下のとおりである。

第一〇一条第一項第三号　放送に関しては、その放送を行った時

第一〇一条第二項第三号　放送に関しては、その放送が行われた日の属する年の翌年から起算して五〇年を経過した時

第3節　「製作・著作」の意味するもの

テレビ番組を視聴すると番組の最後に「製作・著作NHK」、「制作・著作TBS」などと表記されていることがある。これは、その番組の製作者名とその番組の著作権の帰属を示している。放送番組は、著作権法上は映画の著作物であり、その著作権の帰属を定めることは、その番組の二次利用(ビデオ化、他の番組での利用など)を含めて重要な問題である。

テレビの放送番組が始まって以来、私たちが視聴する番組は、NHKをはじめとして放送会社=放送事業者が製作する場合もあるが、多くはNHKなどの放送事業者が番組製作会社に委託して、その番組製作会社がその番組を製作して、放送事業者に納品している。番組の製作を受託した番組製作会社は、孫請に、例えば映像製作プロダクションに委託することもある。この孫請映像製作プ

ロダクションはひ孫請製作プロダクションに製作の一部を委託している場合もある。製作委員会形式など複数の番組製作会社が共同してひとつの番組を製作する場合もある。また、番組製作会社等が独自に製作した番組をＮＨＫ等放送事業者に購入等を求めて持ち込むこともある。

テレビ放送が開始されて以降の放送番組の製作にも歴史があり、放送番組の製作費をＮＨＫや大資本の民放各社が負担することから、ＮＨＫや大資本の民放各社が番組製作会社やその孫請会社、ひ孫請会社に対して、その優越的地位を濫用し、代金の支払遅延、代金の減額要請、著しく低い対価での取引の要請、やり直しの要請、協賛金等の負担の要請、商品等の購入要請、情報成果物に係る権利等の一方的扱いなどが行われてきたとされている。

このような下請けいじめともされる状況を克服すべく、さまざまな努力がなされてきたが、それは、独占禁止法においても、「役務の委託取引における優越的地位の濫用に関する独占禁止法上の指針」（平成一〇年三月一七日公正取引委員会制定、その後三回改正）が制定されている。もちろんこれと付随して、下請法にもその定めがある。

また、放送事業者を所管する総務省は「放送コンテンツの製作取引適正化に関するガイドライン」を定め、これらの影響のもと、ＮＨＫは、「番組制作の委託取引に関する自主基準」を、日本民間放送連盟も「番組制作委託取引に関する指針」を定め、この指針に従い民放各社は「番組制作委託取引に関する自主基準」を定めている。

一方、日本で唯一の製作会社の全国組織である一般社団法人全日本テレビ番組製作者連盟（ＡＴＰ）も、番組委託にあたって一定の着手金を支払うことをＮＨＫ、民放各社に求め成功し、また、権利交渉の面でも、民放各社の著作権部長との定期協議の場などを実現させて番組製作会社の権利向上のための活動を積極的に行っている。

このように、放送事業者と番組製作会社との関係は、テレビ放送開始以来さまざまな出来事を経験する中で、対等な契約関係に落ち着いているようには見えるが、すべてうまく行っているわけでもない。それは番組（映画の著作物）の著作権の帰属をめぐって争いが生じることがそれを証明している（第5章「スイートホーム事件」参照）。

NHKの定める「番組制作の委託取引に関する自主基準」によれば、番組制作に関わる取引においては、その著作権は、NHK、制作会社と共有（ただし、NHKが代表行使）、その他の共有（契約で確認）、完成された番組をNHKが購入する場合は、番組制作会社に著作権は帰属する、などとしている。

第4節　放送の一時固定

(1) 放送の一時固定

放送事業者等による一時固定については、第四四条第一項にその規定がある。もちろん著作権の制限規定のひとつであり、放送する前に、録音や録画という複製行為を行い、実際の放送の際その録音物や録画物を利用して放送するのであるが、この複製行為は当然複製権の侵害になるところ、この固定（録音、録画）を一時的なものに限定した上で、著作者の権利を制限をしている。

すなわち、放送事業者は、第二三条（公衆送信権等）第一項に規定する権利を害することなく放送することができる著作物を、自己の放送のために、自己の手段又は当該著作物を同じく放送することができる他の放送事業者の手段により、一時的に録音し、又は録画することができる。
この規定は、その一時的固定物の保存期間を固定後六か月又は放送後又は有線放送後六か月に限定している。

また、録音、録画するための手段にも限定があり、第一に著作物を放送しようとする放送事業者が自らの手段を用いて行うか、第二にその著作物を同じく放送することができる他の放送事業者の手段によって行うかのいずれかであることを要する。よって、放送事業者以外の録音・録画業者であるプロダクションなどに委託して固定物を製作するようなことは許されていない。

第二のその著作物を同じく放送することができる他の放送事業者の手段によって行うことができるとは、放送網すなわちネットワークにおけるネット局は、キー局の人的、物的手段によって、それぞれネット局が放送で著作物を一時的に固定することができるという趣旨となっている。これはあくまでもネット局が一時固定の主体であり、キー局が将来のネット局のために一時固定しているのではないと理解する必要がある。

だが、この一時固定の規定は、NHKや民放各社の地上波の時代から、衛星放送が始まることによって、この一時固定の解釈が問題ともなってくる。

(2) スターデジオ事件

ここでは放送をめぐる訴訟事例として、スターデジオ事件を検証する。この事件は似ている二つの事件（東京地裁平成一二年五月一六日判決：平成一〇年（ワ）第一七〇一八号：平成一〇年（ワ）第一九五六六号）があるが、第一事件について触れる。レコード製作者を原告とし、株式会社第一興商と日本デジタル放送会社を被告とする事件である。

被告の第一興商は、放送法上の委託放送事業者として（放送法上の受託放送事業者は訴外株式会社日本サテライトシステムズ）、通信衛星放送サービス「スカイパーフェクトTV」の第四〇〇チャンネル～第四九九チャンネルにおいて、音楽を中心としたラジオ番組（第一興商スターデジオ100）をデジタル信号により有料で公衆に送信する事業を行っていた。

この音楽を中心とするラジオ番組を公衆が聞くためには、レコードの音源を、第一興商の保有サーバに蓄積したり、受信チューナーに一時的に蓄積する必要があった。原告のレコード製作者は原告の複製権を侵害していると主張したが、結果はレコード製作者の主張は認められず、保有サーバにおける複製権侵害の主張については、著作権法第四四条（放送事業者等による一時的固定）第一項を準用した一時的な録音であるとの裁判所の判示であった。

「放送事業者等による一時的固定」の内容とは、著作権者やレコード製作者の複製権が制限されて、放送事業者は複製使用料を支払わなくともよいとの規定である。

また受信チューナーの一時的な蓄積について「個々の受信者による録音行為は著作権法第三〇条を準用し、『私的使用のための複製』に当たる」との裁判所の判断で、これも原告レコード製作者の主張は認められていない。原告のレコード製作者が控訴しなかったため、裁判はこれで終わっている。

第一興商は、放送法上の委託放送事業者として、通信衛星放送サービスを利用して、音楽を中心としたラジオ番組をデジタル信号により有料で公衆に送信する事業を行っていたが、通信衛星を利用して、ラジオ番組をデジタル信号で送信することは、原告にとっては、通常のラジオ放送とは異なり、著作権法上の放送にも該当せず、著作権が制限される「放送事業者等による一時的固定」にも該当しないと判断し、訴訟を提起したものである。

受信チューナーの一時的な蓄積について「個々の受信者による録音行為は著作権法第三〇条を準用し、『私的使用のための複製』に当たる」との判旨から理解されるように、受信チューナーは、第一興商が最終受信者（ユーザー）に貸与している機器であるから、第一興商が受信チューナーに音楽等を蓄積していると同じであるとレコード製作者である原告は主張していたのである。

レコード製作者からすれば、いままで知っていた通常のラジオ放送とは異なる新たな通信であると考え、著作隣接権者に与えられた複製権の侵害と捉えていた。

第5節　放送と翻案

(1) 翻案とは何か

まずは、定義を見ておこう。第二条（定義）第一項第一一号は、「二次的著作物」として「著作物を翻訳し、編曲し、若しくは変形し、又は脚色し、映画化し、その他翻案することにより創作した著作物をいう」とある。

翻案の例示として、脚色、映画化とがあるが、脚色とは、文芸作品について小説を基に脚本をつくる場合のように非演劇的な著作物を演劇的な著作物に書き換えることをいい、映画化とは、文芸作品が主体となるが、ある著作物を基に映画の著作物を製作することをいう。漫画を映画化することはもちろんこれに該当する。

その他の翻案の説明としては、既存の著作物の内面形式を維持しつつ、すなわちストーリー性などをそのまま維持しながら、外面形式を具体的な表現に変えたり、場面を変えるというような場合であり、例えば、小説を子ども向けにわかりやすく書き改めたり、長い文章を短くしたりする行為などがその例に当たる。原作を基にした派生的な著作物ともいえる。いずれも、内面形式は保ちながら、外面形式を大幅に変更することである。

このように翻案とは、原著作物に接し、内容を知ったうえで、その原著作物を基にした派生的創作作業であり、あくまでも原著作物への依拠を前提にしている。重要なことは、原著作者によって構成された基本的内容を受け継いでいることである。

戦国時代の武将をモチーフにした歴史小説のストーリー（内面形式）をそのまま現代社会のサラリーマンの活躍に当てはめた脚本を書いたり映画（外面形式）を製作することなどがこれに当たることになる。原著作者である小説家に事前の許諾もなく、このような映画が公開されれば、小説家は驚き、映画製作者等にクレームすることは必然である。

二次的著作物、翻案の定義等を見てきたが、著作権法にそのように定められ、通説ともなっている解説があっても、事件は多数起こるのであり、その原因は著作権法を十分理解していないことに求められるのではあるが、そればかりではない。判断が非常に難しいことも多数出てくるからである。筆者は、迷ったときは、原著作者の立場になって考えることにしているが、判決はそのようになっていないことも多いのである。

驚いた小説家のクレームの根拠は、著作権や著作者人格権の侵害となるが、著作権についていえば、複製権や翻案権の侵害になり、著作者人格権でいえば氏名表示権や同一性保持権の侵害となるだろう。先にも述べたが、翻案する権利を著作者がもっているのであるから、他人が翻案するに当たっては著作者に事前の許諾を得なければならない。

念のため関係条文を見ておこう。

翻案権については、翻訳権、翻案権等として著作権法第二七条の定めがある。

第二七条　著作者は、その著作物を翻訳し、編曲し、若しくは変形し、又は脚色し、映画化し、その他翻案する権利を専有する。

この規定は、次の著作権法第二八条との関係で読むことが重要になってくる。第二八条（二次的著作物の利用に関する原著作者の権利）は次のとおり規定する。

第二八条　二次的著作物の原著作物の著作者は、当該二次的著作物の利用に関し、この款に規定する権利で当該二次的著作物の著作者が有するものと同一の種類の権利を専有する。

（筆者注：この款とは、著作権法の第三款〔著作権に含まれる権利の種類〕のことで、第二一条から第二八条までの規定を指している）

著作物は二種あるともいわれるが、それは独自に新しく創作した著作物、すなわちそれを原著作物と呼べば、次は原著作物をベースにして創作したもの、それが二次的著作物ということになる。

繰り返し説明することになるが、「翻訳」とは、言語の著作物を言語体系の異なる他の言語に表現しなおすことであり、「編曲」とは、音楽の著作物について、楽曲をアレンジし、原曲に付加価値を生み出すことであり、「変形」とは美術の著作物について、絵画を彫刻にしたり、写真を絵画にしたりするように表現形式を変更することを指す。「脚色」とは、小説を基に、脚本をつくる場合のように、非演劇的な著作物を演劇的な著作物に書き換えることをいい、「映画化」とは、小説や漫画などを基として映画の著作物を製作することをいう。これらの行為によって創作されたものが、二次的著作物ということになる。

だが、小説を基にした脚本は二次的著作物となるが、この脚本を映画化すれば、その映画の著作物は、脚本からみれば二次的著作物となるが、原小説からみれば三次的著作物となり、それらを包括的に二次的著作物といっているに過ぎないことになる。いわば、原著作物から内面形式は保ちながら外面形式を変更する新たな著作物を創作することから著作権法は二次的著作物としている。

このように、放送番組を制作するにあたっては、例えば制作予定のドラマが小説を原著作物としていたり、過去の劇場用映画等を参考にすることによって、原著作物や既に存在する二次的著作物の著作権（翻案権）や著作者人格権を侵害しないように十分注意することが求められてくる。

(2) 放送に関わる事件

ここでは著作者、映画製作者、放送事業者等の権利のぶつかり合いを判例から考察する。

(1) 大河ドラマ「武蔵」事件〔知財高裁平成一七年六月一四日判決：平成一七年（ネ）第一〇〇二三号〕

映画の著作権者と放送事業者との争いを見ておこう。この訴訟においては、番組公衆送信差止等請求控訴事件という長たらしい事件名となっている。

「七人の侍」という黒澤明監督の有名な映画をご存じの方も多いと思う。筆者もこれまで三回も四回も見た記憶がある。エンターテイメント性の高い非常に面白い映画作品である。

黒澤明監督の相続人らが原告・控訴人となって、映画「七人の侍」と脚本について黒澤監督がもっていた著作権（翻案権）と著作者人格権（氏名表示権と同一性保持権）に基づき、NHK（被告・被控訴人）と放送番組（大河ドラマ「武蔵」）の脚本家（被告・被控訴人）に対して、番組の複製・上映等の差止め、番組脚本の複製・出版等の差止め、損害賠償金の支払い等を請求した事案である。

争点は原告がもつ著作権のうちの翻案権を侵害しているか否か、また原告がもつ著作者人格権のうちの氏名表示権と同一性保持権を侵害しているか否かであった。

裁判所は、いずれも侵害しているとは言えないとし、黒澤監督の相続人らの権利主張を容認することはなかった。

筆者は、上記のとおり、映画「七人の侍」を数回観覧している。またNHKの大河ドラマ「武蔵」も一年間通じて視聴している。何日に放送されたどのシーンが、原告映画「七人の侍」のどのシーンの著作権を侵害しているかが争点となっているかは筆者には明確ではないが、ハリウッド映画「荒野の七人」は映画「七人の侍」をモデルとしていると「荒野の七人」の映画監督が述べていることもあるように、映画「七人の侍」はさまざまな形で模倣されている映画であることは間違いない。放送番組の監督や脚本家が映画「七人の侍」を見たことがないなどということはありえない世界である。頭の片隅に僅かであっても映画「七人の侍」のさまざまなシーンが焼き付いているに違いない。ごく普通のことである。ストリーや殺陣などが似通ってくる可能性もあるに違いない。

このように、非常に有名になった著作物の著作権者が、似ていることをもって、著作権を侵害しているとして、似ている著作物の著作権者を訴えるケースはまだまだあるが、裁判所の多くは、ありふれた表現であるなどとして、著作権の侵害を認容することは少ないように思える。

著作権が侵害されたとする原告著作権者からすれば主観的には完全に著作権が侵害されていると思えるのであろう。

(2) 江差追分事件〔最高裁平成一三年六月二八日第一小法廷判決：平成一一年（受）第九二二号〕

この事案は、江差追分（北海道の民謡）に関するノンフィクション『北の波濤に唄う』と題する書籍の著作者（原告・被控訴人・被上告人）と放送局NHK（上告人A一）及びNHK函館局の放送部の職員（上告人A）との争いである。第一審、第二審とも原告・書籍著作者の勝訴であったが、最高裁の判断はそれを逆転させ、NHK側の勝訴としてそれが確定したものである。

NHKは、「ほっかいどうスペシャル・遥かなるユーラシアの歌声―江差追分のルーツを求めて―」と題するテレビ番組を製作し、一九九〇（平成二）年一〇月一八日に放送した。

NHKは書籍『北の波濤に唄う』を参考文献の一つとして、これに依拠してこの番組を製作したとしている。

書籍『北の波濤に唄う』の中に「九月の熱風」という短編があって、問題となるプロローグが記載されている。これは書籍著作者が江差追分全国大会を鑑賞したときの熱狂や感動を描写してある。

このプロローグをNHKが非常に短くして番組のナレーションとして使ったとして、書籍著作者が著作権（翻案権及び放送権＝公衆送信権）及び著作者人格権（氏名表示権）を侵害されたとしてN

HKらに損害賠償を請求した事案である。
まずは、問題となる書籍プロローグと番組ナレーションを最高裁判決から引用しておこう。

（判決文別紙「本件プロローグ」）

北の波濤に唄う

むかし鰊漁で栄えたころの江差は、その漁期にあたる四月から五月にかけてが一年の華であった。鰊の到来とともに冬が明け、鰊を軸に春は深まっていった。

彼岸が近づくころから南西の風が吹いてくると、その風に乗った日本海経由の北前船、つまり一枚帆の和船がくる日もくる日も港に入った。追分の前歌に、

松前江差の　津花の浜で
すいた同士の　泣き別れ

とうたわれる津花の浜あたりは、人、人、人であふれた。町には出稼ぎのヤン衆たちのお国なまりが飛びかい、海べりの下町にも、山手の新地にも、荒くれ男を相手にする女たちの脂粉の香りが漂った。人々の群のなかには、ヤン衆たちを追って北上してきた様ざまな旅芸人の姿もあった。

漁がはじまる前には、鰊場の親方とヤン衆たちの網子合わせと呼ぶ顔合わせの宴が夜な夜な張られた。漁が終われば網子わかれだった。絃歌のさざめきに江差の春はいっそうなまめいた。
「出船三千、入船三千、江差の五月は江戸にもない」の有名な言葉が今に残っている。

鰊がこの町にもたらした莫大な富については、数々の記録が物語っている。

たとえば、明治初期の江差の小学校の運営資金は、鰊漁場に建ち並ぶ遊郭の収益でまかなわれたほどであった。

だが、そのにぎわいも明治の中ごろを境に次第にしぼんだ。不漁になったのである。鰊の去った江差に、昔日の面影はない。とうにさかりをすぎた町がどこでもそうであるように、この町もふだんはすべてを焼き尽くした冬の太陽に似た、無気力な顔をしている。

五月の栄華はあとかたもないのだ。桜がほころび、海上はるかな水平線にうす紫の霞がかかる美しい風景は相変わらずだが、人の叫ぶ声も船のラッシュもなく、ただ鴎と大柄なカラスが騒ぐばかり。通りがかりの旅人も、ここが追分の本場だと知らなければ、けだるく陰鬱な北国のただの漁港、とふり返ることがないかもしれない。

強いて栄華の歴史を風景の奥深くたどるとするならば、人々はかつて鰊場だった浜の片隅に、なかば土に埋もれて腐蝕した巨大な鉄鍋を見つけることができるだろう。魚かすや油をとるために鰊を煮た鍋の残骸である。

その江差が、九月の二日間だけ、とつぜん幻のようなはなやかな一年の絶頂を迎える。日本じゅうの追分自慢を一堂に集めて、江差追分全国大会が開かれるのだ。

町は生気をとりもどし、かつての栄華が甦ったような一陣の熱風が吹き抜けていく。

（判決文別紙「本件ナレーション」）
ほっかいどうスペシャル
遥かなるユーラシアの歌声

―江差追分のルーツを求めて―

日本海に面した北海道の小さな港町、江差町。古くはニシン漁で栄え、「江戸にもない」という賑わいをみせた豊かな海の町でした。

しかし、ニシンは既に去り、今はその面影を見ることはできません。

九月、その江差が、年に一度、かつての賑いを取り戻します。民謡、江差追分の全国大会が開かれるのです。大会の三日間、町は一気に活気づきます。

さらに、最高裁判決から引用すると、原審（第二審）は、次のとおり判示して、著作権使用料相当損害金二〇万円、慰謝料二〇万円及び弁護士費用二〇万円の合計六〇万円を認容すべきものとした。

一）本件プロローグと本件ナレーションとは、江差町がかつてニシン漁で栄え、そのにぎわいが『江戸にもない』といわれた豊かな町であったこと、現在ではニシンが去ってその面影はないこと、江差町では九月に江差追分全国大会が開かれ、年に一度、かつてのにぎわいを取り戻し、町は一気に活気づくことを表現している点において共通している。このうち、江差町がかつてニシン漁で栄え、そのにぎわいが「江戸にもない」といわれた豊かな町であったこと、現在ではニシンが去ってその面影はないことは、一般的知見に属する。しかし、現在の江差町が最もにぎわうのは、八月の姥神神社の夏祭りであることが江差町においては一般的な考え方であり、これが江差追分全国大会の時であるとするのは、江差町民の一般的な考え方とは異なるもので、江差追分に対する特別の情熱を持つ被上告人に特有の認識である。

二）本件ナレーションは、本件プロローグの骨子を同じ順序で記述し、表現内容が共通しているだけでなく、一年で一番にぎわう行事についての表現が一般的な認識とは異なるにもかかわらず本件プロローグと共通するものであり、また、外面的な表現形式においてもほぼ類似の表現となっているところが多いから、本件プロローグにおける表現形式上の本質的な特徴を直接感得することができる。

三）したがって、本件ナレーションは、本件プロローグを翻案したものといえるから、本件番組の製作及び放送は、被上告人の本件著作物についての翻案権、放送権及び氏名表示権を侵害するものである。

しかしながら最高裁の判断は、原審の右記判断は、是認することができない。その理由は、次のとおりであるとした。

一）【要旨一】言語の著作物の翻案（著作権法二七条）とは、既存の著作物に依拠し、かつ、その表現上の本質的な特徴の同一性を維持しつつ、具体的表現に修正、増減、変更等を加えて、新たに思想又は感情を創作的に表現することにより、これに接する者が既存の著作物の表現上の本質的な特徴を直接感得することのできる別の著作物を創作する行為をいう。

そして、著作権法は、思想又は感情の創作的な表現を保護するものであるから（同法二条一項一号参照）、【要旨二】既存の著作物に依拠して創作された著作物が、思想、感情若しくはアイデア、事実若しくは事件など表現それ自体でない部分又は表現上の創作性がない部分において、既存の著作物と同一性を有するにすぎない場合には、翻案には当たらないと解するのが相当である。

二）これを本件についてみると、本件プロローグと本件ナレーションとは、江差町がかつてニシン漁で栄え、そのにぎわいが「江戸にもない」といわれた豊かな町であったこと、現在ではニシンが去ってその面影はないこと、江差町では九月に江差追分全国大会が開かれ、年に一度、かつてのにぎわいを取り戻し、町は一気に活気づくことを表現している点及びその表現の順序において共通し、同一性がある。

しかし、本件ナレーションが本件プロローグと同一性を有する部分のうち、江差町がかつてニシン漁で栄え、そのにぎわいが「江戸にもない」といわれた豊かな町であったこと、現在ではニシンが去ってその面影はないことは、一般的知見に属し、江差町の紹介としてありふれた事実であって、表現それ自体ではない部分において同一性が認められるにすぎない。

また、現在の江差町が最もにぎわうのが江差追分全国大会の時であるとすることが江差町民の一般的な考え方とは異なるもので被上告人に特有の認識ないしアイデアであるとしても、その認識自体は著作権法上保護されるべき表現とはいえず、これと同じ認識を表明することが著作権法上禁止されるいわれはなく、本件ナレーションにおいて、上告人らが被上告人の認識と同じ認識の上に立って、江差町では九月に江差追分全国大会が開かれ、年に一度、かつてのにぎわいを取り戻し、町は一気に活気づくと表現したことにより、本件プロローグと表現それ自体でない部分において同一性が認められることになったにすぎず、具体的な表現においても両者は異なったものとなっている。

さらに、本件ナレーションの運び方は、本件プロローグの骨格を成す事項の記述順序と同一ではあるが、その記述順序自体は独創的なものとはいい難く、表現上の創作性が認められない部分において同一性を有するにすぎない。しかも、上記各部分から構成される本件ナレーション全体をみても、その量は本件プロローグに比べて格段に短く、上告人らが創作した影像を背景として放送されたのであるから、これに接する者が本件プロローグの表現上の本質的な特徴を直接感得することはできないというべきである。

したがって、本件ナレーションは、本件著作物に依拠して創作されたものであるが、本件プロローグと同一性を有する部分は、表現それ自体ではない部分又は表現上の創作性がない部分であって、本件ナレーションの表現から本件プロローグの表現上の本質的な特徴を直接感得することはできないから、本件プロローグを翻案したものとはいえない。

以上説示したところによれば、本件番組の製作及び放送は、被上告人の本件著作物についての翻案権、放送権及び氏名表示権を侵害するものとはいえないから、被上告人の本件損害賠償請求は、いずれも棄却するべきである。これと異なる見解に立って、被上告人の本件請求の一部を認容すべきものとした原審及び第一審の判断には、判決に影響を及ぼすことが明らかな法令の違反がある。論旨は、この趣旨をいうものとして理由がある。したがって、原判決中上告人ら敗訴部分を破棄し、同部分につき第一審判決を取り消し、被上告人の請求をいずれも棄却することとする。

判決の骨子は以上のとおりであるが、上記に示した判決文の「本件ナレーションは、本件著作物に依拠して創作されたものであるが、本件プロローグと同一性を有する部分は、表現それ自体ではない部分又は表現上の創作性がない部分であって、本件ナレーションの表現から本件プロローグの表現上の本質的な特徴を直接感得することはできないから、本件プロローグを翻案したものとはいえない」という箇所は、著作権訴訟の判決によく示されるところである。

特に「本件ナレーションの表現から本件プロローグの表現上の本質的な特徴を直接感得することはできない」という表現はよく理解しておく必要がある。著作権や著作者人格権を侵害されたと主張する原告と侵害したとされる被告の主張の差異を見るに、いつもながらその主張に対する思い入れが原告に激しく感ずる。だが、訴訟に敗訴したからといって、原告のその激しい思いを否定する必要はない。

第6節　CMと著作権

本章第3節「『製作・著作』の意味するもの」で、放送事業者、放送番組製作会社、下請映像制作プロダクション等の関係を見てきたが、本節では標題のとおりCMと著作権について取り上げる。放送番組とCM制作との違いは、放送番組においては、NHKや民放各社である放送事業者と番組製作会社との関係が中心であったが、CM制作の世界では、広告主（スポンサー、テレビコマーシャルを行う企業）、広告会社（電通、博報堂、東急エージェンシーなど広告代理店）、CM制作会社そして放送会社（放送事業者）である。さらにいえば、視聴者やそれら関連団体である社団法人全日本シーエム放送連盟（ＡＣＣ）が関与している。

本章第3節でみた放送番組の著作権の帰属と、本節のＣＭの著作権の帰属とは、関係者が多数存在するＣＭにおける著作権の帰属の方が複雑であり、関係者は非常に頭を悩ますところである。ＡＣＣは、その前身であるＣＭ合同研究会が一九六〇（昭和三五）年一月に発足して以来、上質なＣＭづくりを目指してきた。ＡＣＣは広告主・広告会社・制作会社・放送会社の四業種の企業と団体が業界の枠を超えて集い、一緒になってＣＭの質的向上に取り組むという、横断的組織である。そして、この会員団体には、日本広告業協会、日本アドバタイザーズ協会、日本アド・コンテンツ制作者連盟、日本民間放送連盟が名を連ねている（以上はすべて社団法人である）。

(1) ＣＭ映像と著作権

著作権法上の定義に従えば、テレビ放送されるＣＭ映像はほとんどが映画の著作物である。映画の著作物の定義については、第5章「映画と著作権」で触れているのでここでは詳しくは触れない。ここで問題になるのが、映像ＣＭ作品の著作権の帰属であり、広告主がその帰属主体の場合もあれば、広告会社や制作会社等の場合があるということだ。

著作権の帰属については、ＣＭがこの広告主、広告会社（広告代理店）と制作会社等の三者の協力によって制作される映画の著作物であるとの認識は一致しているが、著作権者については、未だ特定することができないでいる。著作権法における映画の著作物に関する権利者の規定は、政策的な要素を多分に含んだ特別の条文であるとの認識もあり、ＣＭの著作権の帰属を著作権法上の映画の著作物の著作権の帰属の規定に当てはめて考えることは適切ではない、よって法律で明確に解釈できないのであるなら、当事者間の契約によって決定することが本来の姿であるとの意見もある（全日本シーエム放送連盟ホームページ）。

（2）CM音楽と著作権

映画の著作物の著作権の帰属でも触れたが、映像にシンクロ（同調）される音楽については、例えば主題歌又はテーマ音楽、BGM（背景音楽）、挿入歌などがあるが、これら音楽は通常はその映画のために、作曲家、作詞家に委嘱して制作する。その作曲家、作詞家のこの音楽著作権の帰属は、映画製作者に移転することはない。多くの作曲家、作詞家は音楽の著作権等管理事業者に所属して、その権利行使は、作曲家、作詞家に代わって、この管理事業者が行うからである。この場合、この映画の著作物使用料は、映画製作者が利用することに限って管理事業者は著作物使用料を徴収しないという作詞者、作曲者等との契約となっている。だが、この映画がビデオ化など二次利用されれば、管理事業者がそれら二次利用者から著作物使用料を徴収し、作曲家、作詞家など権利者に分配している。すなわち音楽の著作物の著作権の帰属は、映画の製作とは独立して管理されている。挿入曲なども同様に考えることができる。

（3）JASRACの著作権信託契約約款

ここで、著作権管理事業者のひとつであるJASRACの著作権信託契約における著作権の譲渡及び留保・制限について触れておくことにする。

「著作権信託契約」とは、権利者（作詞者・作曲者・音楽出版者）が、JASRACに著作権を預ける際に結ぶ契約のことで、契約期間、著作権の管理範囲、管理方法などが定められている。「信託」とは、一定の目的のために財産や権利等を第三者に移転して管理を委託し、委託を受けた者がその目的のために財産等を管理することをいう。

ＪＡＳＲＡＣは原則として、全ての著作権を預かり管理するが、ＪＡＳＲＡＣに預ける著作権の範囲の中から一部の権利を除くことも可能である。具体的には、支分権（演奏権、録音権など）や利用形態（映画への録音、ＣＭ送信用録音など）ごとに委託者が自己管理をし、他の著作権管理事業者に権利を預けるなどの選択ができる。だが委託者（作詞者、作曲者、音楽出版者）として作品ごとの選択はできない。

なお、信託契約の期間は三年間である。契約期間中に管理委託範囲を変更することはできないが、契約更新時に変更することができる。重要な点であり、少し詳しく見ておく。

(1) 著作権信託の原則

著作権信託契約約款の第三条には、著作権の信託について規定している。

第三条　委託者は、その有するすべての著作権及び将来取得するすべての著作権を、本契約期間中、信託財産として受託者に移転し、受託者は、委託者のためにその著作権を管理し、その管理によって得た著作物使用料等を受益者に分配する。この場合において、委託者が受託者に移転する著作権には、著作権法第二八条に規定する権利を含むものとする。（傍点筆者、筆者注一：著作権法第二八条＝二次的著作物の利用に関する原著作者の権利。筆者注二：受益者＝委託者）

右に傍点で示したように「委託者は、その有するすべての著作権及び将来取得するすべての著作権を、本契約期間中、信託財産として受託者に移転し」とあるが、すべての著作権及び将来取得するすべての著作権を受託者に移転することを原則とする契約なのである。だがこの原則から外れる例外規定もまた定められている。

(2) 著作権の譲渡

そのひとつが著作権信託契約約款第一〇条の著作権の譲渡である。著作権は財産権であることから、その譲渡を行うことは自由である。

第一〇条　委託者は、第三条第一項の規定にかかわらず、あらかじめ受託者の承諾を得て、次の各号に掲げるときは、その著作権の全部又は一部を譲渡することができる。
(一) 委託者が、社歌、校歌等特別の依頼により著作する著作物の著作権を、当該依頼者に譲渡するとき。
(二) 委託者が、音楽出版者(受託者にその有する著作権の全部又は一部を信託しているものに限る。)に対し、著作物の利用の開発を図るための管理を行わせることを目的として著作権を譲渡するとき。

(一)の規定は素直に読み、社歌であればその会社の歌であり、その会社の依頼を受け、その社歌を創作した著作者(委託者)が、その著作権を会社に譲渡することである。校歌も同様である。

社歌は、会社の入社式や特別な行事に演奏歌唱するものであり、会社関係者中心の閉鎖された環境での社歌の使用となることが考えられる。校歌も入学式や運動会等の学校行事において使用される。だが著作権が譲渡されてしまえば、著作権は著作者から依頼者に移転するから、社歌、校歌の著作権者はその会社や学校ということになり、自分の財産をどのように利用するかは、会社や学校の自由ということになる。

また受託者ＪＡＳＲＡＣからすれば、メンバーである著作者の著作物であっても、管理することはできないこととなる。社歌や校歌を歌詞付の譜面にすることも、ＣＤやＤＶＤにして配付することも、ＨＰへアップすることも自由になるのである。

（二）については、音楽出版者に対し、「著作物の利用の開発を図るための管理を行わせることを目的として著作権を譲渡するとき」とあるように、あくまでも利用開発の目的のための期限を定めるなど限定的な譲渡であり、契約により契約を解除することもあり得る内容である。

(3) 管理の留保又は制限

一方、著作者が自分の著作権を譲渡するのではなく、著作権を自分のところへ置いたまま、すなわち留保したままにし、受託者（ＪＡＳＲＡＣ）に対して自分の著作権を管理することを制限することができる。すなわち、譲渡ではなく、例えば社歌、校歌等の事例に当てはめれば、その依頼した会社や学校がその社歌や校歌を使用するときに限定して、受託者（ＪＡＳＲＡＣ）は使用料を徴収しないこととする方法である。譲渡ではないことから、第三者が利用すれば、受託者（ＪＡＳＲＡＣ）は第三者からその使用料を徴収し、その著作権者（作詞者、作曲者等）に使用料を分配する仕組みである。第三者が有名高校校歌集なる出版物やＣＤ等を販売すれば、受託者（ＪＡＳＲＡＣ）は、第三者から使用料を徴収し、著作権者に分配することになる。

(4) 経過措置における譲渡

「著作権の信託及び管理に関する経過措置」は、著作権信託契約約款の最後に定められている。文字通り、経過措置であることから、本来は時期を見て廃止すべき規定ではあるが、現在まで継続して残されている規定である。

（一）委託者が、依頼により広告目的のために著作する著作物の放送権（公衆送信権のうち、放送に係る権利）を、当該依頼者である広告主に譲渡することができる。

いままで、社歌、校歌等についての「譲渡」や「管理の留保又は制限」について触れてきたが、依頼されて著作する著作物ではあるが、広告目的のために著作する著作物についてである。広告目的ではあるが、この著作権信託契約約款では放送権（公衆送信権のうち、放送に係る権利）を当該依頼者である広告主に譲渡することができると規定している。

次に広告目的ではないが、放送番組等の規定について参考までに触れておく。

（二）委託者が、依頼により著作する放送番組のテーマ音楽若しくは背景音楽の著作物の放送権又は劇場用映画のテーマ音楽若しくは背景音楽の著作物の上映権を当該依頼者である番組製作者または映画製作者に譲渡するとき。

これも念のため整理すると、依頼により著作する著作物のうち、①放送番組のテーマ音楽・背景音楽の著作権の放送権（公衆送信権のうち、放送に係る権利）を番組製作者へ譲渡すること、②劇場用映画のテーマ音楽・背景音楽の著作物の上映権を映画製作者へ譲渡すること、となる。

⑸ 経過措置における留保又は制限

経過措置における依頼作品の著作権の「譲渡」について述べてきたが、次に、依頼作品の「留保又は制限」について述べる。

（一）委託者が、依頼により広告目的のために著作する著作物について、当該依頼者である広告主に対し、その依頼目的として掲げられた一定の範囲の使用を認めること。

（二）委託者が、依頼により著作する放送番組のテーマ音楽若しくは背景音楽の著作物又は劇場用映画のテーマ音楽若しくは背景音楽の著作物について、当該依頼者である番組製作者又は映画製作者に対し、その依頼目的として掲げられた一定の範囲の使用を認めること。

先に述べた「譲渡」の規定と「留保又は制限」の規定とを比較するとき、どこが異なっているかは、まず「譲渡」においては、譲渡の対象になる著作権が広告目的であれば、放送権（公衆送信権のうち、放送に係る権利）を当該依頼者である広告主に譲渡することができる、とあるように放送権に限定されている。

また、放送番組のテーマ音楽、背景音楽については、放送権を、そして劇場用映画のテーマ音楽若しくは背景音楽については上映権を当該依頼者である番組製作者または映画製作者に譲渡するとき、であった。

それに対して経過措置における「留保又は制限」においては、譲渡における「放送権」「上映権」という限定された著作権ではなく、「その依頼目的として掲げられた一定の範囲の使用を認めること」とあるように、著作権の具体的名称が出てこない。かわりに「一定の範囲の使用」となっているのである。

(6)「一定の範囲の使用」の解釈

この「一定の範囲の使用」という文言の解釈が問題になるのは当然のことであり、著作権信託契約約款に拘束されるJASRACメンバーである著作者も、広告主や広告代理店に正確に説明することが容易ではなく、また広告主や広告代理店も正しく把握できないでいた。

そこで広告音楽制作会社の団体である日本広告音楽制作者連盟が、社団法人全日本シーエム放送連盟(ACC)との間で「広告音楽の使用に関する確認書」を作成するに当たって、この「一定の範囲の使用」の解釈について、著作権信託契約約款を定めているJASRACに質問をすることとした。一九九八(平成一〇)年のことである。

JASRACの回答によれば、その解釈についてはガイドラインを定め、そのガイドラインに沿って実務を行っているとのことである。ではそのガイドラインを『広告音楽ハンドブック2000』

（日本広告音楽制作者連盟著作権委員会編、三〇頁）から次に引いて見よう。

経過措置二項一号より留保制限を認める場合のガイドライン

一　書面による契約で利用方法、利用期間、利用地域を具体的に特定し、あらかじめＪＡＳＲＡＣの承諾を得ること。

二　利用方法は、放送及びこれと付随的に行われる店頭の販売促進催事広告や劇場用ＣＭにおける演奏・上映であること。

三　利用期間は、原則として一年以内とすること。

四　利用地域は、日本国内とすること。

このガイドラインによれば、「その依頼目的として掲げられた一定の範囲の使用を認めること」とは、放送及びこれと付随的に行われる店頭の販売促進催事広告や劇場用ＣＭにおける演奏・上映ということである。

例えばトヨタ自動車のマークⅩのＣＭは、放送及びこれと付随的に行われるトヨタ自動車の販売店の店頭で行われる新車発表会などの催事において、テレビＣＭで流される画面やそれをＤＶＤに収録したものを上映すること、あるいは音楽だけをＣＤ演奏するなどかなり限定した使用方法が考えられる。また映画館で同様なＣＭを上映することなどになる。

以上(1)から(6)を総括すれば、ＪＡＳＲＡＣの著作権信託契約約款では、原則、第三条で「委託者は、その有するすべての著作権及び将来取得するすべての著作権を、本契約期間中、信託財産として受託者に移転し」とあるも、例外として、譲渡も留保又は制限も可能である。

受託者であるＪＡＳＲＡＣとしては、著作者である委託者の負託に応え、委託者のために使用料を確実に徴収する義務がある。よって、使用料を徴収するか否かなど判断に迷うことのない著作権信託契約約款や使用料規定を制定しておかなければならない。譲渡においては、放送権や上映権に限定し、留保又は制限についても限定的に考えられている。委託者は、著作権信託契約約款とは別に、依頼者と委嘱契約を締結するが、その契約内容が、その都度異なっていたのでは受託者ＪＡＳＲＡＣの管理が難しくなるのは必然であり、場合によっては徴収すべきところ未徴収のまま終わり、委託者の負託に応えられない可能性さえ出てくることになる。

また、経過措置は、例外中の例外である規定であり、ＪＡＳＲＡＣとしては、廃止したい規定でもある。ただ、委託者の自由も確保される必要も当然にあり、依頼者の便宜も考慮すれば直ちに廃止というわけにもいかず、経過措置として残存しているのである。

著作者は依頼されて著作していることから、依頼者から委嘱料やＪＡＳＲＡＣの使用料規定に定める使用料とは別に対価を得ている現実があるとき、この経過措置の廃止の困難性があることは十分理解できることである。

(7) 経過措置におけるその他の留保又は制限

経過措置には、さらに次の定めもある。参考までに上げておく。

三　委託者は、第一一条の規定にかかわらず、次の各号に掲げる場合は、当分の間、信託著作権の管理範囲について、あらかじめ受託者の承諾を得て、下表に定めるところにより、留保又は制限をすることができる。

（一）委託者が、市販用レコード、市販用ビデオグラムその他の市販用録音物（以下「市販用録音物」）又は商用のインタラクティブ配信（以下「商用配信」）において初めて利用されることとなる著作物を、当該市販用録音物の販売又は商用配信の促進を目的として特定の商品又はサービスの広告における利用に供する場合

（二）委託者が、市販用録音物又は商用配信において初めて利用されることとなる著作物を、当該市販用録音物の販売又は商用配信の促進を目的として劇場用映画における利用に供する場合

次頁の表に整理されているが、市販用録音物または商用配信において初めて利用されることとなる著作物を、当該市販用録音物の販売または商用配信の促進を目的として特定の商品またはサービスの「広告における利用に供する場合」と、市販用録音物または商用配信において初めて利用されることとなる著作物を、当該市販用録音物の販売または商用配信の促進を目的として「劇場用映画における利用に供する場合」について定められ、委託者はその権利を留保し、受託者ＪＡＳＲＡＣに対して管理を制限することができるとしている。

その広告とは、次頁の表コマーシャル放送用録音及びそのコマーシャルの放送であり、コマーシャル用ビデオグラム等への録音（店頭、街頭、航空機、イベント会場又は劇場における上映を目的とするものに限る）と、そしてビデオグラム等の上映（店頭又は劇場における上映に限る）となっている。

<table>
<tr><th>類型</th><th>要件</th><th>管理の留保又は制限をすることのできる当該著作物の利用形態</th><th>管理の留保又は制限をすることができる期間の周期</th></tr>
<tr><td>(1)
広告における利用に供する場合</td><td rowspan="3">イ　関係権利者全員の同意があること。
ロ　当該著作物の作品届（第３１条第6号の規定に基づく受託者への通知として委託者が受託者に提出する所定の書面又は電磁的記録をいう。）に受託者が指定する事項の記載があること。
ハ　同一の著作物について、広告における利用に供する場合の特定の商品若しくはサービスの数又は劇場用映画における利用に供する場合の映画の数の合計が3を超えないこと。</td><td>イ　コマーシャル放送用録音
ロ　イの録音に係るコマーシャルの放送
ハ　コマーシャル用ビデオグラム等への録音（店頭、街頭、航空機、イベント会場又は劇場における上映を目的とするものに限る。）
ニ　ハの録音に係るビデオグラム等の上映（店頭又は劇場における上映に限る。）</td><td>当該市販用録音物の販売が開始された日又は当該商用配信が開始された日のいずれか早い日（以下この表において「発売日」という。）から起算して3月を経過する日（この終期を延期することにつき関係権利者全員が合意したときは、発売日から起算して1年以内の当該合意に係る日）</td></tr>
<tr><td rowspan="2">(2)
劇場用映画における利用に供する場合</td><td>イ　映画録音（テーマ音楽として録音する場合に限る。）</td><td>発売日から起算して3月を経過する日</td></tr>
<tr><td>ロ　イの映画録音に係る映画の上映
ハ　イの映画録音に係る映画の予告編の作成に伴う録音</td><td>発売日から起算して3月を経過する日（この終期を延期することにつき関係権利者全員が合意したときは、発売日から起算して1年以内の当該合意に係る日）</td></tr>
</table>

表中の類型(1)を読む限り、放送で広告を打つ場合は留保又は制限の範囲内であるが、インターネット上の広告は含まれていないように読める。

以上CM音楽と著作権について述べてきたが、広告主、広告会社、映像制作会社、そして広告音楽制作会社があり、広告主が、著作者に依頼（委嘱）して広告音楽を制作する場合、その著作者がJASRAC等の委託者である場合は、その委託者と受託者JASRACとの著作権信託契約約款の定めに従う制約が出てくるということをしっかりと把握しておく必要がある。

（4）ケーズデンキ事件

右記状況を考えれば、CM映像の著作権を巡って訴訟が提起されることは十分考えられることであるが、ケーズデンキ事件〔東京地裁平成二三年一二月一四日判決：平成二一年（ワ）第四七五三号〕を検証してみよう。

この事案は、第一事件と第二事件があるが、裁判所は統合して判決を下している。また、内容も家電量販店のケーズデンキとお菓子メーカーブルボンの広告制作に関わるが、ここでは、ケーズデンキ事件に限定して述べる。

先に見たように、広告業界では、広告主、広告会社（広告代理店）、制作会社と役割の分担がされている。

本事案では、広告主はケーズデンキ、広告会社が電通、そして制作会社として原告と被告が存在する。さらに、これら周辺に原告に訴えられた原告のプロデューサーである被告Aと被告系ではあるがフリーのクリエイティブ・ディレクターBがいる。

原告と被告に分かれているものの、これら制作会社二社の損害賠償請求事件である。争点は以下のとおりである。

①本件各CM原版の著作権の帰属
共同著作物であるか否か、職務著作物であるか否か、映画の著作物の著作権の帰属
②被告らの損害賠償責任の成否
ア　被告会社の不法行為に基づく損害賠償責任の成否
イ　被告Aの不法行為又は債務不履行（取締役としての善管注意義務・忠実義務違反）に基づく損害賠償責任の成否
③損害額

そして、裁判所の判断は以下のとおりである。

①本件ケーズデンキCM原版について
ア　まず、本件ケーズデンキCM原版が映画の著作物であるかについて検討するに、映像が動きをもって見えるという効果を生じさせる方法で表現され、ビデオテープ等に固定されており、創作性を有すると認めるのが相当である。
そうすると、本件ケーズデンキCM原版は、映画の効果に類似する視覚的又は視聴覚的効果を生じさせる方法で表現され、かつ、物に固定されている著作物であるから、映画の著作物

（著作権法二条三項）であると認められる。

原告は、本件ケーズデンキCM原版については、映画の著作物についての著作権法の規定とは別個に著作者及び著作権者が決定されるべきであるとし、本件CM原版は原告、広告主、広告代理店の共同著作物であると主張するが、上記のとおり映画の著作物と認められる本件ケーズデンキCM原版については、映画の著作物に関する規定に基づいて著作者、著作権者を認定するのが相当であって、原告の主張は採用することができない。

イ　そこで、本件ケーズデンキCM原版の著作者について検討するに、B（フリーのクリエイティブ・ディレクター）は、本件ケーズデンキCM原版において、その全制作過程に関与し、CMのコンセプトを定め、出演タレントを決定するとともに、CM全体の予算を策定し、撮影・編集作業の指示を行っていたのであるから、映画の著作物の全体的形成に創作的に寄与した者（著作権法一六条本文）として、本件ケーズデンキCM原版の著作者と認めるのが相当である。

原告は、本件ケーズデンキCM原版の制作は、職務著作（著作権法一五条）であって、著作権法一六条ただし書により原告が著作者となると主張するが、Bが原告の業務に従事する者とは認められないから、原告の主張を採用することはできない。

ウ　続いて、本件ケーズデンキCM原版の著作権の帰属について検討する。

著作権法二九条一項は、映画の著作物の著作権（著作者人格権を除く）は、その著作者が映画製作者に対し当該映画の著作物の製作に参加することを約束しているときは、当該映画製作者に帰属すると定めている。

そして、映画の製作者の定義である「映画の著作物の製作に発意と責任を有する者」（著作権法二条一項一〇号）とは、その文言と著作権法二九条一項の立法趣旨からみて、映画の著作物を制作する意思を有し、当該著作物の製作に関する法律上の権利・義務が帰属する主体であって、そのことの反映として当該著作物の製作に関する経済的な収入・支出の主体ともなる者であると解するのが相当である。

これを本件についてみるに、本件ケーズデンキCM原版について、その製作する意思を有する（発意）主体としては、広告代理店である電通か、広告主であるケーズデンキであると考えられる。

したがって、原告が本件ケーズデンキCM原版の著作権を有するとは認められない。

右の判決文から分かるとおり、争点②アの被告らの損害賠償責任の成否については、原告は、本件各CM原版の著作権を有しないから、その余について判断するまでもなく、被告会社が原告に対して不法行為に基づく損害賠償責任を負うとは認められない、としている。

争点②イ及び③については省略する。

裁判所は、原告の主張については理由がないとして棄却している。このCMは映画の著作物であることを認定し、このCMの著作者は、原告、被告に関わりのないフリーのクリエイティブ・ディレクターBであり、著作権者は、広告代理店である電通か、広告主であるケーズデンキであると考えられる、として著作権者を限定する判断はしていない。

広告主、広告代理店、ＣＭ制作会社のいずれかが著作権を持つことになるのが広告業界の状況であるが、ＣＭは映画の著作物であることを前提に、映画の著作物の著作権の帰属は、著作権法に基づき考え、実態に基づき契約で定めることがこの事案でも確認される。

＜参考文献＞

【全編に関わる文献】

加戸守行『著作権法逐条講義　五訂新版』（著作権情報センター　二〇〇六年三月）
作花文雄『詳解著作権法　第3版』（ぎょうせい　二〇〇四年一〇月）
田村善之『著作権法概説　第2版』（有斐閣　二〇〇一年一一月）
半田正夫／松田政行編『著作権法コメンタール2』（勁草書房　二〇〇九年一月）
斉藤博『著作権法　第3版』（有斐閣　二〇〇七年四月）
文化庁編『著作権法入門2010―2011』（著作権情報センター　二〇一〇年九月）
半田正夫『著作権法概説第14版』（法学書院　二〇〇九年二月）
清水幸雄編『著作権実務百科』（学陽書房一九九二年一一月）
社団法人著作権情報センター編『新版　著作権辞典』（出版ニュース社一九九九年三月）
斉藤博・半田正夫編『著作権判例百選第3版』（有斐閣　二〇〇一年五月）
中山信弘・大渕哲也・小泉直樹・田村善之編『著作権判例百選第4版』（有斐閣　二〇〇九年一二月）
堀部政男・長谷部恭男編『メディア判例百選』（有斐閣　二〇〇五年一二月）
中山信弘『著作権法』（有斐閣　二〇〇七年一〇月）
阿部浩二「著作権（著作隣接権）の保護期間について」（コピライト二〇〇七年七月号
半田正夫『著作権の窓から』（法学書院　二〇〇九年七月）
『知的財産法判例集補訂版』（有斐閣　二〇一〇年七月）
豊田きいち『事件で学ぶ著作権』（太田出版二〇一一年三月）
豊田きいち『編集者の著作権基礎知識第6版』（日本エディタースクール出版部二〇〇八年五月）

長尾龍一『法哲学入門』(講談社　二〇〇七年一月)
山田健太『法とジャーナリズム第2版』(学陽書房二〇一一年三月第2版第3刷)
ジャック・デリダ『法の力』(法政大学出版部　一九九九年一二月)
テリー・イーグルトン『文化とは何か』(松柏社　二〇〇六年八月)
レイモンド・ウィリアムズ著『モダニズムの政治学』(九州大学出版会二〇一〇年三月)
今福龍太『レヴィ＝ストロース　夜と音楽』(みすず書房二〇一一年七月)
高田昌幸　神保哲生　青木理著『メディアの罠』(産学者二〇一二年二月)

【第1章　著作権制度の歴史】

宮澤溥明『著作権の誕生』(太田出版一九九八年一二月)
村上直久『WTO世界貿易のゆくえと日本の選択』(平凡社　二〇〇一年一〇月)
パブリック・シティズン『誰のためのWTOか』(緑風出版　二〇〇一年一一月)
スーザン・ジョージ『WTO徹底批判!』(作品社　二〇〇二年四月)
荒木好文『図解　TRIPS協定』(発明協会　二〇〇八年一一月)
岡本薫『著作権の考え方』(岩波書店　二〇〇四年二月2刷)
『WIPOが管理する著作権及び隣接権諸条約の解説並びに著作権及び隣接権用語解説』(著作権情報センター　二〇〇七年)
大家重夫『著作権を確立した人々　福澤諭吉先生、水野錬太郎博士、プラーゲ博士……』(成文堂二〇〇四年三月第2版)
大家重夫『改訂版ニッポン著作権物語』(青山社　一九九九年一月)
大家重夫『唱歌「コヒノボリ」「チューリップ」と著作権』(全音楽譜　二〇〇四年九月)

【第2章　著作権法概説】
フェアユース研究会編『著作権・フェアユースの最新動向―法改正への提言』（第一法規　二〇一〇年三月）
林紘一郎編『著作権の法と経済学』（勁草書房　二〇〇四年六月）
田中辰雄／林紘一郎『著作権保護期間―延長は文化を振興するか？』（勁草書房　二〇〇八年八月）
ローレンス・レッシグ『FREE　CULTURE』（翔泳社　二〇〇四年一〇月2刷）
ケンブリュー・マクロード『表現の自由VS知的財産権』（青土社　二〇〇五年八月）
ソートン不破直子『ギリシャの神々とコピーライト―「作者」の変遷、プラトンからIT革命まで』（學藝書林　二〇〇七年一一月）
デイヴィッド・スロスビー『文化経済学入門』（日本経済新聞社　二〇〇二年九月）
橋爪大三郎『アメリカの行動原理』（PHP新書　二〇〇五年七月）
『JASRAC70年史』（社団法人日本音楽著作権協会　二〇〇九年一一月）
『JASRAC概論』（日本評論社　二〇〇九年一一月）
『判例でみる音楽著作権訴訟の論点60講』（日本評論社　二〇一〇年三月）
社団法人日本音楽著作権協会（編）『日本音楽著作権史　上下』（一九九〇年三月）
第二東京弁護士会知的財産権法研究会編『著作権法の新論点』（商事法務　二〇〇八年五月）

【第3章　出版と著作権】
多木浩二『ベンヤミン「複製技術時代の芸術作品」精読』（岩波書店　二〇〇〇年六月）
文部科学省「著作権審議会第8小委員会（出版者の保護関係）報告書」（一九九〇年六月）
知的財産戦略本部「知的財産の創造、保護及び活用に関する推進計画」（二〇〇三年）
『日本雑誌協会　日本書籍出版協会50年史』（二〇〇七年九月）

日本出版学会編『白書出版産業2010』（文化通信社　二〇一〇年九月）
天野勝文・松岡新兒・植田康夫編著『新　現代マスコミ論のポイント』（学文社　二〇〇四年四月）
ジャン・ボードリヤール『芸術の陰謀　消費社会と現代アート』（NTT出版　二〇一一年一〇月）
E・L・アイゼンステイン『印刷革命』（みすず書房　二〇〇七年一〇月第3刷）
毛利嘉孝著『増補　ポピュラー音楽と資本主義』（せりか書房　二〇一二年一月）
第二東京弁護士会知的財産権法研究会編『エンターテインメントと法律』（商事法務　二〇〇五年五月）
M・マクルーハン『メディア論』（みすず書房　二〇一〇年五月第20刷）
佐藤卓己著『メディア社会』（岩波新書　二〇〇八年四月第3刷）

【第4章　新聞と著作権】

天野勝文・橋場義之編著『新　現場からみた新聞学』（学文社　二〇〇八年一〇月）
吉見俊哉『メディア文化論』（有斐閣　二〇〇四年四月）
大石裕・岩田温・藤田真文『現代ニュース論』（有斐閣アルマ　二〇〇三年五月第2刷）

【第5章　映画と著作権】

飯田道子著『ナチスと映画』（中公新書　二〇〇八年一二月再販）
阿部浩二編『音楽・映像著作権の研究』（学際図書出版　一九九八年七月）

【第6章　インターネットと著作権】

森村進『自由はどこまで可能か』（講談社　二〇〇一年二月）
梅田望夫『ウェブ進化論』（筑摩書房　二〇〇六年二月）

岸博幸『ネット帝国主義と日本の敗北』（幻冬舎　二〇一〇年一月）
三木哲也監修『プロが教える通信のすべてがわかる本』（ナツメ社　二〇一一年八月）
高須次郎『グーグル日本上陸撃退記』（論創社　二〇一一年一二月）
長尾真　遠藤薫　吉見俊也編『書物と映像の未来』（岩波書店　二〇一〇年一一月）
佐々木俊尚著『電子書籍の衝撃』（ディスカヴァー・トゥエンティワン　二〇一〇年四月）
福井建策『著作権とは何か』（集英社　二〇〇五年五月）
福井建策『著作権の世紀』（集英社　二〇一〇年一月）
山本隆司『アメリカ著作権法の基礎知識第2版』（太田出版　二〇〇八年一〇月）
増田雅史　生貝直人『デジタルコンテンツ法制』（朝日新聞出版　二〇一二年三月）
西正『地デジ化の真実』（中央経済社　二〇一二年三月）

【第7章　放送と著作権】
『CM著作権　昨日・今日・明日』（全日本シーエム放送連盟（ACC）著作権委員会編　二〇〇三年三月）
『広告音楽ハンドブック2000』（日本広告音楽制作者連盟著作権委員会編　二〇〇〇年二月）
根岸哲／舟田正之『独占禁止法概説第3版』（有斐閣　二〇〇九年三月）
「ジュリスト（№1403）」（有斐閣　二〇一〇年七月「放送番組製作取引の適正化—独占禁止法・下請法との関連で」　舟田正之）

おわりに

著作権をめぐる問題を分かり易く説明したいという本書の目的が、達成されているかどうかは、はなはだ心もとない。読者のご批判を大いに仰ぎたいところである。

著作権管理事業者の職員であった筆者は、権利者の立場に身を置くことが多かった。著作物の新たな利用形態が生まれる中で、利用主体を見極め、著作物使用料を徴収し権利者に配分する立場である。

そのような環境に身を置き、考えた結果は文化とは何かということであった。本書の中でも、さまざまな箇所で、現在は、経済の発展や産業の発達について考えることももちろん大切だが、文化の発展について考えることが重要であることや文化を支えるひとつが著作権制度であることを強調しようと試みた。

だが、力不足で明確な論理で展開することが叶わなかった。経済の発展と文化の発展との関係にもう少し深い洞察が必要であった。この点については、機会をいただければ、仕切り直しをして臨みたいところである。

科学・技術の進展によって、著作権の世界もメディアの世界も急速に変貌を遂げている。本書の一部分が数年の内には時代に適合しなくなることは必至であるが、そのような時代を迎えたときは、許されるものであるなら稿を改めて世に問うこととしたい。

さいごに、本書が成るにあたって、まずは、作詞家でＪＡＳＲＡＣの理事である伊藤アキラ氏に謝辞を述べなければならない。そもそも本書の執筆を著者に強く勧め、でき上がっていく拙い原稿に目を通していただき、挫けそうになる著者を叱咤激励していただいたからである。
元文化庁長官の吉田茂氏には貴重なご意見、ご指摘を賜り、週刊読書人の植田康夫社長に多くのサゼッションをいただいた。論創社の森下紀夫社長には、さまざまな点でお世話になった。錚々たる顔ぶれの各氏にこころから御礼申し上げる。

堀之内 清彦

二〇一四年九月一〇日

著者略歴
堀之内　清彦（ほりのうち・きよひこ）
1947年9月19日生
1971年 3 月　成城大学経済学部卒
1971年 4 月　社団法人日本音楽著作権協会入社
分配部、演奏部、資料部、西東京支部、文化事業部、総務本部を経る
2007年 10 月　知的財産権調査室上席研究員
著作権問題を考える創作者団体協議会事務局他担当
2009年 10 月　「JASRAC70年史」（日本音楽著作権協会）執筆
2009年 11 月　「JASRAC概論」紋谷暢男編（日本評論社）企画編集
2010年 3 月　「音楽著作権訴訟の論点60講」田中豊編（日本評論社）企画
2011年 3 月　一般社団法人日本音楽著作権協会退職

メディアと著作権

2015年1月10日　初版第1刷印刷
2015年1月15日　初版第1刷発行

著　者　堀之内清彦
発行者　森下紀夫
発行所　論 創 社
東京都千代田区神田神保町 2-23　北井ビル
tel. 03（3264）5254　fax. 03（3264）5232　web. http://www.ronso.co.jp/
振替口座　00160-1-155266
装幀／宗利淳一＋田中奈緒子
印刷・製本／中央精版印刷　組版／フレックスアート
ISBN978-4-8460-1374-5　